生 态 文 明 建 设 思 想 文

主编　杨茂林

# 能源**变革论**

姚婷　吴朝阳 / 著

NENGYUAN
BIANGE LUN

山西出版传媒集团　　山西经济出版社

# 编委会

# 总　序

生态文明建设既是我国当前和未来的重大战略性任务,也是实现联合国《21世纪议程》提出的可持续发展的重要前提,同时,它还是我国发展理念的一次深刻变革。正因为如此,党的十九大将生态文明建设放在了我国发展战略的最重要的位置。习近平同志在党的十九大报告中把生态文明建设提到了前所未有的高度,他指出:"生态文明建设功在当代、利在千秋""建设生态文明是中华民族永续发展的千年大计"。很清楚,这就为促进我国生态文明建设指出了明确的方向。

为了推动生态文明建设,使学术研究能对我国生态文明建设做出理论上的贡献,我们组织不同专业领域的大学教师,及社科研究人员撰写了与生态文明建设直接相关的著作系列,亦即《生态文明建设思想文库》(以下简称《文库》)。该《文库》第一辑2017年已经正式付梓。业已出版的《文库》第一辑,具体由《自然的伦理——马克思的生态学思想与当代价值》《新自由主义经济学思想批判——基于生态正义和社会正义的理论剖析》《自然资本与自然价值——从霍肯和罗尔斯顿的学说说起》《新自由主义的风行与国际贸易失衡——经济全球化导致发展中国家的灾变》《区域经济的生态化定向——突破粗放型区域经济发展观》《城乡生态化建设——当代社会发展的必然趋势》《环境法的建立与健全——我国环境法的现状与不足》七本书构成,它是我们对生态文明建设研究的阶段性成果。

在业已出版的上述《文库》基础上,结合党的十九大与生态文明建设直接相关的顶层设计方案,《文库》编委会进一步拓展了生态文明建设方面的学科研究范围,并在此基础上组织撰写了《文库》第二辑。第二辑的内容是在第一辑基础上,对与"生态文明建设"直接相关的、诸多学科领域的系统化探讨,其内容具体包括:《国家治理体系下的生态文明建设》《生态环境保护的公益诉讼制度研究》《经济协同论》《能源变革论》《资源效率论》《大数据与生态文明》《人工智能的冲击与社会生态共生》《"资本有机构成学说"视域中的社会就业失衡》《环境危机下的社会心理》《生态女性主义与中国妇女问题研究》共十本学术专著。这十本书,围绕生态文明建设的基本思路,规定了我们所要研究的大体学科范围。《文库》作者,也大都把与生态文明建设相关的、最为紧迫的学术问题作为自己研究的方向,各自从不同角度做出了专题性的理论探讨,同时奉献出他们在这些不同领域中对生态文明建设的较新认知和具有创造性的理论观点。

下面我们对《文库》第二辑的内容进行简要介绍和分析,以使读者从中了解到我们组织撰写这套《文库》的初衷及《文库》中各专业著述的大体内容。

其中,《国家治理体系下的生态文明建设》一书,由多年从事大学思政课教学工作的年轻学者、重庆外语外事学院徐筝女士撰写。多年来,她非常关心我国生态环境保护问题。由于在大学从事思政课教学工作,所以对我国生态环境保护的顶层设计意图,及国家的相关政策和决策方针方面非常关注。同时,她也十分关心国家治理体系对我国生态文明建设的重要性。正因如此,在本书中,她对顶层设计下的生态文明之治,抑或国家治理体系下的生态文明建设问题做了系统化阐述与分析,以便更有利于对我国生态文明建设的实践做出科学性的说明。她认为,生态文明建设,当然首先涉及生态环境的治理问题。而具体到后者,又将蕴涵三个基本要素,亦即治理主体、治理机制和治理效果三个方面。为了厘清生态环境治理在各主体间的权责关系及特点,她详细讨论了它们之间的权力规定,并认为,虽然生态环境保护既属于政府治理范畴,也属于公共群体实践运作的目标;既是国家层面的战略规定,也是社会范畴的治理内容,但在不同的权力主体中,国家无疑是压倒一切的最重要的权力主体。因为,国家是整个社会前进的"火车头"和导向者,与社会范畴的其他主体相比,国家有着重要的统摄性力量,而其他主体均在国家主体的统摄范畴之中。生态文明建设,一旦成为国家的政治决策和战略目标,将会产生巨大的力量。在此前提下,国家主体将同其他主体,包括地方企业,连同群众性的社会团体等,形成上下互动、纵横协调的治理运行系统,从而确保生态环境保护和治理的高效协调性,确保人与自然之间关系的和谐共生,同时也确保"生态文明建设公共利益最大化的治理目标"得以完成。

该书由3编10章构成全书的整体结构和框架。其中,第一编主要阐述"问题分析:生态文明建设与国家治理的关系",它揭示了生态文明建设概念的基本内涵、主旨及当今生态文明建设的最新情况,连同历史演化等问题。第二编是对"实践与探索:国家治理是中国生态文明建设的必由之路"的相关论述,主要阐述国家治理体系下生态文明建设的运营情况、监管体系、市场机制和创新模式等。第三编则是对生态文明建设的中国之治的介绍,针对中国治理模式的发展历程、理论研究、动力机制和优势特点进行探讨;通过对绿色低碳模式、循环发展模式、绿色消费模式等方面的探索,实证性地说明了中国生态文明建设的现状。

《生态环境保护的公益诉讼制度研究》一书,由有环境执法工作经历,及从事高校教学工作多年的重庆外语外事学院副教授蔡静女士撰写。她在教学和从事环境执法工作的实践中,对引起社会广泛关注的司法热点——"环境公益诉讼"问题十分关注,并对之进行了法学理论上的相关探讨。她认为,"环境公益诉讼"在我国生态文明建设中是需要着重加以强调的方面,因为我国资源环境承载力已达到或接近上限。故此,基于"目的是全部法律的创制者"和"制度的技术构造总是以制度的预设功能为前提、基础和目标的"两方面的原因,在书中她建设性地强调:"环境公益诉讼",旨在最大限度地维护生态环境所承载的社会公共利益,以及它所具有的生态环境保护的功能。针对2012年以来我国"环境民事公益诉讼"和"环境行政公益诉讼"制度的运行情况,作者进一步分析指出:"环境公益诉讼",目前正在成为国家环境治理的有效方式,但同时还存在着司法保护环境公共利益功能不充分的问题。因而,作者又以实现环境公益诉讼及其预设功能等法学内容为逻辑主线,结合司法实践中存在的一些突出问题,重点对"环境民事公益诉讼"和"环境行政公益诉讼"之受案范围与管辖、适格主体、审理程序中的特别规则,连同社会组织提起环境公益诉讼的激励机制等问题进行了详细分析,并有针对性地提出相应的、具有创新性特点的法学建议。很清楚,其研究对"环境公益诉讼制度"的不断完善,对我国环境保护法规范畴法学理论条款的增设或创新来说有着重要的参考价值。

除前述与"国家治理体系"及"国家法律制度建构"层面紧密相关的两本学术著作之外,本《文库》还增设了《经济协同论》《能源变革论》《资源效率论》三本专业性的论著。这三本著作,也是《文库》第二辑的一个突出亮点,它既是与我国生态文明建设相关联的理论创新,又各自从不同角度,对以往新自由主义片面的经济增长观,抑或定势化的"GDP主义"发展方式进行了实质性的理论证伪。

其中,《经济协同论》由多年来一直从事经济学和生态学理论研究的山西财经大学教授李繁荣博士撰写。该书依据马克思主义生态学理论,依据党的十九大关于生态文明建设的重要指示精神,依据可持续发展的战略原则及哈肯《协同学》的方法论,全面论证了经济发展与生态文明建设之间的关系。基于这一前提,作者对传统的经济发展方式,尤其是由新自由主义经济学主导的发展方式进行了剖析与批评。事实上,此项工作在其之前的相关著述《经济思想批评史——从生态学角度的审视》(与《经济问题》杂志主编韩克勇先生合著)及《新自由主义经济学思想批判——基于生态正义和社会正义的理论剖析》中,已经得到全面展开。在本书中,这一思想同样贯穿其中。作者认为,新自由主义经济学思想及传统的经济发展方式,严重忽略了经济发展与自然生态系统平衡之间的协调关系,同时割裂了经济进步与社会公平之间的内在联系,割裂了"代内发展"与"代际发展"之间的关系。除此,新自由主义经济学思想,还忽略了发展过程对其他众多"序参数"的协同关注,其主要特征就是片面地追求经济增长这一"单一目标"。从历史的和逻辑的结果看,新自由主义经济学思想,已经导致福利经济学派庇古理论意义上的巨大的"外部不经济"(加勒特·哈丁称之为"公地悲剧")和社会范畴的严重两极分化。而《经济协同论》的理论观点则与之不同。如果说,《经济思想批评史——从生态学角度的审视》《新自由主义经济学思想批判——基于生态正义和社会正义的理论剖析》两书,是对传统经济发展方式,抑或新自由主义经济学思想"破"字在先的系统梳理,那么,《经济协同论》则更注重可持续发展经济学新范式的"立"的内容的理论建构。它是以经济、社会、生态多元目标的协同演化及其动态平衡关系为核心研究目标的,目的在于使之能够更有效地服务于可持续发展战略及我国生态文明建设工作。另外,该书还以习近平同志2016年提出的"创新、协调、绿色、开放、共享"概念作为全书的理论架构,并借此对经济、社会、生态多元目标的有机整合过程进行了全方位分析。这种经济协同的运作方式,是在整体的有机机理中进行全面审视的。理论上,它不仅能纠正新自由主义经济学思想的片面性质,而且有助于对我国生态文明建设工作的系统解读。

《能源变革论》是由山西省社会科学院能源研究所两位副研究员,即姚婷女士和吴朝阳先生共同撰写。多年来,他们在从事能源理论的研究过程中,目睹了我国经济发展过度依赖不可再生性化石燃料,即煤炭资源的不合理情况。这种传统的能源经济发展方式,引发了对自然生态系统的严重破坏,使得山西有害气体过度排放、环境污染日益严重、地下水资源大量流失,等等,因而造成了山西自然生态系统的严重灾变。山西曾引以为荣的"能源重化工基地建设",在所谓"有水快流"发展思路指导下,煤炭超强度挖掘和开采,似乎给当时经济发展带来一时"繁荣",但生态环境失衡或破坏性的灾变也迅速凸显。据《中国环境报》2006年7月11日报道:"山西挖一吨煤损失2.48吨地下水资源。"尤其在新自由主义风行的年代,片面的经济增长观曾经渗透到煤炭开采领域的各个角落,造成全社会对不可再生能源的依赖程度越来越大。这种建立在过度消耗不可再生性化石燃料——煤炭资源基础上的经济发展方式,显然是不可持续的。在实践中,它不仅违背了联合国《21世纪议程》,及《中国21世纪议程白皮书》规定的可持续发展方向,而且也与习近平同志提出的"必须坚持节约优先、保护优先、自然恢复为主的方针"相去甚远。故此,更谈不上与党的十九大突出强调的生态文明建设发展战略要求相一致。为了从根本上扭转以往过度耗竭不可再生性自然资源的粗放型经济发展方式,为了实现约翰·罗尔斯《正义论》理论意义上的"代际公平"和能源可持续利用,为了推进党的十九大突出强调的生态文明建设发展战略,我们需要进行一场能源变革。所谓能源变革,是指在当今时代条件下,利用数字化方式和技术创新的力量,改变传统粗放型能源发展思路,促进具有环保特征的化石燃料无害化处理,推广多元新能源技术利用,优化能源结构,运用德国伍珀塔尔气候能源环境发展研究院之"因子X"(Factor X)理论提高能源利用效率,减少对不可再生性化石燃料的依赖,突破性地改变能源现状的变革,即称之为能源变革。而《能源变革论》则是对能源利用革命性转变的系统论述。

前面有关能源变革之界说的基本内涵,也正是本书进行深入探索的理论重点。在此基础上,本书对能源变革的理论内涵、能源变革的历史沿革、能源变革的具体形态和范畴、国际能源变革的最新状况、新技术手段的利用和普及、清洁生产及废弃物的资源化处理与利用、技术创新对新能源利用的推广、管理层对能源变革的认知高度、管理体制对能源变革的机理性促进、不可再生性化石燃料的减少程度,以及工业生态园区建设对废弃物资源处理和能源节约的最新进展等方面进行了全方位讨论。

《资源效率论》由重庆外语外事学院陈玲副教授撰写。陈玲女士,在多年教学过程中,对资源利用效率问题非常关注,因而也将之作为自己的主要选题。"资源效率论"与"看不见的手"的学说思想的资源配置方式有所不同,它旨在研究资源生态合理性优化配置的相关理论,同时主张摈弃并限制传统工业化发展中许多粗放型的资源利用方式。

我们知道,传统的工业化发展方式,已经对自然生态系统造成了十分巨大的破坏。这种耗竭式的资源利用方式,同时还造成了全球自然资源濒临枯竭,以致使我们今天面临着十分严峻的资源稀缺性挑战。为了做到资源生态合理性优化配置,减少传统工业化发展方式对自然资源的耗竭式采掘与消费,提高资源利用效率,开发资源利用新途径,以技术进步的力量提高资源效能,并在实践中促进资源生态合理利用率的提高,确保资源利用的高效、节约和可持续性,就成了本书所要探讨的理论重点。围绕这些关键性的理论问题,本书对"资源利用与环境变迁""生态效率与生态设计""创新式节流与开源""循环经济与资源效率""生态效率的评价",连同对未来的"思考与展望"六个方面的内容进行了讨论,并做了系统化的理论探讨。

书中还谈道:"资源效率"问题,也是国际性的大问题,因而早就引起国际上许多知名学者和著名研究机构的超前性探讨与研究。作者有幸有赴英国和加拿大访学的两次机会,这为之完成本书,提供了在国际视野范围进行研究的便利。访学过程,既便于在更广阔范围搜集与"资源效率"相关的学术资料,又便于提升自身认知水平。正是在此前提下,在书中,作者不仅大量阐述了国际上广为流行的"因子X"测定标准及与《工业生态学》的经典著述紧密相关的案例，而且还引入了与"资源效率"课题紧密联系的其他诸多信息。所有这些，不仅对完成本书，而且对促进我国生态文明建设将起到参考性作用。

　　除了已经介绍的前述著作，《文库》还增设了《大数据与生态文明》一书。本书由太原师范学院经济系讲师延鑫撰写。延鑫现正在韩国全州大学攻读博士学位。他对大数据与生态文明建设二者间的关系非常关心，因而在其读博期间，也将之作为自己的专题性研究项目，并使之成书。作者认为，当今时代，大数据与生态文明建设的有机整合，将会更有效地促进我国生态文明建设。因为大数据是信息化时代的重要科技，其作用不仅存在于数字与数字间的统计学分析，同时也体现在对人的决策行为的直接影响方面。大数据是多元、复杂的数字化管理系统，借助数据挖掘、信息筛选、云计算等操作方式，可将国家生态文明建设的决策，准确、科学地贯穿于实践过程。譬如，IBM（国际商业机器公司）推行的"绿色地平线计划"，既是运用大数据、物联网、云计算、GIS（地理信息系统）等对大气污染防治、资源可持续性回收利用、节能减排等生态文明建设范畴的内容，智能化、数字化的系统管理过程，也是与大数据紧密关联的生态文明建设具体目标的实施或运作。故此，在本书中，作者将体系化地探讨大数据与生态文明建设二者间的关系，以使之更有效地服务于我国生态文明建设的实践过程。

　　除此，《文库》关注的另外理论重点还有时下国际上热议的"人工智能"和"机器人"这些当代科技。关于"人工智能对社会就业的影响"，以及"大学生就业难"等问题，我们特意安排了两本专著，即《人工智能的冲击与社会生态共生》和《"资本有机构成学说"视域中的社会就业失衡》。这两本书，从不同角度对当今时代的社会就业问题进行了理论探讨。其中，《人工智能的冲击与社会生态共生》一书，由山西省社会科学院思维科学研究所副研究员李国祥撰写；而《"资本有机构成学说"视域中的社会就业失衡》一书，则由重庆外语外事学院讲师谢露和何林二位女士承担。他们都根据自己的专业特点，从不同角度瞄准并关心着同一个问题——社会就业。其中，《人工智能的冲击与社会生态共生》作者李国祥所在的山西省社科院思维科学研究所，其创始人张光鉴先生在建所之初，就将"相似论"和"人工智能"等问题作为全所研究重点。而作者作为该所的后继研究者,"人工智能问题"同样是其关注的重要范围。加之,马克思主义哲学乃其读大学和研究生期间的主修课程,这对其从事本书的理论研究大有裨益。也正是在此条件下,作者投入并完成了本书的撰写工作。作者认为,当今时代,人工智能越来越多地渗透到我们生活的各个方面,它对人类社会发展产生了深刻的影响。随着人工智能的深入研发和机器人的普及,也相应引发了诸如就业等十分严峻的社会性问题的出现。这种情况,是当今时代任何国家和政府都不能回避的重要事实。人工智能对社会就业的冲击,也要求我们在推动科技进步、重视人工智能促进生产力发展的同时,还必须考虑它与人类社会协调发展的重要性。换言之,必须重视在共生理念前提下的社会进步与和谐,因为这是我国构建和谐社会不可或缺的重要环节。

而《"资本有机构成学说"视域中的社会就业失衡》一书的研究重点同样是社会就业问题。作者谢露、何林二位女士,均为重庆外语外事学院讲师,也都面对着大学生就业难的现实问题。在学院,谢露主要从事"马克思主义基本原理"课的教学工作。而何林除了承担一定的教学任务外,其所在职能部门还与校方招生及学生毕业安排有关。二人常常对社会就业方面的突出问题进行讨论。相应地,她们所从事的教学专业课——马克思主义的许多经典论述,也为其指引着探讨问题的基本方向。在书中,二人依据马克思主义基本原理,结合当今时代的现实,详细阐述了社会就业中存在的许多问题。作者不仅批评了作为资本主义国家意识形态的新自由主义及其风行所导致的灾难性后果——它使得马克思在 19 世纪早就预言过的"相对人口过剩"问题于 21 世纪的今天又重新上演,而且更加显著地促成了资本主体财富积累的激增。在资本增值过程中,同时也异化性地利用技术进步优势,使之成为服务于"资本主体自身利润最大化"的强有力手段。换言之,马克思在 19 世纪早就科学论证过的"资本有机构成"中的"技术构成",依然是当代资本主体扩大资本积累的最有效方式。这种情况,今天不是有所缓解,相反地,而是更加重了无视社会就业的趋势。因为,人工智能的广泛推行,是以机器人代替社会劳动力为目的的,客观上,就势必造成马克思早就预言过的"相对人口过剩",亦即失业者的大量增加成为事实,因而必将促使当今时代"失业大军"的不断出现。正因如此,作者在其著作的命题之初,便直接嵌入马克思经典著述中的"资本有机构成"概念,以向社会提出忠告:马克思"资本有机构成学说",即使是在21世纪的今天,依然有着强大的生命力和理论指导价值。

不难看出,《人工智能的冲击与社会生态共生》和《"资本有机构成学说"视域中的社会就业失衡》两本书,各自都有着自己的显著特点,也都围绕时下全社会都关心的就业问题系统性地进行理论分析与研究。二者的共同点则在于:在书中,均详细阐述了马克思主义经典理论,及习近平同志在党的十九大报告中强调的"人与自然和谐共生"的指导思想,对构建和谐社会乃至生态文明建设的理论重要性。

在生态文明建设中,人的心理与环境的关系问题也颇受关注,故此,环境危机问题,同样是心理学理论所讨论的重要问题。本《文库》与心理学相关的著述是《环境危机下的社会心理》。本书由重庆工商大学融智学院副教授李娟女士和重庆外语外事学院心理学讲师、国家二级心理咨询师张玥女士共同撰写。在书中,她们系统梳理了心理学发展史上不同的流派对环境与人的心理之间关系的相关研究,并将之陈述其中。作者指出:机能主义学派认为,人之心理对环境是有适应功能的;行为主义则是在对机能主义的批评中,通过个体外在的行为考察其内在的心理机制,从而揭示个体心理与环境间的关系;格式塔学派认为,人们对环境的认知,是以整体的方式,而非被割裂的片段展开的;精神分析学派弗洛伊德更注重心理过程的"无意识"特征,旨在考察变态的环境氛围"无意识"地对个体梦境心理形成的影响,进而对个体"无意识"梦境心理状态进行解析,亦即弗氏的《梦的解析》。继之,荣格则将"无意识"概念上升到了社会心理学范畴,强调"集体无意识"对环境认知的重要;而人本主义心理学更注重"需要层次说"和"自我价值实现"对个体生理心理过程的理论意义,并从中展示出处于环境中的人的心理动力学原因,等等。

在系统梳理了心理学发展史上各流派的主要观点后,作者全面、深入地论述了本课题——"环境危机下的社会心理"。她们认为,当前环境危机日益严重,已经成为亟待解决的全球性突出问题。在紧迫的环境危机情况下,无疑会造成人的压力的激增,从而影响到社会成员的心理或行为的各种反应。书中进一步指出:环境危机对社会心理的影响是多方面的,具体呈现在个体、群体乃至整个人类社会的不同层次。其内容的纷繁复杂,也涵盖了人的认知、行为或情绪的各个方面。故此,本书主要是从社会心理学角度出发,多学科探讨了引发环境危机的社会根源,也着重分析了环境危机对各个层面之主体心理所形成的诸如焦虑、恐慌、怨恨、冷漠乃至应激性的群体反应等影响。在此基础上,作者从社会心理学角度切入,多维度给出了促进人与自然关系良性循环及互动的方法与路径。

《生态女性主义与中国妇女问题研究》是《文库》第二辑的最后一本著作,它由重庆外语外事学院讲师毕扬、张静和乐志红三位女士共同撰写。三人均从事思政课教学工作,教书之余,均对"中国妇女问题"十分关注,同时做了一些针对中国妇女问题的相关研究。其中,毕扬女士还多次参加全国性妇女研讨大会并宣读了与会论文。本书的撰写,一方面是依据她们的前期研究成果,另一方面则立足于生态文明建设实践中妇女工作的现实需要。在撰写过程中,她们不仅严格遵循了党的十九大报告中有关生态文明建设的指示精神,而且还参考了国外生态女性主义思潮的许多内容,并对比性地探讨我国妇女问题。所谓生态女性主义,是一种将女性主义和生态学思想相结合认识问题的国际妇女运动思潮。生态女性主义的最大特点是反男权(尤其是反资本为主体的男权),强调妇女解放和男女平等,强调生态环境保护的重要性。生态女性主义,是 20 世纪 70 年代中期,法国妇女运动领袖弗朗西斯娃·德·奥波妮在其《女性主义·毁灭》一书中最早提出的。之后,在此基础上又逐渐发展了许多分支。它不仅在西方,而且在第三世界国家也产生了不小的影响。本书能够结合生态女性主义探讨处于生态文明建设实践之中的中国妇女问题,确实不失为一个全新的视角。

以上是对《文库》第二辑全部著作的简单介绍,大体反映了《文库》第二辑的整体内容和理论架构,同时也概括性地指出了其中每一本书的基本内涵及其与生态文明建设之间的内在联系。十本书,有对顶层设计下的生态文明之治的系统论述,有环境保护法范畴的理论创新,有对基于生态正义前提的"经济协同论""资源效率论"与"能源变革论"的全面思考和论证,有对信息化时代大数据与生态文明建设之间关系的创新性认知,有对生态共生原则下的就业问题的关注,有对马克思"资本有机构成学说"进入人工智能时代的全新阐释与解读,有对环境危机下社会心理的实证性分析,还有对具有强烈环保意识的国外"生态女性主义"与正处于生态文明建设实践之中的我国妇女二者关系的对比性探索。总之,其中每一本书的作者,都为本《文库》完成付出了应有的努力,也都对其从事的专业领域做了与生态文明建设直接相关的创新性思考。但是,由于时间仓促,加之作者知识底蕴的局限,难免存在一些不足之处,故此,还望学界方家大雅指正。

2020 年 1 月

# 前　言

　　人类社会的进步与发展对能源的依赖和需求越来越大，其在经济社会发展过程中的作用越来越重要。能源开始变得重要起来，为大众所知晓和关注，并逐渐演变成为一个攸关国家安全与发展的基础保障性问题。百万年前的某一天，远古人猿掌握了自主用火的技能，火种散发出光和热，以这束微弱火光为标志，人类社会能源变革拉开了历史帷幕。人类之所以能够在绵延数千年的历史长河中不断进步和发展，将世界改造改变成现在的样子，在某种程度上可以说，人猿摩擦或撞击生出的火花就是这场伟大变革的起点，标志着人类对能源的掌控与支配。能源一方面表征某一类能够向人类社会提供动力的客观存在的物质，另一方面则是一个在时间长河里不断演进的概念。因而，能源一词背后隐含着"变革"要旨，科学技术推动着能源领域的变革。长期看，能源变革是永恒的主题；短期看，能源变革存在相对稳定的状态，能源系统具有强大的惯性。

　　自然界的物质在被人类利用之前都仅仅是一种客观存在。当人类能够驾驭某种物质并将其规模化利用，则物质变成"资源"，具有了"价值"。"资源"一词从本质上来看，有着浓重的"人类中心主义"色彩。所谓"人类中心主义"是以人类为事物中心的学说，作为一种价值和价值尺度，将人类的利益作为价值原点和道德评价依据，有且只有人类才是价值判断的主体。在此价值观念基础上，作为"资源"的能源，其为人类利用才具有了价值。强化的"人类中心主义"在资本主义制度下，以人类为中心、以经济效益为价值尺度，在开发利用能源资源时忽视了其所带来的负外部性影响。工业化加速推进过程中，"人类中心主义"极端化，使得人类逐渐走向了自然的对立面，引发了自然对人类的报复。化石能源的大量开采和使用，打破了自然界中碳循环的平衡，导致温室气体增多,全球气候显著变化,生态环境日趋恶化。在强化的"人类中心主义"① 基础上,资本主义及其工业化进程加速了能源变革的进程。

新自由主义思潮所倡导和主张的"自由"意指自由的私有化、减少国家对"自由"的干预、放任"看不见的手"的自由交易等。但聪明的"理性人"只会将对自己有价值、有利的东西私有化。那些由其引致的负外部性影响却是他们极力想规避的。"理性人"并不会积极主动在维护社会公共利益乃至全球公共利益方面承担负外部性成本,以及提供相应的公共物品。如果放任新自由主义思潮继续影响未来的能源变革,将会给全球气候和生态环境造成更为严重和不可逆的影响,影响人类共同的命运和未来。

人类社会发展的历史车轮还在不停歇地向前推进着,为车轮提供动力的能源也在不断地变革着。经济发展与生态环境保护的双重压力,迫使各国都在积极探索开发利用能源的新途径。虽然这种变革似乎变得越来越艰难,就像加拿大能源专家瓦茨拉夫·斯米尔指出的那样,基于传统能源的投资和规模非常庞大,要摆脱这种能源惯性,需要更漫长的过程,而不可能是一个理想化的、一蹴而就的瞬间更替。

纵观人类社会能源发展与变迁,立足对新自由主义思潮的批判,站在新时期、新时代的前沿,通过新思想、新理念的指引,本书以"能源变革论"为题,在对这样一个客观发展过程观察和叙述的基础上,从两个层面考量能源变革的历史与趋势,考察能源变革包含的核心思想内涵以及变革所致的政策制度变迁,以期能够对能源变革问题进行客观和全面的梳理与分析。本书分为上下两编,从宏观、中观、微观三个层次对能源变革问题进行了观察、描述和分析。

---

① 美国哲学家诺顿将人类中心主义分为强化的人类中心主义和弱化的人类中心主义。其认为,仅从感性意愿出发,满足人的眼前利益和需要的价值理论,称为强化的人类中心主义;而从某些感性意愿出发,但经过理性评价后满足人类利益和需要的价值理论,称为弱化的人类中心主义。其中,强化的人类中心主义,是以感性的意愿为价值参照系,把自然事物作为满足人的一切需要的工具,自然界也就变成了供人任意索取的原料仓库。这种强化的人类中心主义,就是人类"主宰""征服"自然的人类沙文主义。弱化的人类中心主义基于评价之上,在调解人与自然关系时,不但承认自然具有人类需要的价值,而且认为自然具有转换价值。

　　上编从经济增长目标下的能源变革历史的角度,分别从基本概念和内涵、理论基础、与经济学思想的关系、未来能源变革趋势,以及能源变革引致的能源组织及制度变迁这五个方面,分五章从宏观能源变革视角对能源变革问题进行研究。下编从能源变革的中国现实角度,立足当前世界第二大经济综合体之现状,对中国这样一个正处于工业化、城镇化进程中的发展中国家的能源变革予以关注和研究。

　　第一章以能源与能源变革为基础,从世界范围内能源及能源演进历史出发,回顾了能源的产生与发展,对“能源变革”的概念及特征进行了研究和分析,并与能源革命、能源转型等概念进行了比较,进而界定了能源变革的内涵,以对能源变革的动因进行研究。在研究过程中,笔者分析了能源革命、能源转型、能源变革等概念的内涵与外延,并最终选择了能源变革一词是因为,这一称谓能够客观地展现能源历史。与“能源革命”强调突变、“能源转型”覆盖时间跨度较小相比,“能源变革”无论是从时间维度还是对变化程度的描述都较为温和客观。毕竟,能源无论是“革命”还是“转型”都是一个渐进的过程,不可能一蹴而就,无法实现理想化的瞬间转变。

　　第二章从能源变革的相关基础理论入手,从经济学基础理论和可持续发展理论这两个维度,对能源变革的理论基础与框架进行了阐述。在经济学基础理论维度,从资源耗竭理论、外部性理论和路径依赖理论入手,分析了能源变革的必然性、能源变革的艰难复杂性,以及能源变革过程中的协同性。在发展理论维度,从可持续发展理论以及材料流理论对能源变革进行了分析,认为能源变革过程中的“减量化”“低碳化”“高效化”是未来变革的方向。

　　第三章从能源变革与意识形态的关联性入手,对能源变革与资本主义的新自由主义思潮、马克思主义生态文明思想之间的关系进行了研究。人类社会发展需要更多的能源提供足够的动力,以满足人类“更多、更好、更快、更远”的需求(欲望)。人们不断探究经济发展的奥秘,并在不同的发展阶段形成不同的思想和思潮,这些旨在探寻经济发展规律的思想在很大程度上对能源的开发利用也产生深远影响。人类认识世界的局限性导致这些思想存在一定的片面性,在指引能源开发利用过程中也产生这样或那样的问题,进而影响人类社会、影响地球生态系统。所以,虽然能源变革是一个客观发展过程,但变革的方向和速度却与指引人类经济社会发展的思想及由此引发的科技创新的方向密切相关。我们需要科学的思想引导未来能源变革的方向。

第四章从"能源进化"视角,分析了未来能源变革趋势与特点,也探讨了以煤炭、石油、天然气等为代表的传统化石能源的变动趋势,以及可再生能源和新能源的变化趋势。通过研究能源品种及能源结构的变化及发展趋势,进而分析未来世界能源变革的趋势和方向。世界因科学技术的发展而不断突破原有边界和固有模式,未来的能源结构将会是多元的。多元也意味着供给侧将会相对稳定和安全,高度单品类的能源依赖将会逐渐弱化。

第五章观察能源变革的国际演进,从能源国际组织的演进与发展角度入手,分析能源变革在全球范围的现状;选取美国、英国和德国作为能源变革的典型国家,探讨全球能源变革的主要方向,虽不全面,但由此可窥其一斑。在全球发展不平衡的大背景下,能源变革在不同地区、不同发展阶段都面临着不同的实际情况,需要选择不同的路径,这是全球国别间存在的差异。已经完成工业化的发达国家,如美国和欧洲一些国家其面临的能源转型情况与中国、印度等正处在工业化进程中的发展中国家情况是完全不同的。不同国家和地区,在不同发展阶段能源生产消费都面临着各不相同的环境问题,也有着各自的考量及选择。

通过上编的内容,从时间轴线客观描述人类历史上的能源变革,了解人类社会在能源治理领域的政策及制度演进,在人类社会现阶段面临的新形势下,新的约束也会对未来能源变革的方向、能源品种的选择和能源生产消费结构调整产生影响。

下编共四章,聚焦中国能源变革,分别从能源变革与生态文明、中国推进能源变革面临的"形"与"势"、中国传统化石能源基地能源变革样本研究,以及建立适应和推动中国能源变革的相关政策建议等方面对能源变革的中国实践进行了研究梳理。

第六章聚焦能源变革与生态文明,以新时代中国特色社会主义能源变革所处的新阶段的新理念及指导思想为核心,深入分析了新的文明及理念的深刻内涵,其对能源革命已经产生和将要产生的影响,以及在未来中国能源革命进程中将要发挥的指引作用。这既是本章提纲挈领的思想和理念之要点,也是未来我国能源变革走出社会主义新时代特色变革之路的核心。生态文明作为一种新的文明,是由习近平同志为核心的党中央提出的新时代的核心理念,现阶段这一伟大思想已经在中国特色社会主义现代化建设过程中上升到了意识形态的高度。诺斯将意识形态看作是一种用于克服搭便车、道德危机和偷懒行为的社会工具,是节约制度运作成本的一种有效机制。因此,生态文明作为一种新的文明及发展理念,将会对未来我国乃至世界能源变革、社会进步与发展产生深远影响。

第七章从我国推进能源变革面临的形势和挑战入手,以能源管理体制及政策变迁为切入点,对新中国成立后我国能源开发利用状况及能源管理体制变迁情况进行梳理,总结我国能源开发利用和能源治理走过的历史,以及指导思想的演进情况。在上述分析基础上,本章进而指出,我国能源变革取得的辉煌成就依凭的是中国共产党领导下的社会主义国家和人民所坚持的理论自信、制度自信和文化自信。

第八章从微观层面,选取我国传统化石能源生产消费典型地区山西为样本,对资源型省份能源变革路径开展研究。山西省自20世纪70年代末开始谋求建立国家能源重化工基地,由此开启了漫长的倚重能源生产与供给的产业发展之路。当"资源诅咒""资源陷阱"开始不绝于耳之时,山西已深深陷入到了"诅咒"和"陷阱"中难以自拔,能源转型更是面临着"难上加难"的困境。能源转型重在长期规划,重在积累创新。因而,山西目前进行能源变革的重中之重在于立足现有规模和基础,做优、做强、做细。山西建设能源重化工基地的道路上,投入巨大、路径依赖严重。站在国家能源革命的新起点上,山西的能源变革不可能抛弃多年经营起来的体量庞大的主业,而应立足现有的能源生产消费体系,做优做强主业,伺机发现新机会,开拓新兴产业,大船掉头慢,稳定是关键。稳定既要求能源产业的稳定转型,同时也是国家能源安全的根本要求。

第九章回顾历史,立足当下,展望未来。基于对国际和国内能源变革趋势的预测,对我国未来面对能源变革需要建立和完善的制度及保障体系提出意见和建议。能源变革是一场系统性变革,需要顶层制度设计,需要各部门分工配合,需要加强能源法治建设,更需要全民参与,身体力行,久久为功。

从原始社会到奴隶社会、封建社会,到资本主义社会、社会主义社会,人类社会在资源和能源消耗中不断发展前行。马克思和恩格斯提出的共产主义是美好的,随着技术的不断进步,人类社会愈加向着那个方向前进。未来,在发达的信息互联和大数据基础上,在更具突破和创新的技术设备升级完善后,人类社会对于物质产品终将会实现按需生产、分配、回收、再利用。在那样的未来,人类社会不再会有生产过剩导致的资源、能源以及产品的浪费,人类与生态环境之间达到和谐共存。基于上述畅想,未来能源变革将会构建起一个清洁、绿色、零碳、高效的世界,各国人民结为人类命运共同体,将致力于为人类和地球共同的未来而努力!

# 目 录

上 编

# 下　编

上编

# 第一章　能源与能源变革

> 能源变革所引发的繁荣将带来一场根本性的质变——现有的依托传统能源的实体经济将不再受传统能源供给的影响和制约。
>
> ——赫尔曼·希尔(Hermann Scheer),《能源变革最终挑战》

纵观人类文明发展进程，人类利用能源的历史同样也是人类认识和征服自然的历史。自人类掌握钻木取火的本领后,能源就已经驶上了变革之路,变革是绝对的、客观存在的;不变是相对的,暂时的稳态。能源变革既有渐进式积累的缓慢过程,也有质变的跨越式革命。人类社会生产力的每一次跨越式发展都伴随着能源的深刻变革。

## 第一节　能源及能源发展历史

马克思在《资本论》中提出生产力就是人类改造自然的能力。人类从最初利用自身肌肉产生的生物能开始,到驯服利用动物的生物能,再到驾驭火的光能及热能、掌握热能驱动得到机械能等,漫长的对能源的掌控和使用彰显着生产力水平的提升。两次石油危机后,能源作为一个备受关注的热门词汇,受到世界各国及国内各界的广泛关注。受到关注是一个好的开始,关注意味着人们有所期待,虽然可能期待的内容和目标不尽相同。在从低能源密度到高能源密度的发展进程中, 能源成为推动人类社会进步与发展, 以及近现代国家工业化、城市化的重要支撑力量。"能源"成为大家张口即来的词语,但要阐述它却似乎又不能特别清晰地给出定义。

## 一、什么是能源

（一）概念

汉语中的"能源"由两个字组成，即"能"和"源"。所以，对"能源"的考察也需要从这两个向度来分析，一是"能"的内容和形式，二是"源"的内容和形式。

"能"是指生产和生活需要的"动力"。"能"是能量的简称，即 Energy。Energy 的本源释义为"the power which can do work，such as drive machines"。Energy 一词最初源自古希腊语的 energeia，意为"行为，举措"，其在物理学中的定义为"能""能量"，形式通常包括热能、电能、光能、生物能、机械能、化学能、核能等。"源"本意指水流所从出处，引申为来历、根由。与"能"连用则是指能为生产和生活提供"动力"的物质或能量。

"能源"从字面意思来看，即"能量的来源""能量的源头"，即 Energy Source，是一种呈现多种形式的且可以相互转换的能量的源泉。简单来说，能源是自然界中能为人类提供某种形式能量的物质资源。我国关于能源的定义有很多，尚未有统一的定义。《中国大百科全书（机械工程卷）》中，"能源"亦称能量资源或能源资源，是国民经济的重要物质基础，未来国家命运取决于对能源的掌控。能源的开发和有效利用程度以及人均消费量是衡量生产技术和生活水平的重要标志。我国《能源百科全书》将"能源"定义为："是可以直接或经转换提供人类所需的光、热、动力等任一形式能量的载能体资源。"《中华人民共和国节约能源法》中所称"能源"，是指煤炭、石油、天然气、生物质能和电力、热力以及其他直接或者通过加工、转换而取得有用能的各种资源。[①] 国外对于能源的定义也众说纷纭。《科学技术百科全书》认为："能源是可从其获得热、光和动力之类能量的资源。"《大英百科全书》认为"能源"是"一个包括着所有燃料、流水、阳光和风的术语，人类用适当的转换手段便可让它为自己提供所需的能量"。《日本大百科全书》认为"在各种生产活动中，我们利用热能、机械能、光能、电能等来作功，可用来作为这些能量源泉的自然界中的各种载体，称为能

---

① 盛晓文.充分开发集中供热系统运行的节能潜力[C] // 2012 年热电联产节能降耗新技术研讨会论文集.中国能源学会：北京中能联创信息咨询有限公司,2012:9—22.

源"。所以,"能"的"源"包括动物油脂、薪柴、煤炭、石油、天然气、放射性物质、光、风、河流、地热等。

（二）分类

能源按照不同的标准可以有不同的分类。

1. 按来源分类

能源按最初的来源分为太阳能、地球能、引力能。

一是太阳能。这里的太阳能是指广义上的太阳能,既包括直接来自太阳的能量,又包括间接来自太阳的能量。直接来自太阳的能量即源自太阳的光能和热能。间接来自太阳的能量主要指固化了的太阳能,即植物通过光合作用将太阳能固定在植物中,形成薪材等生物质,以及经过漫长岁月积累及地质作用形成的如煤炭、石油、天然气、油页岩等可燃化石能源资源。此外,太阳辐射地球引发的大气环流形成的风能也属于间接来自太阳的能量。

二是地球能。地球本身也赋存着能量,主要体现为地球内部的热能,以及利用地球本身含有的放射性物质所产生的核能。1910 年,克罗地亚地震学家莫霍洛维奇意外发现,地震波在传到地下 50 公里处有折射现象发生。他认为,这个发生折射的地带就是地壳和地壳下面不同物质的分界面,后被称为"莫霍面"。1914 年,德国地震学家古登堡发现在地下 2900 公里深处,存在着另一个不同物质的分界面,后被称作"古登堡面"。这两个发现将地球分为地壳、地幔和地核 3 个圈层。"莫霍面"之下的地幔大部分是熔融状的岩浆,火山爆发一般是这部分的岩浆喷出。"古登堡面"之下再往地球中心去就是地核,地核中心温度高达 2000 ℃。所以,地球内部地热资源贮量巨大。

三是引力能。引力能是利用地球引力做功进而获取到的能量。这种能因为物质的存在而散布到了其周围的区域中,不像动能,不能随意传递。所以对于任意一个物质来说,它的引力能（势能）永恒地属于其本身而不会散失掉,包括月球和太阳等天体对地球的引力产生的能量,如潮汐能。当然也有学者持不同观点,认为引力仅仅是一种力,而非能。

目前来看,人类大规模的能量来源还是对广义太阳能的获取、转化和使用。从这一角度看,所谓能源变革更多情形下意味着对广义太阳能开发利用技术水平和装备的升级变革。无论是从薪柴到煤炭,从煤炭再到石油、天然气,还是从化石能源到可再生能源,其实质依然是对固化了的太阳能进行开发利用。虽然,也有水电给人类提供电能,但在世界能源构成中,水电受地理位置限制和季节影响显著,并没有成为主体能源的可能性。新能源则是相对于传统能源而言的,其中太阳能发电、风力发电实际上依然是对广义太阳能的开发利用,但利用形式有所变化,变成了直接利用,且显著特点是所能使用和获得的能源密度不高、时间不灵活,该特点决定了发展新能源需要配套储能设施,以克服间歇性、波动性和随机性问题,确保能源输出的稳定性和持续性。

2. 按照基本形态分类

能源按照基本形态可以分为一次能源和二次能源。

一次能源,即天然能源,是指在自然界现成存在的能源,如煤炭、石油、天然气、水能等。一次能源又可分为可再生能源和不可再生能源。凡是可以不断得到补充或能在较短周期内再产生的能源称之为可再生能源,如风能、水能、海洋能、潮汐能、太阳能和生物质能等。而那些经过亿万年形成的、开发利用后短期内无法恢复的能源资源,称之为不可再生能源,如煤炭、石油、天然气等。

二次能源是指由一次能源加工转换而成的能源产品,如电力、煤气、蒸汽及各种石油制品等。二次能源不是直接取自自然界,只能由一次能源加工转换得到,严格来说并不是能源,只是"二次能",即通过一次能源转换而来供二次使用的能量。一次能源无论经过几次转换所得到的另一种能源,统称为二次能源。二次能源大都是提高了品位的能源,而获取二次能源过程中都普遍存在余能的排出,如高温烟气、高温物料热、可燃气和有压流体等,也都属于二次能源。二次能源又可分为"过程性能源"和"含能体能源",如电能是目前应用最广泛的过程性能源,汽柴油是应用最广的含能体能源。各种具体能源依据不同标准可归于多个分类项下(表1–1、表1–2)。

## 二、能源发展简史

人类对能源开发利用的过程是人类社会进步与发展的重要内容,能源的开发利用水平和程度影响着人类社会进步发展的进程与速度。能源像血液一样,为人类社会有机体源源不断地输送养分和动力,推动历史的车轮不断加速向前。

表 1-1　能源的分类

| | | 一次能源 | 二次能源 |
|---|---|---|---|
| 传统能源 | 燃料能源 | 煤炭、油页岩、油砂、石油、天然气、生物质能 | 煤气、甲醇、焦炭、酒精、汽油、甲烷、煤油、柴油、液化石油气、电力、蒸汽、热水 |
| | 非燃料能源 | 水能 | |
| 新能源 | 燃料能源 | 核燃料 | 电力、氢能 |
| | 非燃料能源 | 太阳能、海洋能、风能、地热能、潮汐能 | |

资料来源:根据相关资料整理。

表 1-2　一次能源分类

| | 可再生能源 | 不可再生能源 |
|---|---|---|
| 太阳能(广义) | 太阳能、生物质能 | 煤炭、油页岩、油砂、石油、天然气 |
| 地球能 | 地热能 | 核燃料 |
| 引力能 | 风能、水能、潮汐能 | — |

资料来源:根据相关资料整理。

(一)能源之初始

人类对能源的探索开发与利用早已有之,中西方都对此进行了各种神话演绎,且都不约而同地呈现和归集了在了对火的使用上。中有燧人氏钻木取火,西有普罗米修斯盗火。中国古代神话燧人氏钻木取火,教人熟食,结束了远古人类茹毛饮血的历史,开创了华夏文明,被后世奉为"火祖",位列三皇之首。古希腊神话中,普罗米修斯盗取了太阳神阿波罗的火种送予人类,为人类驱赶了黑暗和寒冷,带来光明和温暖。可见,人类对火的利用在能源史上有着重要的标志性和里程碑意义。火的使用得以让人类烹煮食物,并从加热过的食物中摄取蛋白质和碳水化合物;火又提供温暖,使人类抵御严寒;火提供了天然光源外的另一选择,也给予人类抵御外来食肉动物侵袭的能力。可以说,人类能源初始于火,以火的发现和利用作为人类文明演化的一个转折点并不为过。初始阶段,薪柴、动植物油脂等可燃物是用火取"能"的主要物质。这一阶段在能源转型共识中通常称为"薪柴"阶段。

人类从发现火到利用火经历了漫长的过程。最初,人类的祖先对自然界因雷电或者其他原因引发的熊熊大火是无知的、恐惧的。但当他们从野火燃烧过的地方捡到并食用被火烧过的野兽、野菜和野果等后,渐渐发现了这样的食物不仅容易咀嚼、口感更好,且不容易致病。同时,他们也发现了火的光亮和热可以抵御寒冷,防范野兽侵袭。于是人类祖先渐渐地敢于接近火,并尝试将天然火种取回居住地保留,不断增添可供燃烧的薪柴等,以防火种熄灭。此时人类对火的利用还处于比较被动的状态,直到人类掌握了用石块敲击、摩擦取火等方法后,才标志着人类主动用能的开始。中国古代有燧人氏钻木取火,其实燧人氏未必确有其人,只是由于这种方法的发明,给人类利用火带来了极大的方便,为了纪念这一创举,创造了燧人氏钻木取火的传说。中国距今 170 万年以前的云南元谋人遗址和大约同一时期的山西芮城西侯度遗址中,都发现了已知的人类最早用火的遗迹。距今 50 万年以前的北京周口店"北京人"也已有意识地用火,其居住的岩洞里,上、中、下部都找到了"灰烬层",且灰烬按一定部位成堆分布。一般认为,人工取火大约出现在旧石器时代的晚期。从全球范围内来看,直到 1850 年,世界的主要能源还是薪材。

总之,火的利用使人类第一次主动支配了一种自然能量,薪柴燃烧的光与热引领着人类从原始社会走向了农耕文明。这一阶段,能源主要是生活用能,人类通过燃烧薪柴、动植物油脂等获取光能和热能,光能用于照明,热能用于取暖煮饭。火的发现和利用对人类自身进化、人类社会生产力的提高,以及推动社会进步起到了极大的作用。这一阶段,是人类在较低水平上的可持续用能阶段。原始社会以及农耕文明期间,能源的消耗较少,尽管也存在局部的能源短缺和环境破坏,但不存在因能源利用导致的全球性气候变化和严重的生态环境问题。

*(二)能源之兴盛*

能源之兴盛在于煤与石油。煤炭的发现以及大规模利用,诱发了工业文明并为工业文明的起步与加速提供了稳定的能量供给。随着人类生产力水平提高,人类驾驭能源的能力也得到了提高。这个转折点出现在煤炭对薪柴的替代。煤炭的能源密度远高于薪柴,使用煤炭比使用薪柴更为有价值。1881 年前后,煤炭替代薪柴成为世界第一大能源,从此人类社会进入煤炭时代。1931年,煤炭在全球能源结构中占比达到70%的峰值,随后占比开始呈下降趋势。[①]

18世纪初,纽科门发明蒸汽机,以及瓦特后来对蒸汽机的改良和推广,将人类带入了以煤炭为主要能源的"蒸汽时代"。18世纪40年代,英国工业革命完成,以英国制造业完成机械化改造为标志,资本主义社会第一次工业革命得以完成。

19世纪六七十年代,欧美日等国家开始了第二次工业革命。发电机、电动机的发明和普及,电器开始代替机器,电成为补充和取代以蒸汽机为动力的新式能源。随后,电灯、电车、电影放映机相继问世,人类的生活与电器、电力息息相关,由此进入了"电气时代"。

19世纪七八十年代,以煤气、汽油和柴油为燃料的内燃机相继诞生。内燃机的发明解决了交通工具的发动机问题。1876年,德国发明家奥托(Otto)运用罗沙的原理,创制成功第一台以煤气为燃料的往复活塞式、单缸、卧式四冲程内燃机。[②]1883年,德国的戴姆勒(Daimler)创制成功第一台轻型高速立式汽油机,转速达到800转/分,是当时其他内燃机转速的4倍,特别适应交通运输机械的要求。19世纪90年代,德国人鲁道夫·狄赛尔发明了油耗低、可燃烧劣质燃油、功率高的柴油机,后广泛应用于潜艇、船只等。内燃机的发明和迅速推广使用,推动了石油开采业发展和石油化工工业的生产,直接导致了全球石油产量的激增。1870年,全世界石油年产量大约80万吨,到1900年石油年生产量猛增到了2000万吨。[③]

1965年左右,石油超过煤炭成为第一大能源,开启了"石油时代"。石油在能源结构中的占比于1973年达到峰值,达到45%,随后占比不断下降。[④]目前,石油仍然占据能源结构主导能源的位置,但是随着能源品种的多元化趋势演

---

① 周庆凡. 能源转型的四个基本规律[J]. 新能源经贸观察,2018(04):35.

② 吴登平. 梦断永动机——热力学与热机的发展 [J]. 现代物理知识,2010,22(06):52—53.

③ 周庆凡. 能源转型的四个基本规律[J]. 新能源经贸观察,2018(04):35.

④ 同上。

进,石油在整个能源结构中的占比有所下降,根据 BP(英国石油公司)《世界能源统计年鉴(2019)》,2018 年全球能源消费结构中石油占比仅为 34%。

煤与电成功地将人类社会推进到了工业文明时代。蒸汽机的发明和应用,改变了能源转换方式,煤炭燃烧后的热能通过蒸汽机转化为机械能。发电机的产生使人类用能越来越清洁、便利、高效。内燃机的发明,在改进人类交通出行方面发挥了重要的作用。工业文明里的大机器、大生产,使得人类想要的越来越多、出行的速度越来越快、可到达的地方越来越远。为了满足人类无止境的欲求,能源的消耗量越来越多,能源行业的发展驶入了快车道,也为日后的能源安全问题埋下了伏笔。

西方国家步入工业文明后,人类社会不断追求物质的极大丰富,能源的可耗竭属性以及生态环境容量的有限性没有被充分认识到, 能源的开发利用处于无节制消耗状态。工业革命之后,人类对能源的开发利用有了显著转变,城市周围可供利用的森林资源锐减, 大规模开发利用煤炭以及价格低廉的石油有力地支撑了第二次世界大战后一大批老牌工业化国家的复兴和一批新兴工业化国家的兴起。这一时期人类对能源的开发和利用是掠夺性的,也开启了人类高强度碳排放的序幕。

(三)能源之多元

越来越庞大的人口规模、越来越多的能源需求、越来越强的资源消耗、越来越显著的气候变化问题、越来越沉重的生态环境代价,所有这些在人类文明进入第二个千禧年后,开始被普遍关注。绿色低碳发展成为时代主题,人类开始重新审视传统化石能源,也开始寻求能源领域的绿色低碳可持续发展。这一阶段, 因石油危机引发的经济危机导致国际社会开始认识到能源安全的重要性,西方国家意识到需要珍惜使用可耗竭的能源资源,开始研究和实行节能举措,努力提高能效,并积极寻求替代能源。

在新的发展阶段,能源品种开始呈现多元化演进特点,煤炭、石油、天然气、水能、核能、氢能、地热能、生物质能等共同发挥着能源供给作用。一方面,世界能源结构中石油、煤炭依然占据着主导能源品种的地位,天然气作为替代传统高碳化石能源的清洁能源,开始显示出环境友好型的特点,在全球范围内替代石油、煤炭的趋势愈加明显。另一方面,基于能源安全、绿色、低碳的需求,可再生能源(如光电、风电)在能源结构中的比例得到了显著提升。此外,氢能、储能、分布式能源、虚拟电厂等新兴和新型能源技术及装备百花齐放,显示出极强的生命力。与此同时,随着互联网的飞速迭代和发展,能源系统数字化和智能化水平越来越高,能源利用效率也在不断提高,为新一轮的能源转型逐渐奠定基础。

### 三、能源变革的特点和未来

能源变革依然在路上,或快或慢、或温和或剧烈,都将无法阻挡、客观向前。在诸多不确定性中,却也能洞见到能源变革的一些确定方向与趋势。

(一)能源变革的特点

基于前述能源变化发展的大体脉络,可从中窥见能源发展的如下特点:

一是能源品种将实现"单一分散—单一集中—多元集中—多元分散"的转变。目前,我们正处于能源品种的多元集中阶段,多元集中是指能源品种多元化,但大规模利用仍集中在少数能源品种上,能源结构仍旧可以反映出主体能源品种。品种多元分散则是指能源品种多元化,规模利用分散化,没有突出的大规模能源品种,多元化的能源品种形成了平衡稳定的能源结构,能源供给也因多元分散使得能源系统更加稳定。

二是能源密度要经历"使用的低密度—获取的高密度、使用的高密度—获取的低密度"的转变。后一个低密度是指能源本身是密度低的,需要经过储集实现高密度利用。目前,我们正处在能源获取从高密度能源品种向低密度能源品种转变的过程中。人类已经经历了从低密度薪柴到高密度化石能源的转变,现在正在由传统高密度化石能源向低密度可再生能源转变。在此过程中,也还蕴含着另外一种可能,即"使用的高密度—获取的高密度"这样一种转变路径。如果可高密度供能的核聚变技术、制储氢等技术能够实现突破,在确保安全的前提下,能源密度则会向着这一方向迅速转变。

三是能源供给灵活性将实现"集中供给—分布式供给—集中供给"的转变。实际上,均衡多元的能源供给可使得能源系统更加稳定,不会因过分依赖单一能源品种造成能源供给的不平衡、不稳定。同时,在应对突发或极端状况过程中,多元能源供给体系会带来多种可供选择的支持方案,分散不安全、不稳定造成的风险和影响。

四是能源的碳密度将实现"高碳—低碳—零碳"的转变。随着全球气候变化问题越来越严峻,碳排放问题成为核心议题,引发各国共同关注,并进而推动了全球能源结构的主动转型。而未来国际能源结构变化过程中呈现的可再生能源对传统化石能源的替代,将必然引致能源的碳密度从高碳向低碳转变。

(二)能源之未来

对于未来能源及能源系统,我们可以有无限遐想。就像在手机普及之初,谁也未曾想象到当初功能单一、体型硕大的"大哥大"会在短短几十年间不断地更新迭代,演化成为现在这样一个功能强大、携带方便,几乎全面融入个人生活的工具载体、集合体。能源的历史悠久而漫长,但变革的加速度却越来越快,从生物能到机械能的转换、从机械能到电能的普及,从薪柴到煤炭、从煤炭到石油和天然气、再到可再生能源对传统化石能源的替代,能源领域的变革呈现出越来越快的趋势。

随着人类对能量掌控能力和开发利用能力的扩大,相应地伴随着"人口增长,政治团体和城市规模扩大,福利得到积累,艺术和科学迅速发展"。"先前的文化系统开发了狩猎技术、钓鱼技术、设陷阱技术、采集技术等,作为开发这个星球和自然界动物资源的手段",使得人类获得了比之前更多的能量之源。之后,随着家庭驯养动物和栽培植物出现,人类实现了第一个能源总量上的飞跃,引致了伟大古代文明的迅速呈现,并盛极一时。煤、石油、天然气等化石燃料的发掘利用,引发了人类能量利用的又一次飞跃,人类社会步入了工业化、电气化时代。从这个意义上来讲,主导能源变革的不是环保理念、美好憧憬、匮乏危机这些基于人的道德、品位、智慧等美好品质,而是源自人类对物质的本能需求。新一轮的能源转型也正体现出这样一种趋势。

当前的能源转型就是要在供给侧实现可再生能源、清洁能源对化石能源为主体能源的更替,推动人类用能从"高碳"向"低碳""零碳"转型。未来能源变革进程中,环境容量将可能先于能源资源而枯竭。气候变化以及生态环境问题已经凸显,即使能源资源不会耗竭,环境容量也已经成为硬约束,要求人类不得不审慎考量能源的生产和消费行为,并需要及时有效地加以限制。对气候变化的不断关注,使得人类开始对无节制的能源消费行为加以控制。这也是未来新一轮能源转型有别于前两次的原因。这轮能源转型一方面将会受到政策的积极推动;另一方面也正在等待着世界范围内能源系统新旧动能转换"临界点"的出现。

但我们也应该有冷静和客观的认识,即这一变革过程不可能瞬间完成。正如《2035世界能源展望》中预测的那样,"到2035年,世界化石能源的总体份额将由2012年的86%下降至2035年的81%。三类化石能源的份额都将集中在27%左右,在非化石能源中,可再生能源(包括生物能源)的份额将从现在的2%迅速升至2035年的7%,而水电和核能份额将基本不变,分别为7%和5%"。[①] 自2012年至2035年,经合组织的非化石能源在一次能源中的比重将从18%增至25%,而非经合组织将从10%增至16%。非化石能源的增速不论是经合组织预测的年均1.8%,还是非经合组织预测的年均4.3%,都将会高于化石能源消费的增速。所以,可再生能源成为能源体系和结构中的主导能源尚有一段漫长且坎坷的路要走。一旦"临界点"到来,能量转化就会更简单、成本会更低廉、能源系统也会更加安全稳定高效,迭代和转换的过程将会非常迅速。

## 第二节　能源变革及其含义

能源需要一个系统,犹如人体内血液循环系统一样。能源需要"流淌"起来,才能提高利用效率和水平。传统的能源及其系统就是基于这样一个系统建设发展起来的。

### 一、能源变革概念内涵辨析

石器时代的结束不是因为缺少了石头,化石能源时代的结束也不会是因

---

① 朱晓军,朱建华,朱振旗,甘中学. 分布式能源网络系统的探索与实践[J]. 科学通报,2017,62(32):3672—3682.

为化石能源的耗竭。能源变革是客观的历史过程，就像人类社会不断向前发展，就像历史的车轮从未停下来过。对于能源领域的各种量变与质变，人们喜欢用多种多样的词汇来表达这样的变化，如能源变革、能源革命、能源转型等。这些词汇的含义及使用的环境是否相同，需要通过进一步相互比较和分析进行辨识。

(一)能源革命

能源革命在国外也有对应的英文词汇，即 Energy Revolution，欧洲国家则多使用 Energy Transition。革命(Revolution)从它最全面的意义来说，是从一个时代向另一个时代的剧变性跃进，指根本改革。革命是一种实现社会变革的历史过程，是一种权力转移的方法，是一种实现正义和恢复秩序的行为。中国古代革命仅指改朝换代。现阶段，我们提出的能源革命是中国在能源转型过程中提出的一个彰显能源转型坚定决心的概念。2012 年 11 月 8 日，胡锦涛同志在党的十八大报告中提出，要"推动能源生产和消费革命，支持节能低碳产业和新能源、可再生能源发展，确保国家能源安全"。2014 年 6 月 13 日，习近平同志在主持召开中央财经领导小组第六次会议上，进一步将推进能源革命细化为四个方面，即"能源消费革命、供给革命、技术革命和体制革命"。在此之后，研究机构和学者开始从不同维度对能源革命的内涵和概念进行阐述。在全面推进生态文明建设过程中，中国共产党领导全国各族人民要拿出革命的决心勇气和气概推动能源转型，未雨绸缪，为能源变革做好充分准备。能源革命说到底是要革高消耗、高污染、高排放、高能耗、低能效的能源生产、能源加工转换、能源传输、能源消费的命。所以，当下在各领域使用"能源革命"一词时，在其内涵方面存在着诸多不同理解。如曹莉萍等(2017)认为能源革命有广义和狭义之分，狭义的能源革命是指"能源技术革命(或升级)"，广义的能源革命则是指"基于技术革命的整个能源开发和利用系统的变革与转型"①。朱彤(2014)认为能源革命有两个层面的含义，狭义上理解，能源革命是指能源技术的重大突破，即能源开发和利用技术的重大变革；广义上理解，能源革命可以定义为

---

① 曹莉萍,周冯琦.能源革命背景下中国能源系统转型的挑战与对策研究[J].中国环境管理,2017,9(05):84—89.

"以能源技术重大创新为基础的，社会主流能源开发和利用系统的变革或转型"。①

(二)能源转型

能源转型是一个内涵极其丰富的概念。纵观人类能源史,已先后发生过多次能源转型。瓦茨拉夫·斯米尔(Vaclav Smil,2016)认为,能源转型是"从一种具体的能源形态转变为另一种能源形态的过程"。朱彤(2014)认为,人类社会经历过两次能源转型,即从植物能源依次向化石能源以及可再生能源的转型,并把能源转型定义为"由能量原动机推动的、伴随着能源体系深刻变革的一次能源长期结构变化过程"。2014年,世界能源理事会将能源转型定义为"一国能源结构的根本性转变,如可再生能源比重的上升、能源效率的提高以及化石能源的逐步淘汰"②。舟丹(2017)认为能源转型是"能源生产和消费结构发生根本性的改变,并对一国社会经济发展乃至全球地缘政治格局产生深刻影响"③,强调了能源生产和消费结构的根本性改变。胡森林(2019)认为,"只要我们承认人类的文明在不断进步,就无法指望某一种'终极能源'能够一劳永逸地解决问题,人类需要做的是在旧能源筋疲力尽之前,让一种全新的能源形式冲破旧文明的局限,为人类走向下一步铺就道路。这就是能源转型的本质"④。李俊江和王宁(2019)认为,能源转型包含两个层次:一是主导能源的转换(可表征为能源结构的低碳化),即新的能源消费数量的扩大和在消费结构中的比重的上升;二是能源系统的转变,系统既包括能源资源和与能源生产、储运、消费相关的物理设施、技术、知识体系等,也包含组织网络和相关的社会要素,如政府部门、企业、消费者,相关法规、制度和规则等。⑤

目前,尽管国内外学术界对"能源转型"和"能源革命"有不同理解,但研读大量文献后,"能源革命"与"能源转型"虽在含义上较为相近,在使用语境上也

① 朱彤. 能源革命的概念内涵、国际经验及应注意的问题[J]. 煤炭经济研究,2014,34(11):10—16+24.

② 吴磊、杨泽榆. 国际能源转型与中东石油[J]. 西亚非洲,2018(05):142—160.

③ 舟丹. 全球第三次能源转型的特征[J]. 中外能源,2017,22(09):84.

④ 胡森林. 能源的进化:变革与文明同行[M]. 北京:电子工业出版社,2019.

⑤ 李俊江,王宁. 中国能源转型及路径选择[J]. 行政管理改革,2019(05):65—66.

颇为一致,且有大量混用现象,不少学者认为广义的"能源革命"与"能源转型"的含义实际上是相同的。但笔者认为,"能源革命"与"能源转型"在使用过程中,还是存在区别的,主要表现在:能源转型可以通过第一次能源转型、第二次能源转型等表述方法,表征人类社会发展历史过程中已经出现和完成了的转型。而能源革命则是新近提出的凸显当下正在发生并将延续至未来的这一次能源转型。如当前的能源转型,即世界范围内正在经历和将要发生的新一次的能源转型,一般被理解为淘汰煤炭、石油等传统高碳化石燃料,即能源体系的去碳化,而逐步发展包括可再生能源和核能(铀)在内的替代性能源。所以,从这一角度去理解,最新一次的能源转型可以被称为"能源革命"。而历史上已经发生过的能源转型,都只是能源转型,不能被称为"能源革命"。此外,能源转型是一种客观表述,能源革命具有一定的主观色彩,也在一定程度上表征了此次"能源转型"即"能源革命"是具有人类主观能动性的,体现在政策上不再具有"中性"色彩,政策的导向性和选择性特征较为显著。

(三)能源变革

能源变革是能源"变化"和"革命(迭代)"的叠加。能源变革包含狭义的能源转型。所谓变革,是指改变事物的本质。能源变革一词更为客观和中性,可以彰显能源领域长时间跨度下的量变与质变。基于此,本书选择了"能源变革论"为题,以期能够客观地展现出能源变革的脉络及内涵,做出一些有益的探索。能源变革的内涵包括:

1. 客观中性地表述能源历史演进

能源变革与能源转型一样,没有好与坏,且能源变革更为中性,能源转型尚有一丝方向性的意味,但能源变革却可以更为中性地表达变是一定的、客观的。怎么变、变化的方向与趋势虽然会受到人类意识的主导和影响,但这个变化的过程却是客观的。

2. 既包含量变,又包含质变

能源变革既包含量变的过程,也包含颠覆性的质变在内。小变、微调、完善是"变","变"可小、可大。而能源结构、主力能源品种、能源传输系统、用能储能方式等的系统性颠覆、更新则是"革"。能源变革是一个持续的过程,包含每一次能源转型在内,包括能源发展的过去、现在和未来。

3. 从生产到消费全生命周期的变革

能源变革涉及能源品种的转换、能源传输路径的改变、能源生产消费方式的转变等。能源转型和变革是一个漫长而渐进的过程。而这种能源利用范围和利用形式的转变也会伴随着人类社会的组织形态发生重大改变。所以，在这一含义层面上，能源转型与能源变革的内涵是一致的，此次全球范围的能源转型是人类能源变革历史上重要的阶段和节点。

综上，笔者认为能源变革与能源转型或能源革命之间存在着包含与被包含的关系，即能源变革是指整个能源演进的过程，而能源转型则是能源变革过程中的每一个阶段，能源变革可以包括很多个或者很多次能源转型；而能源革命具有一定的语境，表达的是一种坚定的推进能源转型的决心，尤其是指能源变革进程中新近一次的能源转型。根据朱彤关于能源革命与能源转型的观点，也认为能源转型与能源革命的内涵和逻辑层次是不同的。能源转型是能源品种的替代，表现为能源消费结构的变化，能源转型的过程可能伴随能源系统的转型，也可能不导致能源系统的转型；能源革命在工具层面来讲，更多的是强调能源技术创新导致的能源生产与消费的变化，能源革命并不必然导致能源转型，如页岩气革命导致了能源品种的替代转型，而煤炭清洁高效利用作为能源革命的重要方向和领域并不会引致能源转型。[①] 能源转型可以从能源品种替代角度考量，主导能源品种的更替可以标志能源转型。能源转型还可以从能源系统更替角度考量，能源系统实现转型才是能源转型的标志。所以，不同的分析维度会呈现不同的结果。[②]

## 二、能源变革的历史阶段

能源变革的历史阶段可以从不同视角和维度去分析。目前，就人类能源变革的历史，或者说各个能源转型的阶段，大致已经形成了较为统一的认识。

---

① 朱彤. 能源转型视野下的山西能源革命 [EB/OL]. (2019–10–20)[2019–11–13]. https://mp. weixin. qq. com/s/A_RZvmTi_LxDNs8V9oEgTA.

② 曹莉萍,周冯琦. 能源革命背景下中国能源系统转型的挑战与对策研究[J]. 中国环境管理,2017,9(05):84—89.

(一)从能源主要品种的演进来看,能源变革经历了五个阶段

第一阶段:火的发现和利用。

第二阶段:畜力、风力、水力等自然动力的利用。

第三阶段:化石燃料的开发及利用。

第四阶段:电力的发现及利用。

第五阶段:以可再生能源为方向的多元化能源利用。

人类利用能源的过程中,各个阶段之间的能源替代、转换并没有泾渭分明的时间界限,各种能源在时间上存在着共同存续、共同维持和满足能源需求的相互关系,替代与被替代是一个渐进的过程。

(二)从能源利用的划时代转折来看,能源变革经历了三个转折

第一个转折是煤炭取代薪柴,成为人类社会的主导能源,以英国为代表。替代始于1550年,经过了70年的时间,到1619年最终完成了英国社会主导能源的替代。按照瓦茨拉夫·斯米尔的量化标准,1550年煤炭在英国能源消费结构中的比重开始超过5%,成为基础能源品种。之后的"柴薪能源危机"[1]是推动当时英国能源转型的直接原因。城市周围几乎殆尽的森林资源以及越来越大的能源需求,使得英国人将目光转向了脚下廉价而丰富的煤炭资源。1619年,煤炭在英国能源消费结构中的比重超过薪柴,完成了主体能源品种由薪柴向煤炭的转型。随着经济发展及工业革命的持续推进,煤炭在英国能源消费结构中的比重逐渐增长,1938年时达到97.7%的历史峰值[2],进一步巩固了煤炭在当时能源结构中的主导能源地位。

第二次转折是石油取代煤炭,占据了主导能源地位,以美国为代表。石油对煤炭的替代在美国始于1910年,经历了40年的时间,完成了主导能源的更替。实际上,石油作为能源品种在人类社会出现和存续时间也较为久远。1859

---

[1] 16、17世纪的英国经济获得了快速发展,人口显著增加,传统手工业如冶炼业、煮盐业、砖瓦烧制、玻璃制造等迅速发展,使得英国原本就紧张的柴薪供应雪上加霜,最终导致森林资源消耗殆尽,引发了"柴薪能源危机"。

[2] 吴磊,詹红兵.国际能源转型与中国能源革命[J].云南大学学报(社会科学版),2018,17(03):116—127.

年,德雷克在宾夕法尼亚州的泰特斯维尔打出第一口油井,就此石油登上了能源历史的舞台。1859 年到 1910 年这 50 余年间,石油作为社会主要照明燃料发挥着一定的作用,但这样的角色使其需求量和销售量都非常有限。1910 年以后,技术和发明创造的突破才真正导致了石油需求和消费量的迅速增加。19 世纪末 20 世纪初,内燃机、汽车的发明与改进,以及柴油、汽油等石油炼制技术的进步,是推动石油得以广泛运用并成为主导能源的关键因素。1950 年,美国能源消费结构中石油占比达到 38.4%,首次超过煤炭,成为主导能源。所以,推动第二次转折的直接原因不是能源危机,而是技术进步。之后,美国对石油需求的迅速扩大才导致了石油危机。

第三个转折是当前正在发生的向绿色低碳能源结构的转变,以可再生能源向主导能源转变为方向。但第三次转折才刚刚开启,可再生能源成为主导能源所需要的供应链重构、相关技术和产业的创新发展也尚未真正建立起来。目前已经出现的趋势主要有:一是油气资源中的天然气已经开始摆脱石油的捆绑,呈现出独立能源品种的特点,全球天然气的需求与消费都呈现出扩大的趋势,天然气在世界能源生产及消费结构中的比例显著提升。二是以低碳、绿色、可持续的可再生能源为方向的能源结构调整开始出现显著变化,可再生能源在世界能源结构中的比例近年来在不断提高,但距离成为主导能源仍有一段较长的路要走。根据《BP 世界能源统计年鉴》,截至 2020 年,全球石油仍然占据能源结构的最大份额,占比 31.2%;煤炭是第二大能源,占比 27.2%;天然气和可再生能源的份额分别升至 24.7% 和 5.7% 的历史新高;核能占比为 4.3%。此外,也有学者认为核反应堆开启民用标志着以核能为奇点的第三次转折。对此,笔者认为有待商榷。一方面,考虑到核能过去以及现在在能源结构中的占比情况,另一方面考虑到核能的安全性,基于审慎考量,并不认为核能可以代表能源变革历史进程中的第三次转折。

(三)从人类社会组织形态变迁看,能源变革经历了五个时代

能源利用范围和利用效率的变化,导致人类改造自然的能力不断提升,人类社会发展的进程不断加速,社会组织形态也逐渐发生着变迁。目前,我们正处在从电气化社会向数字化、互联网社会发展的进程中,未来的能源系统会在数字化、智能化的基础上更为高效、稳定、安全(表 1-3)。从能源变革与人类文

明发展阶段来看,能源变革经历了四个文明,在不同的文明时代、不同的经济社会技术背景下, 能源的主要品种及利用范围跳挡变速之间的时间窗口越来越短,人类社会形态变化的速度亦越来越快(图1-1)。

**表1-3    能源变迁与人类社会组织形态变化一览**

| 序号 | 主要能源品种 | 利用方式 | 时间节点 | 能的形式 | 特点 | 社会组织形态转变 |
|---|---|---|---|---|---|---|
| 1 | 薪柴、动植物油脂等 | 钻木取火 | 公元前170万年 | 光能、热能 | 主动利用自然资源 | 原始社会—农业社会 |
| 2 | 煤、石油 | 蒸汽机 | 18世纪初 | 机械能 | 摆脱生物能转换为动能的低效 | 农业社会—机械化大生产的工业社会 |
| 3 | 煤、石油、天然气 | 发电机 | 19世纪60年代 | 电能 | 电作为能量中介提高了能量传输效率 | 机械化大生产工业社会—电气化社会 |
| 4 | 煤、石油、天然气、可再生能源等 | 计算机、互联网 | 20世纪50年代 | 电能、智能 | 数字化、智能化高效优化能源系统及提高效率 | 电气化社会—数字化、互联网社会 |
| 5 | 可再生能源 | — | — | 智能 | 智慧能源 | 后人类时代 |

资料来源:梳理资料归纳整理得到上表。

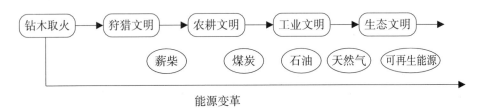

**图1-1    能源变革及人类文明演进示意**

根据人类历史加速回归定律,越是发达的社会,进步速度越快,因为它们发展自己的能力更强。[①] 2000年的时间维度和100年的时间维度所带来的社会形态的变化不可等量齐观。美国学者里夫金在其《第三次工业革命》一书中提出,未来能源互联网和储能方式将会是第三次工业革命及第三次能源转型

---

① 雷·库兹韦尔. 奇点临近[M]. 北京:机械工业出版社,2018:1.

成功与否的关键。《BP Technology Outlook》(2017)中也提出，"快速高效的新一代计算机、更好的汽车电池、3D 打印、燃料电池、太阳能转换、无人驾驶、大数据分析、氢能技术等新技术的发展，也将在未来改变能源生产、供应和利用方式方面提供难以估量的可能性。"①

# 第三节　能源变革内在动因

唯物辩证法认为无论是自然界、人类社会还是人的思维都在不断地运动、变化和发展，事物的发展具有普遍性和客观性。发展的实质就是事物的前进、上升，是新事物代替旧事物。所以，能源变革是一个客观存在的过程，变是绝对的，不变是相对的。

## 一、人类社会进步的必然

达尔文的进化论提出，优胜劣汰使得人类社会不断地进化，人类的大脑在进化的过程中越来越具有智慧，人类改造自然的能力越来越强，人类生产生活对自然的影响也越来越深刻。与之相伴随的是，人类社会前进和发展过程中对能源的需求也越来越大。对已经完成了工业化的发达资本主义国家而言，因大致稳定的产业结构及经济发展水平，未来的能源需求大体稳定。但对于世界上的多数发展中国家以及贫困地区来说，未来经济发展和减贫过程中所需要的能源将是一个巨大的增量。这对于大时间跨度上的能源变革来说，是一个不容忽视的问题。未来的能源历史进程将无可避免地面临巨大能源增量需求与气候变化、生态危机叠加的挑战，这使得能源变革将面临前所未有的紧迫感。

## 二、能源安全稳定供给的需要

自从人类发现并开始主动运用能源，就开启了探寻能够更多、更快、更便

---

① 王震，陈永健. 能源转型背景下石油公司的战略选择[J]. 北京石油管理干部学院学报，2019，26(02)：8—13.

捷掌控能源的大门。数百年来人类不断关切这样一个问题,即如何能够不受时空限制拥有"永动机"一样的能源。在寻找永动机的过程中,人类总是倾向于探究如何将能源的效益发挥到最大,如何找到更小单位内提供更多能量的资源。对于一个国家而言,如何能够确保发展过程中能源的安全稳定有效供给,也成为确保国家安全的必然考量。能源系统作为内嵌在现代社会系统中最复杂、资本集中且体量庞大的基础设施,具有强大的内在惯性。[①]这种惯性类似于"资源诅咒"[②]一样,如果不是当能源价格升高到无法忍受,或者能源资源面临枯竭,人类对于现有能源及能源体系就依旧会有继续保持下去的巨大惯性,变革动力并不会一直高涨。基于煤炭、石油等传统化石能源之上建立起来的人类工业文明,对目前主导能源的依赖超乎我们的想象。

工业化进程中,石油犹如血液,没有哪个国家能够离开石油而正常运转。尤其是发达国家以及正在发展和崛起的发展中国家,对石油的依赖性更显著。到目前为止,三次能源危机引发的原油价格大幅上涨,使得全球对能源问题日益关注,对能源的研究也不断深入和加强。起起伏伏的石油价格会影响节约能源和能源替代推进的力度。很多专家认为,能源资源是可耗竭的,"能源危机"是全球性的资源危机,认为能源特别是石油,由于长期开采会几近枯竭,无法满足持续增长的需求。但在能源可耗竭观念之外,还有一种观点认为,上述"能源危机"的观点是不符合实际的。以石油和天然气为例,一方面仅以目前的探明储量来看,已经可以满足未来至少 30—50 年的需求,但尚待查明的地质储量并不清楚,随着勘探水平和范围的扩大,增量是必然的。另一方面,非常规天然油气资源的开发利用技术的突破,也使得石油天然气的供给有了更多的能力和空间。此外,煤制油、生物质液体燃料的可用性等都可以成为石油和天然气的替代选择。从煤炭来看,以目前探明的具有开采价值的储量来看,就可以

---

① 谭建生,殷雄. 从能源资本视角认识"四个革命、一个合作"重大能源战略思想[J]. 能源,2019(07):33—35.

② 1993 年,英国经济学家奥蒂(Richard M. Auty)在研究矿产国经济发展问题时第一次提出了"资源的诅咒"(Resource Curse)这一概念及理论,即丰裕的资源对一些国家的经济增长并不是充分的有利条件,反而是一种限制。

满足人类未来两个世纪的需求。再考虑到未来可再生能源技术和成本等问题的攻克,可再生能源在替代化石能源方面展现强劲实力后,现有能源足以在相当长的时期内保证人类经济生活正常发展的需要。因此,"能源危机"并不是引发能源变革的唯一原因,人类为了使能源供给和能源系统更加安全稳定高效,才不断地通过科技的进步,改变着能源变革的方向与进程。

**拓展阅读:历史上的三次能源危机**

1973—1974 年。石油输出国组织(OPEC)人为拉动原油价格,导致所谓的"第一次能源危机"随之而来。原油价格从 1973 年上半年不到 2 美元 / 桶,上升到 1974 年的 11 美元 / 桶以上。因第一次石油危机,美国首次提出了能源自给自足的口号。

1979—1981 年。1981 年 3 月,原油价格从 40 美元 / 桶下降到 1986 年 1 月的 20 美元 / 桶, 再到 1986 年 4 月的不足 10 美元 / 桶。1981 年,世界原油价格开始急转直下,从 40 美元的高位回归到 10 美元以下的价格水平后, 人们对于能源的关注似乎又没那么热烈了。能源危机引发的市场焦虑情绪随着石油价格的回落也逐渐淡化了。能源专家们抛开了对能源合理定价和充分供给的关注,转而开始对气候变暖、全球化等问题开展研究。

2004—2008 年。在此期间,国际原油价格又开启了新一轮的波动。2004 年原油价格上涨到 40 美元 / 桶,到 2005 年达到了 141 美元 / 桶。在 2006 年石油价格经历过短暂下降后,上涨又从 2007 年一直持续到 2008 年。2007 年油价持续上涨到 100 美元 / 桶;2008 年油价更是达到了近 150 美元 / 桶。[1]这一时期形成了石油价格的第三次上涨浪潮。

上述三次"能源危机"引发了人们对于以石油为代表的能源以及能源安全的忧虑。然而,全球局势新的不确定性仍将持续影响国际能源局势。

---

[1] 十年回顾 2005—2015 国际原油市场价格走势 [EB/OL]. 新浪网,(2015–06–17) [2019–10–09]. https://finance. sina. com. cn/money/forex/20150617/114622455048. shtml.

　　2020 年伊始,新型冠状病毒(2019-nCoV)引发的疫情席卷全球,石油价格一泻千里。2020 年 5 月份交割的 WTI 原油暴跌超过 300% 以上,一度以每桶低于 -40 美元进行交易,最终结算价收报 -37.63 美元/桶,历史上首次收于负值。在此背景下,能源安全问题也随之上升到了新的高度。

　　2022 年 2 月,俄乌冲突爆发,地缘政治风波显著影响能源局势。2022 年 3 月 8 日,国际石油价格暴涨,纽交所原油期货价格火箭般地上涨到 135 美元/桶的历史高位,布伦特原油也接近到了 140 美元/桶的历史高位。之后 3 月 9 日开始,国际石油价格开始下跌。新冠疫情叠加国际地缘政治风波的影响,未来一段时期,国际油价将可能保持巨幅波动态势。

　　资料来源:根据相关资料整理。

### 三、人类可持续发展的需要

　　气候变化和生态危机带来的严峻形势是现阶段能源变革的一个重要内因。能源的开发利用与资源生态环境之间的矛盾和冲突已经不容忽视。而能源本身的可持续发展也是人类社会走向未来所必须面对的紧迫问题。正如联合国在讨论可持续发展目标[①]与气候变化的关系时所提出的, 如我们不重视气候变化并对碳排放积极和尽快进行有效控制, 那么我们在过去几十年中取得的社会发展与进步成果将会受到极端天气、海平面升高等不利影响,导致经济发生倒退。对可持续发展的投资将降低温室气体排放和增强气候适应能力,从而有助于应对气候变化。而应对气候变化的行动又将促进可持续发展。应对

---

　　① 联合国可持续发展目标(Sustainable Development Goals,即 SDGs),诞生于 2012 年在里约热内卢举行的联合国可持续发展会议,是一系列新的发展目标,将在千年发展目标到期之后继续指导 2015—2030 年的全球发展工作。2015 年 9 月 25 日,联合国可持续发展峰会在纽约总部召开,联合国 193 个成员国在峰会上正式通过 17 个可持续发展目标。可持续发展目标旨在从 2015 年到 2030 年间以综合方式彻底解决社会、经济和环境三个维度的发展问题,转向可持续发展道路。

气候变化和促进可持续发展相辅相成,如果不采取气候行动,便无法实现可持续发展。反之,许多可持续发展目标也致力于应对导致气候变化的核心问题。因而,可持续发展目标中有关能源的"经济适用的清洁能源"和"气候行动"等目标,需要依靠全球能源变革来实现。

20 多年来,对于气候变化问题、生态环境危机的关注与讨论一直在持续。这是一件关乎人类共同命运、需在世界范围内长时间共同开展温室气体减排行动才能应对的事。持续不断的关注使得越来越多的公众开始关心气候变化和生态环境问题, 也有越来越多的共识达成并从国家层面上开始付诸实施。《全球升温 1.5℃特别报告》①提出,为实现 1.5℃的目标,全球各国需要完成迅速、全方位的能源转型,包括:2030 年前,全球煤炭消费需至少减少 2/3;2050 年前煤炭发电比例需降到 0%,同时可再生能源供电比例提高到 85%。② 2018 年,作为全球研究气候变化经济学的顶级分析师之一的耶鲁大学教授 William D. Nordhaus 获得了诺贝尔经济学奖,其长期对气候变化问题进行研究与综合评估,也从一个方面彰显出这一问题的重要性。在关乎人类文明存续这一重大问题上,能源变革需要使人类文明逐渐摆脱对传统化石能源的高度依赖,逐渐用清洁、低碳、可持续获得的能源对化石能源进行替代,这个替代过程就是这一阶段能源变革的主要内容。

当然,对于未来的预测可以有很多种看法和观点。但有一点不可否认,即随着对"人类中心主义"和新自由主义的反思,人类开始认识到之前不可持续的发展方式已经对地球造成了严重的影响和破坏,危机袭来,可持续发展攸关人类的共同命运和未来, 能源的绿色及可持续发展也是可持续发展的重要内容。在可持续发展观指引下,能源变革将向着绿色、低碳、高效、低排放的方向前行。政府的决策可以加速推进能源系统的转变,但并不能从本质上改变能源发展的自然属性。基于能源自然属性的能源变革是一个漫长的过程,这一阶段

①　"全球升温 1.5℃特别报告"发布［N/OL］.人民网,（2018-10-12）［2019-09-12］. http://env.people.com.cn/n1/2018/1012/c1010-30336878.html.

②　王震,陈永健.能源转型背景下石油公司的战略选择［J］.北京石油管理干部学院学报,2019,26(02):8—13.

的转型过程里,前半程我们需要做的是减少能源消费,提高能源转化效率,逐步推广新的治理方式,以及多元化使用非化石能源,在此基础上,寻找新的突破、新的机会,迎接转型奇点的到来。虽然未来能源变革的大致方向在世界范围内已经初步形成了共识,即朝着可再生能源成为主体能源的方向前进。但也有学者认为,可再生能源应该成为能源解决方案中的重要组成部分,但要完全依赖可再生能源实现新的能源文明,仍然存在极大不确定性。

**拓展阅读:联合国可持续发展目标**

2015 年 9 月,各国领导人在联合国召开会议,通过了可持续发展目标。该目标旨在为下一个 15 年世界发展提出目标,共包含 17 项目标内容。具体如下:

目标 1:在世界各地消除一切形式的贫穷

目标 2:消除饥饿,实现粮食安全,改善营养和促进可持续农业

目标 3:让不同年龄段的所有的人过上健康的生活,提高他们的福祉

目标 4:提供包容和公平的优质教育,让全民终身享有学习机会

目标 5:实现性别平等,保障所有妇女和女孩的权利

目标 6:为所有人提供水和环境卫生并对其进行可持续管理

目标 7:每个人都能获得价廉、可靠和可持续的现代化能源

目标 8:促进持久、包容性和可持续经济增长,促进充分的生产性就业,促进人人有体面工作

目标 9:建造有抵御灾害能力的基础设施,促进具有包容性的可持续工业化,推动创新

目标 10:减少国家内部和国家之间的不平等

目标 11:建设包容、安全、有抵御灾害能力的可持续城市和人类社区

目标 12:采用可持续的消费和生产模式

目标 13:采取紧急行动应对气候变化及其影响

目标14：养护和可持续利用海洋和海洋资源以促进可持续发展

目标15：保护、恢复和促进可持续利用陆地生态系统，可持续地管理森林，防治荒漠化，制止和扭转土地退化，提高生物多样性

目标16：创建和平和包容的社会以促进可持续发展，让所有人都能诉诸司法，在各级建立有效、负责和包容的机构

目标17：加强执行手段，恢复可持续发展全球伙伴关系的活力

资料来源：联合国网站.(2019-09-08).https://www.un.org/sustainabledevelopment/zh/sustainable-development-goals/.

# 小　结

人类社会已经经历了类似于自然选择过程一样的从薪柴到煤炭、从煤炭到油气的"前"能源变革过程。如今的能源变革，我们可以称之为"后"能源变革时期，即从化石能源到可再生能源转变的历史过程。但目前我们面临气候变化和生态环境危机的双重挑战，形势紧迫，未来人类社会的能源及能源系统向可再生能源的转型并不会再有足够的时间如"前"能源变革时期那般，不徐不疾地自然发生转型与替代。朝着可再生能源转型的"后"能源变革是必须的，人类自我救赎的愿望推动着这一阶段的能源变革，在此过程中人类的政策选择和行动显得尤为重要。

# 参考文献

1. 殷雄,谭建生. 能源资本论[M]. 北京:中信出版社,2019.

2. 何盛明. 财经大辞典[M]. 北京:中国财政经济出版社,1990.

3. 聂祚仁,王志宏. 生态环境材料学[M]. 北京:机械工业出版社,2017.

4. 巴巴拉·弗里兹. 黑石头的爱与恨:煤的故事[M]. 时娜,译. 北京:中信出版社,2017.

5. 雷·库兹韦尔. 奇点临近[M]. 李庆诚,董振华,田源,译. 北京:机械工业出版社,2011.

6. 赫尔曼·希尔. 能源变革:最终的挑战[M]. 北京:人民邮电出版社,2013.

7. 胡森林. 能源的进化:变革与文明同行 [M]. 北京:电子工业出版社,2019.

8. 瓦茨拉夫·斯米尔. 能源神话与现实[M]. 北京:机械工业出版社,2016.

9. BP Statistical Review of World Energy 2020[R]. (2020-06-17)[2020-10-10]. https://www. bp. com/en/global/corporate/energy-economics/statistical-review-of-world-energy/downloads. html.

10.《BP 2035 世界能源展望》报告（2015 版）[R]. (2015-04-29)[2019-09-01]. http://news. bjx. cn/html/20150429/612985. shtml.

11. 十年回顾 2005—2015 国际原油市场价格走势 [EB/OL]. 新浪网,(2015-06-17)[2019-10-09]. https://finance. sina. cn/money/forex/20150617/114622455048. shtml.

12. "全球升温 1. 5℃特别报告" 发布 [N/OL]. 人民网,(2018-10-12)[2019-09-12]. http://env. people. com. cn/n1/2018/1012/c1010-30336878. html.

13. 周庆凡. 能源转型的四个基本规律 [J]. 新能源经贸观察,2018(04):35—36.

14. 舟丹. 我国如何实现能源转型[J]. 中外能源,2015,20(12):83.

15. 舟丹. 我国 2050 年能源转型参照数据[J]. 中外能源,2017,22(09):43.

16. 舟丹. 全球第三次能源转型的特征[J]. 中外能源, 2017, 22(09): 84.

17. 朱彤. 能源革命的概念内涵、国际经验及应注意的问题[J]. 煤炭经济研究, 2014, 34(11): 10—16+24.

18. 周大地. 实施能源革命战略三大路径 [J]. 中国石油企业, 2014(07): 14—17.

19. 吴磊, 詹红兵. 国际能源转型与中国能源革命[J]. 云南大学学报(社会科学版), 2018, 17(03): 116—127.

20. 吴磊, 杨泽榆. 国际能源转型与中东石油 [J]. 西亚非洲, 2018(05): 142—160.

21. 盛晓文. 充分开发集中供热系统运行的节能潜力 [C]// 2012 年热电联产节能降耗新技术研讨会论文集. 中国能源学会: 北京中能联创信息咨询有限公司, 2012: 9—22.

22. 吴登平. 梦断永动机——热力学与热机的发展 [J]. 现代物理知识, 2010, 22(06): 52—53.

23. 朱晓军, 朱建华, 朱振旗, 甘中学. 分布式能源网络系统的探索与实践 [J]. 科学通报, 2017, 62(32): 3672—3682.

24. 曹莉萍, 周冯琦. 能源革命背景下中国能源系统转型的挑战与对策研究[J]. 中国环境管理, 2017, 9(05): 84—89.

25. 朱彤. 能源转型视野下的山西能源革命 [EB/OL]. (2019–10–20) [2019–11–13]. https://mp.weixin.qq.com/s/A_RZvmTi_LxDNs8V9oEgTA.

26. 王震, 陈永健. 能源转型背景下石油公司的战略选择[J]. 北京石油管理干部学院学报, 2019, 26(02): 8—13.

27. 谭建生, 殷雄. 从能源资本视角认识"四个革命、一个合作"重大能源战略思想[J]. 能源, 2019(07): 33—35.

28. 李俊江, 王宁. 中国能源转型及路径选择 [J]. 行政管理改革, 2019(05): 65—66.

# 第二章　能源变革的理论基础

> 凡是属于最多数人的公共事务常常是最少受人照顾的事务，
> 人们关怀着自己的所有，而忽视公共的事务；对于公共的一切，他
> 至多只留心到其中对他个人多少有些相关的事务。
>
> ——亚里士多德，《政治学》

理论是人们关于事物知识的理解和论述，被用来解释客观世界的现象和规律。能源变革是客观存在和发展的历史过程，是极为复杂的系统性变化，在其客观演进中亦遵循一定的规律。能源变革一方面与能源本身有关，如能源替代演进规律指引下的能源品种的更迭；另一方面，变革本身就是一个发展过程，发展理论、目标及模式的演进会直接影响能源变革的进程。

## 第一节　能源与经济学基础理论

自然资源是自然界中人类可以直接获取并用于生产和生活的物质。能源资源作为重要的自然资源，在社会发展过程中发挥着重要作用，也同样遵循自然资源领域的相关规律及理论。进入工业化时期，以传统化石能源为主要动力来源的能源体系面临着阶段性困局，并在此基础上衍生出了相关理论以指导实践。

### 一、资源耗竭理论

#### (一)理论源起

自然资源的价值早在 17 世纪就已经被认识到了，威廉·配第提出的"土地

为财富之母，劳动为财富之父"即为经典描述。随后自 18 世纪开始，亚当·斯密、杰文斯、李嘉图、马歇尔等经济学家从自由市场"稀缺性"角度入手，先后研究了经济与自然资源的关系，并得到了较为一致的结论，即自然资源的稀缺可以通过市场的价格机制得到解决。① 按照马克思主义政治经济学的观点，价值就是凝结在商品中无差别的人类劳动，"劳动生产率也是和自然条件联系在一起的，这些自然条件所能提供的东西往往随着由社会条件决定的生产率的提高而相应地减少……我们只要想一想决定大部分原料数量的季节的影响，森林、煤矿、铁矿的枯竭等等，就明白了"②。马克思还就能源资源提出将会"枯竭"的观察结果。19 世纪 70 年代，受罗马俱乐部委托，麻省理工学院梅多斯（Dennis L. Meadows）为首的研究小组对西方国家长期流行的高增长理论进行深入研究，并撰写了报告《增长的极限》。报告认为"只要人口增长和经济增长的正反馈回路继续产生更多的人和更高的人均资源需求，这个系统就会被推向它的极限——耗尽地球上不可再生的资源"，全球的增长将会达到极限。而指数级增长的世界能源消费量也将最终导致传统化石能源资源的耗尽。由此，有关资源耗竭性的研究开始兴起。

20 世纪初期，自然资源学与经济学相结合逐渐形成了系统的自然资源经济学学科。1924 年，美国的伊利（R. T. Ely）和莫尔豪斯（E. W. Morehouse）合作出版的《土地经济学原理》被认为是自然资源经济学学科设立的代表作。1931 年，霍特林（H. Hotelling）发表了《可耗竭资源经济学》，开始了对不可再生资源的经济理论分析，提出了资源耗竭理论，即著名的"霍特林定律"。1954 年，加拿大经济学家肯尼迪·斯特勒瑞以镍矿为例第一次提出了资源耗竭模型，并得到了加拿大矿业协会的确认。在此之后，随着美国经济学家对资源储量及耗竭、勘探开发成本增加、资源勘探增速放缓等问题的关注，有关资源耗竭的理论和模型逐渐建立并完善起来。③

《辞海》对自然资源的定义为："泛指天然存在的并有利用价值的自然物，

---

① 郭春荣,王万山.资源经济学的来龙去脉[J].生产力研究,2005(05):224—226.

② 马克思.资本论(第 3 卷)[M].北京:人民出版社,1975:289.

③ 黄锡生.矿产资源生态补偿制度探究[J].现代法学,2006(06):122—127.

如土地、矿藏、气候、水利、生物、森林、海洋等资源,是生产的原料来源和布局场所"①。而联合国环境规划署(UNEP)对自然资源的定义为:"在一定的时间和技术条件下,能够产生经济价值,提高人类当前和未来福利的自然环境因素的总称。"自然资源中很重要的一部分就是矿产资源。同其他自然资源相比,矿产资源因其储量在一定的时间和空间范围内是有限的,具有明显的不可再生性,因而归属于不可再生资源。在此基础上,矿产资源按其特点和用途,通常又被分为金属矿产、非金属矿产和能源矿产三大类。这里的能源矿产主要指传统化石能源资源。所以,归属于自然资源的传统化石能源矿产亦遵循矿产资源的耗竭性,即矿产资源的不可再生性(图 2-1)。

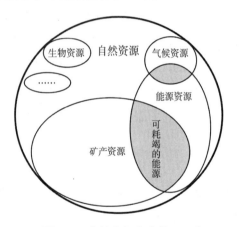

图 2-1　自然资源分类关系示意

矿产资源是重要的自然资源,矿产资源的不可再生性即为可耗竭性。在一定技术经济条件下,随着某种丰度的矿产资源可采储量不断趋近于零,该种矿产资源逐渐达到耗竭状态,而其开发成本在此过程中也将持续上升。②但有的学者对矿产资源的数量和质量持不同观点,如黄锡生(2006)认为,虽然矿产资源具有可耗竭性,但"矿产资源耗竭具有数量上的相对性和质量上的绝对性特征"。"数量上的相对性"是指:"随着社会对资源的高速消耗,有些矿产资源确

---

① 帅毅. 解析转让自然资源使用权的财税处理[J]. 财会月刊,2012(19):17—18.

② 王金洲, 杨尧忠. 矿产资源的耗竭补偿原理的探讨 [J]. 生产力研究, 2002(03): 182—184.

实会用完,但另一些替代性的矿产资源又会产生。在新技术、新工艺模式的运用下,新的替代性资源会出现"。因此,从这个角度来看,矿产资源数量并不会绝对地减少。而矿产资源"质量上的绝对性"是指:"随着矿业生产活动的不断进行,矿产资源的质量逐渐劣化"[①]。也就是说,人们总是会选择开发利用埋藏浅、赋存条件好、品位高的易采矿藏,而随着埋藏深度、采选条件等逐渐恶劣,矿产资源质量总体下降,同时开采利用成本也逐渐上升。而这一点也是矿产资源存在级差地租的原因。

能源资源是"在社会经济技术条件下可为人类提供大量能量的物质和自然过程,包括煤炭、石油、天然气、风、流水、海流、波浪、草木燃料及太阳辐射、电力等"[②]。能源资源不仅是人类生产生活不可或缺的物质基础,也是经济发展的物质基础。能源资源亦遵循自然资源可耗竭性理论。斯坦福大学的詹姆斯·L.斯威尼则在其《自然资源与能源经济学手册》(第3卷)《可耗竭资源经济理论:导论》一章中直接将可耗竭资源聚焦在了可耗竭的能源资源上。其对可耗竭资源进行了详述,认为自然资源可以从资源的物质特性和资源再生过程(Adjustment Processes)的时间进行分类。按照物质特性,将资源分为生物、非能源矿物(Non-energy Mineral)、能源和环境资源。按照资源再生过程的时间,资源还可分为可永续消费的(Expendable)资源、可再生的(Renewable)资源以及可耗竭的(Depletable)资源。虽然在物质特性和再生过程的时间之间存在一定的关联性,但这种联系非常松散。可耗竭资源的再生速度十分缓慢,它生成于自然界漫长的地质年代中。因此,对人类而言,自然界仅为我们创造了一次,煤炭、石油和天然气即为典型代表。在斯威尼的研究中,其将耗竭性资源聚焦到了可耗竭的能源上,具体包括石油、天然气、煤炭、油页岩、铀(表2-1)。[③]

---

① 黄锡生.矿产资源生态补偿制度探究[J].现代法学,2006(06):122—127.

② 申振东、杨保建.能源循环经济:可持续发展的战略选择[J].科技进步与对策,2006(02):24—26.

③ 阿兰·V.尼斯,詹姆斯·L.斯威尼.自然资源与能源经济学手册(第3卷)[M].李晓西,史培军,等译.北京:经济科学出版社,2010:3—5.

表 2-1    自然资源实例[①]

| 可获得性 | 物理属性 | | |
|---|---|---|---|
| | 生物的 | 非能源矿物 | 能源 |
| 可永续消费的 | 大多数农产品 | 盐 | 太阳能、水电、乙醇 |
| 可再生的 | 森林产品、鱼类、牲畜、捕获的野生动物、木材、花等 | — | 燃烧用材、水电、地热 |
| 可耗竭的 | 濒临灭绝的物种 | 大多数矿物,如金、铁矿石、盐、表层土 | 石油、天然气、煤炭、铀、油页岩 |

（二）能源替代和技术进步

能源是推动人类文明发展的重要动力，世界能源发展更是一个不断变革创新的过程。过去几百年人类社会发展过程中,建立在传统化石能源基础上的能源发展方式已经难以为继。资源耗竭理论提出了减缓资源耗竭的路径,一是依靠技术进步,二是寻找替代能源。不可否认,人类社会发展过程中的每次能源转型都是基于技术的进步,新的原动机的发明和应用,使得对能源的生产利用都实现了效率上的提升和飞跃。技术进步一方面可以不断提高既有能源资源开发利用效率,另一方面则是逐步为新一轮的能源转型做准备。

从能源品种的替代来看，能源替代有两条路径：一是化石能源之间的替代,二是可再生能源对化石能源的替代。从能源变革的历史看,第一次能源替代是煤炭对薪柴的替代,替代的主要原因是薪柴资源已无法满足经济发展中日益增长的能源需求,产生了"薪柴危机"。由此,拉开了能源替代的序幕。之后,技术进步拓展了能源资源的范围,发掘了石油的价值,实现了石油对煤炭的替代。而目前正在发生的是可再生能源对石油和煤炭的替代。未来能源变革从能源替代的角度来看,已经走上了第二条替代路径。

从能源效率及能源安全角度来看，能源替代是高效率能源对低效率能源的替代、清洁能源对高碳能源的替代。人类能源变革历史上,煤炭对薪柴的替

---

① 阿兰·V.尼斯,詹姆斯·L.斯威尼.自然资源与能源经济学手册(第3卷)[M].李晓西,史培军,等译.北京:经济科学出版社,2010:4.

代就是高效率能源对低效率能源的替代，石油天然气是从能源运输便捷及高效方面对煤炭实现了部分替代，之后的电气化过程也是从能源利用清洁高效方面对传统能源实现的替代。现阶段及未来相当长一段时期内,可再生能源对传统化石能源的替代是清洁能源对传统高碳能源的替代，同时也是基于能源安全和可持续方面考量的替代。此外，高效能源除了能源本身燃烧效能高以外,还有一个层面就是能源利用水平的高效化和精细化,高效能源利用方式不断替代低效粗放的能源利用方式，也就是我们所说的能源使用效率。过去近200年中,人类能源使用效率显著提高,未来能源使用效率仍是各国追求提高和突破的方向。[①]

（三）启示

实际上,能源变革的过程就是一个能源替代、能源开发和利用技术不断迭代的过程。在资源耗竭理论的基础上,能源变革可以在一定程度上归因于不可再生能源资源的可耗竭性。能源变革的最终目标是实现能源开发利用全生命周期的清洁、低碳、稳定、安全、持续供给。

## 二、外部性理论

（一）理论源起

最初的"外部"这一概念是由马歇尔（Marshall）提出的。马歇尔基于考察企业内部和外部两个方面,提出"内部经济"和"外部经济",是一种影响企业生产成本的分析方法。他在《经济学原理》（1980）一书中分析单个厂商和整体行业运行情况时,首次提出了"外部经济"和"内部经济"两个概念。一个企业的生产成本取决于其所处产业和企业自身素质两方面。由于企业所在产业普遍发展获得的规模扩大称为"外部经济",由于企业自身组织管理效率提高获得的规模扩大称为"内部经济"。[②]内部经济主要来自企业由于规模扩大而导致的企业自身生产效率的提高,如更细的分工和专业化、管理水平的提高等因素;而

---

① 熊焰.能源替代的驱动力——高效能源替代低效能源[J].能源,2017(07):92.

② 姚婷,宋洁.法经济学相关理论问题探析——从科斯《社会成本问题》出发[J].山西省政法管理干部学院学报,2018(04):6.

外部经济则是指受益于其他企业而导致的效率提高,比如集聚效应、信息和技术的交流、市场容量的扩大等。

有外部经济,就会有外部不经济。外部不经济就是负外部性。马歇尔之后,福利经济学家庇古将外部性理论进行了扩展。庇古在马歇尔研究的基础上对外部性概念进行了扩展和完善,首次提出了"外部不经济"的概念,从社会资源优化配置的角度出发,正式提出和建立了外部性理论。庇古在其 1920 年出版的《福利经济学》一书中指出,在经济活动中,如果某厂商给其他厂商或整个社会造成不需付出代价的损失,那就是外部不经济(External Diseconomy)。针对上述"外部性"问题,庇古提出了对私人企业征收特别税来抵消它所产生的成本以使两种边际净产品相等。因为,当这两类边际净产品存在差异时,自利(Self-interest)将不会使国民收入最大化,需要通过某些特定的行动来干预正常的经济过程,用以增加国民收入。在马歇尔和庇古以后,西方经济学家对外部性理论进行了更进一步的研究,尤其第二次世界大战后,经济学家开始探讨外部成本内部化的问题。

20 世纪 60 年代,科斯(Ronald Coase)发表了经典论文《社会成本问题》,文章在批判庇古理论的基础上提出通过市场方式解决外部性问题。科斯对于"外部性"是认同的,而且他认为外部性是"有害的影响"。也就是说,他认同的是"负外部性"。在其《社会成本问题》第一节中,科斯就提出了所谓"有待分析的问题",这个问题就是"负外部性问题"。《社会成本问题》一文中是这样表述负外部性的:"……对他人产生有害影响的那些工商企业的行为。"但科斯对庇古提出的征税以解决"外部性"问题的办法和方案是不认同的。"只有得大于失的行为才是人们所追求的。"科斯认为"妨害影响"的解决,关键是避免更严重的影响结果出现,而最优结果是使社会剩余增加,或者至少不减少。实际上,就是要比较上述几种应对策略将会产生的各种后果。如果假设交易成本为零,双方展开谈判,实现社会总效益的增加,双方都满意,则为最佳解决途径。

综上,外部性一般是指一个经济主体对其他经济主体产生的影响,而这种影响不是通过价格机制来施加的,因而也无法通过价格机制来处理。外部不经济或者负外部性问题如果没有"内部化"的机制和途径,实际上就会增加社会成本,如江河上游造纸厂排放污水造成下游农作物歉收、农业减产问题,工厂排烟问题等。外部性理论发展到今天,已经渗透到许多其他的学科中,对于解决实践问题有着越来越重要的意义。但宏观来看,外部性问题依然存在着理论难题无法解决。无论是生态环境还是气候变化都存在着所谓"自然资源资本化"的"量化"难题,空洞的价格和补偿是否能穷尽和覆盖全部"负外部性"问题,各界都莫衷一是,再完美的模型也都只是模型,无法反映真实世界。

(二)公共物品

早期经济理论认为,当一种稀缺资源的财产权不能以资源使用者的行为不影响他人的分配方式分配时,除非通过市场交换,否则未经管理的私人交换可能会产生无效率。这种无效率有两种形式:一是与"外部性"相关的无效率,二是与"使用者费用"相关的无效率。[①]就像马克·吐温认为的那样,"全球变暖是个人人都在谈,却无人解决的问题",无人解决的原因正是因其具有公共物品属性。

公共物品具有三个特性。一是效用的不可分割性。公共物品是向整个社会提供的,具有共同受益或联合消费的特点,全社会的人可以共同享用,而无法将其分割为若干部分,分别归属于某些个人、家庭或企业。二是消费的不排他性。即某个人、家庭或企业对公共物品的享用并不影响、妨碍其他人、家庭或企业同时享用。三是受益的不可阻止性。即在技术上无法实现将拒绝为之付款的个人、家庭或企业排除在公共物品受益范围之外。

能源本身是有价值的物质。能源从环境中开采出来后,环境的整体价值减少。具有价值的能源投入到经济活动中,成为经济活动的投入品或消费品。当废物返回到环境时,实际消费了环境的自净能力,或者说消费了干净的空气、土壤和水的服务,环境的总体价值也在减少。因此,人类在开发利用传统化石能源的同时,会对生态环境、气候等产生显著的负外部性影响。在资源经济理论中,环境中干净的水和空气常常被看作是公共物品,这又使得人们可以互不排斥地共同使用生态环境资源,而不考虑其公正性和整个社会的意愿。随着经济社会的不断发展,良好的生态环境在越来越多的国家或地区逐渐成为一类

① 朱达.能源环境的经济分析与政策研究[M].北京:中国环境科学出版社,2000:34.

具有很高价值的公共物品,且价值仍在持续增高。这意味着,传统化石能源开发利用的负外部性成本越来越高。而环境资源以及气候变化问题的公共物品属性导致其无法分割,不能在私人市场中进行交换,产权界定成本非常高或根本就难以界定,因此,存在显著的市场失灵。

外部性理论揭示了市场经济活动中常存在"市场失灵"或"市场缺陷",导致社会资源配置无法高效完成。"环境日益恶化是人类社会出现不可持续发展现象和趋势的根源,与人类一直以来把自然资源和环境视为可以免费享用的'公共物品',不承认自然资源具有经济学意义上的价值,并在经济生活中把自然的投入排除在经济核算体系之外有关。"① 未来一轮的能源转型在某种意义上来讲,是一场为应对气候变化而做出的主动选择。应对气候变化甚至可以被认为是目前以及今后相当一段时期内全球最大的公共物品之一,人类究竟能否走出公共治理的"囚徒困境",也是考验此次能源转型能否成功的关键。在共同应对气候变化的过程中,每个国家在政策选择和实施的过程中基于不同的情况所做的选择,以及将会出现的"搭便车"现象,会直接影响全球气候变化目标的实现。全球气候变暖问题作为一个典型的全球公共物品问题,容易导致解决气候变暖所需资源的供给不足和治理成果的"搭便车",只有世界各国通力合作,才有可能从根本上减缓全球变暖。② 新一轮能源转型将面对可再生能源正外部性的价值补偿问题,以及市场中高碳化石能源负外部成本内部化的问题,这都无疑给能源转型增加了太多不确定性。

(三)启示

能源资源开发利用过程中会产生负外部性,主要表现:一是开发利用薪柴、传统化石能源等过程中会对生态环境产生影响和破坏,即产生所谓的负外部性影响;二是在利用传统化石能源过程中释放二氧化碳等温室气体导致全球变暖,也同样产生负外部性影响,这已经成为当前全球使用化石能源引致的最大的负外部性。

---

① 赵玉杰.海滨城市可持续发展研究[J].海洋开发与管理,2013(04):82—85.

② 气候变化知识——全球公共物品 [EB/OL].中国城市低碳经济网,(2012—09—04)[2019—06—09].http://www.cusdn.org.cn/news_detail.php?id=213050.

人类社会发展过程中,尤其是工业化进程中,长期将环境因素排除在经济发展要素体系之外,大量经济主体只注重追求自身经济利益最大化,对能源资源进行掠夺性开发和肆意消费,忽略了对生态环境的保护,能源开发利用的负外部性问题越来越突出,而相应的外部成本并没有完全纳入成本核算中。当社会物质财富增加时,负外部影响也随之加深。控制和避免外部不经济比实现外部经济更重要。所以,未来能源变革应当看作是一个去负外部性的过程。当能源品种从薪柴到煤炭、从煤炭到石油天然气,再到风光等可再生能源,以及氢能等清洁能源,其对生态环境、自然资源、气候变化的影响趋向于减弱,也就意味着能源开发利用的负外部性减弱。能源开发利用的负外部性问题可以通过两方面的安排予以减缓。一是针对造成负外部性的行为直接进行治理,通过提高能源利用效率、提高能源资源效能管理、改变能源结构中可再生能源占比等措施来减少负外部性问题。二是将能源开发利用的负外部成本内部化,通过政府管制、税收调节、自愿协商和社会准则等,将经济主体行为对外部的不利影响变为内部影响,所产生的外部成本变为由经济主体承担,从而弥补外部成本与社会成本的差额,最终使经济行为达到帕累托最优状态。与此同时,外部成本内部化后带来的成本上涨也会抑制能源消费。

### 三、路径依赖理论

#### (一)理论源起

路径依赖(Path-Dependence)是指"人类社会中的技术演进或制度变迁均有类似于物理学中的惯性,即一旦进入某一路径(无论是'好'还是'坏')就可能对这种路径产生依赖。一旦人们做了某种选择, 就好比走上了一条不归之路,惯性的力量会使这一选择不断自我强化,并无法轻易走出去"[①]。路径依赖在技术演进和制度变迁上都存在。

1975 年,美国经济史学家、斯坦福大学教授大卫·保罗(A. David Paul)在《技术选择、创新和经济增长》一书中首次将"路径依赖"概念纳入经济学的研究范畴。1985 年,大卫与美国圣达菲研究所的布莱恩·阿瑟(W. Brian Arthur)教

---

① 海舟. 用制度经济学探索经济增长的密码[N]. 深圳特区报,2018-07-10(B10).

授将路径依赖思想系统化①,形成了技术演进中的路径依赖思想。之后,诺斯(Douglass C. North)将前人有关这方面的思想拓展到社会制度变迁领域,建立起了制度变迁的路径依赖理论。"路径依赖"思想最早产生于对技术变迁的分析。大卫认为在技术演进过程中因为存在路径依赖,效率低的技术会占据市场主导地位。而诺斯的研究使得"路径依赖"理论在制度变迁中得到认同并广为传播。其通过运用"路径依赖"理论成功地阐释了经济制度的演进,为制度经济学奠定了坚实基础。诺斯认为"路径依赖"是分析和理解长期经济变迁的关键,其把阿瑟关于技术演进过程中的自我强化现象的论证推广到制度变迁方面,从而建立了制度变迁的路径依赖理论。

路径依赖既是一种状态,也是一种过程。"制度变迁和技术演进都存在着报酬递增和自我强化机制。这种机制使制度变迁一旦走上了某一条路径,它的既定方向会在以后的发展中得到自我强化"②。所以,路径依赖也可以认为是一种"锁定(lock-in)",人们过去作出的选择决定了他们现在可能的选择,这种锁定既有可能是有效率的,也有可能是无效率或低效率的,其背后都有对利益和所能付出的成本的考虑。对组织而言,一种制度形成后,会形成某个既得利益集团,他们对现在的制度有强烈的要求,只有巩固和强化现有制度才能保障他们继续获得利益,哪怕新制度对全局更有效率。所以,一旦进入了锁定状态,要脱离既有轨道就会变得十分困难,往往需要借助外力,才能实现轨道的跃升。就过程来说,制度和技术的演进既具有历史独立性,又具有路径依赖,是相辅相成的。路径依赖是分阶段的,最开始因历史事件的发生而开端,这是一个非遍历性的随机动态过程,它严格地取决于历史小事件(Small Historical Maters),具有历史独立性。部分资源型国家或地区陷入"资源诅咒",就是一种因制度的路径依赖造成的发展困境。

(二)启示

能源变革过程中也存在着显著的路径依赖,沉没成本是路径依赖的主要原因。无论是能源技术领域的创新与演进,还是既有能源制度、能源系统的变

---

①② 来尧静,严贵萍.产业集群创新发展的路径分析 [J].商业时代,2011(11):117—118.

革,以及能源领域的组织层面,均存在着路径依赖。如能源变革过程中最为重要的能源系统的变革,其会因长期投入形成的庞大产业和资产积累,以及既有能源利益集团的坚持坚守,不断自我强化现有的能源体系,而使变革越来越不容易。[①]尤其在能源变革过程中,可再生能源对传统化石能源的替代就显示出明显的路径依赖,表现为可再生能源与传统化石能源之间的博弈与较量。能源变革中能源品种更替的过程也是一个打破路径依赖的过程。政府作为公共利益的守护者,在能源转型的制度设计和完善过程中,也需要努力摆脱既有制度的路径依赖。所以,应当认识到能源变革中新一轮的能源转型是一个艰难且漫长的过程,要对此做好充分的心理准备。

## 第二节　能源变革与可持续发展理论

需求是人类的基本属性之一, 它的现实表现就是恩格斯所说的不证自明的"简单事实"。满足人的基本需求就变成了发展的基本价值理念。[②]《1992 年世界发展报告》表达了世界银行对于"发展"的观点,即"发展就是改善人民的生活"。而能源可持续发展则是可持续发展中最重要的内容。

### 一、理论源起

发展是人类社会永恒的主题。自 20 世纪 60 年代末,世界范围内污染事件频发,人类不再一味单纯追求经济的高速增长,逐渐开始关注生态环境问题。由此,发展的内涵开始产生变化,发展的内容不再单纯指向经济发展,有关生态环境与发展的关系,开始成为国际社会关注的热点。"可持续发展"理念的提出、发展与成熟,标志着人类就发展与环境之间的关系达成了共识,受到国际社会广泛认可和接纳,并在指引各国发展过程中发挥作用。

1972 年 6 月 5 日,113 个国家派团参加了在瑞典斯德哥尔摩召开的"联合

---

① 刘汉民. 路径依赖理论研究综述[J]. 经济学动态,2003(06):69.
② 张琦. 人的需要和以人为本的发展观[J]. 理论学习,2004(04):10—11.

国人类环境会议",成为探讨保护全球环境战略的第一次国际性会议,也标志着保护环境问题已经成为全球共识。会议通过了全球性保护环境的《人类环境宣言》和《行动计划》。会后,联合国迅速成立联合国环境规划署(UNEP)。

同年,受联合国人类环境会议秘书长 M. 斯特朗(M. Strong)委托、基于 40 个国家提供的背景材料和 58 个国家与 152 名专家组成的通信顾问委员会的协助、由英国经济学家 B. 沃德（B. Ward）和美国微生物学家 R. 杜博斯(R. Dubos)最终为该次会议撰写了著作《只有一个地球——对一个小小行星的关怀和维护》。这部著作从地球的发展前景出发,从经济、社会和政治的角度入手,评述了经济发展和环境污染对不同国家和地区产生的影响,呼吁全世界人民、政府和各类组织重视维护人类赖以生存的地球。①

1972 年,麻省理工学院 D. 米都斯(Dennis L.Meadows)为首的研究小组受罗马俱乐部委托,对西方国家长期流行的高增长理论进行深刻反思,并提交和发表了罗马俱乐部关于人类困境的报告——《增长的极限》。这份著名的报告认为,由于世界人口增长、粮食生产、工业发展、资源消耗和环境污染这五项基本因素的运行方式是指数增长而非线性增长,全球的增长将会因为粮食短缺和环境破坏于 21 世纪某个时段内达到极限。指数级增长的世界能源消费量将最终导致传统化石能源储备的耗尽。报告指出,要避免因超越地球资源极限而导致世界崩溃的最好方法是限制增长,即"零增长"。该报告在国际社会及学术界引发了一场旷日持久的学术之争。虽然,现在看来《增长的极限》的结论和观点存在着十分明显的缺陷,但其所表现出的对人类前途的"严肃的忧虑"以及想要唤起人类自身觉醒的积极努力是必须得到认可的。报告中阐述的"合理的、持久的均衡发展",也为可持续发展思想提供了思想萌芽前的准备。

1980 年 3 月,世界自然保护联盟(IUCN)、联合国环境规划署(UNEP)和野生动物基金会(WWF)共同发布了《世界自然资源保护大纲》②,中国、日本、美国、英国、苏联等 35 个国家首脑同时签字通过并发表。其中首次提出了"可持

---

① 谢永明. 促可持续发展,环球同此凉热(一)[J]. 前进论坛,2012(05):57—58.

② 赵营波. 社会主义正在有效地前进（之三）——走向可持续全效益发展的美好未来[J]. 未来与发展,2012(08):2—11.

续发展"这一概念，即"必须研究自然的、社会的、生态的、经济的以及利用自然资源过程中的基本关系，以确保全球的可持续发展"。这一定义后来虽然经过不断修改，但为可持续发展的概念奠定了基本的轮廓。《世界自然资源保护大纲》要求必须改变目前开发和保护脱节的做法，把两者紧密结合起来。"开发的目的是为取得社会和经济福利，保护的目的则是保证地球资源能够永续开发利用，并支持所有生物生存的能力，两者是一致的。"①同时，各国在制订开发政策以及贯彻执行的每一个过程，要同自然保护结合起来，制订能促进资源再循环利用的环境政策和保证资源永续利用的自然保护政策。

1981年，国际自然保护联盟又推出了很有国际影响的文件《保护地球》。这一文件对可持续发展的概念做了进一步阐述，指出人们有时把持续发展与持续增长、持续利用混为一谈，这种观点是不对的。严格来说，没有任何自然事物可以无休止地增长，持续利用只能利用再生资源，对于不可再生资源来说，不存在持续利用。同年，美国的布朗（Lester R. Brown）出版了《建设一个可持续发展的社会》，提出通过控制人口增长、保护资源基础和开发再生能源来实现可持续发展。

1987年，世界环境与发展委员会（WCED）发表了报告——《我们共同的未来》。世界环境与发展委员会是在联合国秘书长的委托下，由时任挪威首相的布伦特莱夫人（G. H. Brundland）组织和领导的一个由21个不同国家的社会活动家和科学家组成的独立特别委员会。这份报告正式使用了可持续发展概念，将其定义为："既能满足当代人的需要，又不对后代人满足其需要的能力构成危害的发展。"报告对这一概念做出了系统阐述，并得到了国际社会的广泛认可。报告深刻指出，在过去，我们关心的是经济发展对生态环境带来的影响。而现在，我们正迫切地感到生态的压力对经济发展所带来的重大影响。因此，我们需要有一条新的发展道路，这条道路不是一条仅能在若干年内、在若干地方支持人类进步的道路，而是一直到遥远的未来都能支持全球人类进步的道路，即"可持续发展道路"。"布伦特莱鲜明、创新的科学观点，把人们从单纯考虑环

---

① 王金南，曹东. 可持续发展战略与环境成本内部化 ［J］. 环境科学研究,1997(01)：41—46.

境保护引导到把环境保护与人类发展切实结合起来，实现了人类有关环境与发展思想的重要飞跃。"① 报告还提出了"人类共同利益"，倡导促进地区与地区之间、国家与国家之间的合作，在平等基础上进行国际经济交流，全世界人民一起管理全球共同的资源和共同的生态系统，保证人类共同利益的实现，走向一个更加公正、合理、安全的持续发展的社会。

1991 年 2 月，经加拿大总理亲自提议在威尼匹格建立了"国际持续发展研究所"(IISD)。之后，世界资源研究所(WRI)、国际环境发展研究所(IIED)和联合国环境规划署(UNEP)这三家国际机构联合声明将"持续发展"作为组织的指导原则，并以此原则研究世界问题。

1992 年 6 月，为了纪念第一届联合国人类环境会议召开 20 周年，同时为了应对当时全球环境与发展形势的需要，联合国在里约热内卢召开了"联合国环境与发展会议"，178 个国家派团参加。会议通过了以可持续发展为核心的《关于环境与发展的里约热内卢宣言》《21 世纪议程》《联合国气候变化框架公约》《联合国生物多样性公约》等重要文件。② 宣言重申了 1972 年 6 月 16 日在斯德哥尔摩通过的联合国《人类环境宣言》，并提出了与可持续发展有关的、涵盖面广的、既尊重各国各方利益，又保护全球环境与发展体系的国际协定的 27 条原则声明。根据形势需要，联合国在这次会议之后成立了联合国可持续发展委员会(CSD)。会议通过的《21 世纪议程》涵盖了可持续发展的内容，并将可持续发展理念上升成为世界各国的具体行动方案，是全球范围内可持续发展的行动计划，旨在建立 21 世纪世界各国在人类活动对环境产生影响的各个方面的行动规则。在这次会议上，可持续发展得到与会者的承认，并达成共识。以这次大会为标志，从可持续发展观念的酝酿提出到达成共识，并发表宣言，这是人类发展史上一个划时代的事件，受到全世界的极大关注。人类对环境与发展的认识提高到了一个崭新的阶段。之后，可持续发展思想、原则、理论逐渐成为指导各个国家发展的纲领和基本战略，融入了各国的发展战

---

① 马子清，张志力，郭常莲，等. 山西省可持续发展战略研究报告[M]. 北京:科学出版社，2004:8.

② 李文华. 持续发展与资源对策[J]. 自然资源学报，1994(02):97—106.

略中。

2002年8月至9月,191个国家派团参加了在南非约翰内斯堡召开的"可持续发展世界首脑会议",其中有104个国家元首或政府首脑参加。会议的主要目的是回顾《21世纪议程》的执行情况、取得的进展和存在的问题,并制订新的可持续发展行动计划。会议最终通过了《关于可持续发展的约翰内斯堡宣言》和《可持续发展世界首脑会议实施计划》。

至此,国际社会围绕着可持续发展问题,先后召开的联合国人类环境会议、联合国环境与发展会议和可持续发展世界首脑会议三次会议,被认为是国际可持续发展进程中具有里程碑意义的重要会议。国际上对可持续发展有了统一的认识,并开启了可持续发展思想理念对全球发展的深远影响。可持续发展观提出后,对之后乃至现阶段人类社会发展都产生了重要影响。

目前,有关可持续发展的定义有很多种。但到目前为止,最被广泛认可、影响最大的仍是报告《我们共同的未来》中的定义,即"可持续发展"是指"既能满足当代人的需要,又不对后代人满足其需要的能力构成危害的发展"。可持续发展遵循三个原则,即公平性原则、持续性原则和共同性原则。公平性原则是指本代人不能因为自己的发展与需求而损害后人的发展,要给世世代代以公平利用自然资源的权利。持续性原则是指人类的经济建设和社会发展不能超越自然资源与生态环境的承载能力。共同性原则是指可持续发展作为全球发展的总目标,所体现的公平性原则和持续性原则,应该是全体人类共同遵从的。①

尽管这一定义已成为当代人们认识的"主流",但从大量关于这一问题的研究文献中不难发现,它仍存在很大的模糊性。其不足主要表现在:单纯强调了可持续性对发展在时间尺度上的限定,而忽视了可持续性对发展在空间尺度上的限定。牛文元(1993)对《我们共同的未来》给出的可持续发展定义从空间尺度上做了补充,加上了"满足特定区域的需要而不削弱其他区域满足其需

---

① 马晓惠. 从《寂静的春天》到《我们共同的未来》——可持续发展概念的形成与发展[J]. 海洋世界,2012(06):22—24. 24

要的能力"①。考虑到可持续性在时间尺度和空间尺度上对发展负效应的限定以及它的系统性和实践性,曹利军(1998)给出的可持续发展定义是:"在不危害后代人和其他区域满足其需要能力的前提下,以满足当代人的福利需要为目标,通过实践引导特定区域复合系统向更加均衡、和谐和互补状态的定向动态过程。"这个定义阐述了可持续发展的基本意图,意味着我们在时间上应遵守理性分配的原则,不能在"赤字"状态下进行发展;在空间上应遵循互利互补的原则,不能以邻为壑;在伦理上应遵守只有一个地球、人与自然和谐相处、平等发展、互惠互济、共建共享等原则,承认世界各地发展的多样性,以体现高效和谐、协调有序、运行平稳的良性发展状态。

实际上,从上述不同角度和层面对可持续发展的定义来看,减少对资源、能源的消耗是可持续发展的题中之意。可持续发展被明确认定为一种正向的、有益的过程。"可持续发展"从字面意思来看是"可持续性"和"发展"两个概念的叠加,但"可持续发展"的内涵并不是两者的简单叠加,随着对可持续发展认识的不断深入,其远远超过了两者之和。②可持续发展是一个复杂的相互联系、相互影响的系统,既要达到发展经济的目的,又要保护好人类赖以生存的大气、淡水、海洋、土地和森林等自然资源和环境,同时还要使子孙后代能够得到永续发展和安居乐业的机会。要摆脱人类面临的共同危机,未来必须打破旧的发展模式,建立新的发展模式,即持续发展模式。可持续发展思想理念对全球发展产生了深远的影响。

## 二、能源变革与可持续发展

可持续发展与能源资源的开发利用有着紧密的联系。能源变革的过程实际上就是一个满足人类需求的过程,也是发展的需要。但发展是需要受到限制的,能源作为发展最重要的内容,能源的可持续也是可持续发展的重要内容,它们之间有着紧密的联系和相互的影响。

---

① 牛文元,康晓光,王毅.中国式持续发展战略的初步构想[J].管理世界,1994(01):198.

② 牛文元.中国21世纪"可持续发展"的预测[J].中国科学院院刊,1995(02):157.

能源变革虽然是必然趋势，但在新一轮的能源转型过程中最根本的底线是要确保转型过程中的能源安全，而能源安全最直接的体现是能源的持续供给。在能源领域，"可持续能源发展"（Sustainable Energy Development））概念最先是由莫汉·穆纳辛格（Mohan Munasinghe）在 1994 年正式提出来的，他认为通过一系列能源供给与需求管理政策的实施，最终能够实现能源的可持续发展。世界银行给出的有关"能源可持续发展"的定义是，"不以损害子孙后代能源需求为代价，以竞争性价格获得供应充足、安全可靠的，环境和社会可接受的能源供应"。[①]定义涉及的能源可持续发展指标主要包括：可获得、供给充足、环境及社会可接受、可靠、竞争性价格。"可获得"是指在没有政府不恰当的限制如对进口或出口规定配额的情况下，在市场交易的基础上，从国内和国外采购能源资源的能力。"供给充足"是指能源供给应当从数量上足以满足消费者的需求，并能够维持足够长的时间以验证对能源加工、运输、配送和使用环节的特种设备的投资情况。"环境及社会接受度"意味着能源生产、加工、运输和利用应被社会和环境所接受，不仅要满足目前社会接受和环境保护的标准，同时要考虑今后制定更严格的标准。"可靠"意味着安全，即任何特定形式的能源输送系统应具有较强的内在稳定性，或者通过技术、商业和政策措施予以保障，以应付突发性能源供应中断。可靠性要求能源系统及结构需要多元化，以摆脱对单一能源品种的过度依赖。"竞争性价格"是指通过更好地融入全球能源市场，可以以相当或低于国际贸易伙伴的价格获得能源而获益。

## 三、启示

我们应以需求为前提研究能源的可持续发展。经济的发展过程是需求与供给追求动态均衡的过程，能源供给的稀缺性与人类需求的无限性之间存在着根本性的矛盾，增加了这个过程的复杂性。以人类的需求为前提研究能源供给才是能源可持续发展的正确路径。可持续发展倡导能源结构的绿色化、低碳化不应以牺牲能源需求为代价。为了未来能够获得良好的生态环境，需

---

① 世界银行东亚和太平洋地区基础设施局，国务院发展研究中心产业经济研究部. 机不可失：中国能源可持续发展[M]. 北京：中国发展出版社，2007：23.

求、技术和组织需要被施加各种限制。这为我们探究如何实现能源可持续发展提供了具体的方向，一是重视人们的需求，二是探讨技术条件与发挥组织的作用。

可持续发展理论既是能源供给研究的基础，又为能源制度的研究提供了目标框架。可持续能源发展的目标重点反映在可持续的能源供给上，这与我国的能源革命内涵不谋而合，"能源革命"从生产端来讲，就是用清洁能源替代化石能源。以清洁能源替代化石能源、以提高能源效率为目的的能源革命已经成为"实现向低碳、高效、环保的能源供应体系迅速转变"的共识。

# 第三节    能源变革与物质流理论

物质流又称为材料流，是指材料背负的生态负荷或者说生态包袱。物质流理论是指用数学物理的方法对在工业生产过程中按照一定的生产工艺所投入的物质的流动方向和数量大小的一种定量分析理论。物质流理论是一种方法学，主要用于研究、评价工业生产过程中所投入的原材料的资源效率，找出提高资源效率的途径。因此，物质流理论是研究资源效率的一种有效工具，并由此引发了资源效率革命。

## 一、理念源起

我们通常只看到物质的直接消费，但在这些直接消费的物质背后还隐藏着看不见的物质隐流。例如，要生产 1 吨原生铜，就需要使用 500 吨的无机材料和其他大量的电、水、空气等，并需要将废渣排放到环境中，这就对生态系统造成了负荷。物质流可以说是材料背负的生态负荷，根据其意命名为"生态包袱"（Ecological Rucksack）。以铜的生产为例，即生产 1 吨原生铜的后面就要拖上 500 吨的无机材料生态包袱。把包含生态包袱在内的物质投入称作"物质集约度"（Material Intensity=MI)）。因此，要讨论地球的环境问题不能只计算资源的直接消耗，也要考虑间接消耗，也就是说必须计算包括生态包袱在内的全部消耗。生态包袱的概念是由德国伍珀塔尔气候、环境和能源研究所（Wuppertal

Institute for Climate, Environment and Energy)[1]提出的。该研究所提出了物质流账户系统及其相关概念，认为到 2050 年前，资源能源的消耗水平必须减少到1990 年的一半，才有可能实现可持续发展。

物质集约度(MI)除以服务计算的是每单位服务的物质集约度，称之为每单位服务的物质消耗(MIPS, MI per Service Unit)[2]。MIPS 的倒数就是资源效率。MIPS 越小，则资源效率就高，因此要使 MIPS 最小化，使资源效率最大化，这就需要开展生态设计。MIPS 最小化法是由伍珀塔尔研究所的生物毒性学权威弗里德里希·施密特－布利克(Friedrich Schmidt-Bleek)教授提出的，其着眼于输入(Input)的方法，而人们历来高度关心和着眼于末端(End of the Pipe)以及最后的输出(Output)，即怎样净化污染和减少对环境的影响。鉴于最后输出的复杂性，布利克教授提倡着眼于从输入方面减少资源能源的投入量，提高物质集约度，从而使得污染物质排放和对生态系统的间接负荷下降。因为MIPS 的倒数是资源效率，所以如果需要减少投入量，就需要提高资源效率。现在全世界资源能源的消耗水准，早已超过了可持续发展所要求的限度，需要从MIPS 最小化的角度去考量如何减少各类资源的消耗。

## 二、四倍因子与十倍因子

物质流理论引发了资源效率革命。人类开始期待从物质流的全生命周期入手，提高资源利用效率，提高社会财富产出。资源效率革命坚持的是循环经济 3R 原则，即减量化、再循环、再利用原则。就此，有学者通过研究提出了"四倍因子"(Factor 4)和"十倍因子"(Factor 10)理论。

---

① 德国伍珀塔尔气候、环境与能源研究所(Wuppertal Institute for Climate, Environment and Energy，缩写 FRG)成立于 1991 年，是德国的环境政策智库，也是全球能源与环境政策领域的重要研究机构。其总部设在德国北莱茵/威斯特伐利亚的伍珀塔尔，主要研究全球、区域、地区层次上的可持续发展战略，重点是生态与经济和社会的相互影响。该研究所的核心研究领域包括：未来的能源结构和流动性，能源、运输和气候政策，能源流动和资源管理，可持续生产和消费。

② 弗里德里希·施密特–布利克. 人类需要多大的世界：MIPS——生态经济的有效尺度[M]. 吴晓东，翁端，译. 北京：清华大学出版社，2003：53.

### (一)四倍因子

"四倍因子"理论是德国的魏兹舍克(Von Weizsaecker)教授于20世纪90年代初首先提出来的,并同时提出了"四倍因子"目标。所谓"四倍因子"是指在经济活动和生产过程中,通过采取各种技术措施,将能源和资源消耗降低一半,同时将生产效率提高一倍。也即通过将资源生产能力(单位资源能创造多少财富与服务)提高4倍,将财富变成2倍,并将资源消耗减半,抑或是在同样能源和资源消耗水平上,得到4倍于原来的产出。这是1995年艾默里·罗文斯(Amory B. Lovins)等人在罗马俱乐部上作为正式报告提出的想法。

最初"四倍因子"理论是针对消除社会贫富悬殊、实现各国间健康和平发展创建的一种技术目标。同时,保护生态环境、节约资源能源并不是让人类倒退回原始人类时代。因此,为了既保持已有的生活水平,又努力消除贫富差距,魏兹舍克教授依据恒等式"I=PAT"计算推导得出实现国民福祉加倍而资源使用减半的"资源革命"。要实现上述目标,就需要采取技术措施将现有的资源和能源效率提高4倍,而这就是最初"四倍因子"理论提出的依据。1997年,罗马俱乐部出版了《四倍数:资源使用减半,人民福祉加倍》(Factor Four:Doubling Wealth,Halvingresource Use)一书,对"四倍因子"的主要内涵与原则做了阐释,并辅之以50个实例来说明"四倍因子"效率革命。该书是继1972年《增长的极限》后,罗马俱乐部出版的另一本对全球具有深刻影响的著作。联合国在制定"可持续发展策略"纲要过程中也吸收和接纳了"四倍因子"这一概念。

随着"四倍因子"理念的传播和推广,这一理念逐渐得到了世界范围内诸多政治家、经济学家、社会学家、生态学家、环境科学家的认同,并随着影响的深入,逐渐传导到实践中。如日本株式会社松井制造所就将"四倍因子"作为帮助(树脂)成形企业制订解决方案的指导原则。松井制造所从2001年开始在(树脂)成形企业发展过程中深入贯彻"四倍因子"理念,并从"一倍因子"开始制订详细的实施方案和计划,使企业在2020年前实现工厂四倍因子的目标。"四倍因子"对有效利用资源、改善生态环境、实现社会和经济的可持续发展具有战略性的意义。

**案例:日本株式会社松井制造所与四倍因子**

日本株式会社松井制造所是一家帮助工厂节省资源的公司,

其秉承"用一半资源创造成形工厂双倍财富"的"四倍因子"理念，致力于杜绝"水资源浪费""树脂浪费""能源浪费"。株式会社松井制造所在考虑宝贵的自然及后代基础上，在以下方面进行环境保护相关活动：

1. 设计的所有产品在寿命周期内考虑环境因素，力求成为区域、社会所信赖的与环境共存的企业。

2. 致力于环境保护，进行以下方面的持续改善：

　　a. 环境污染的预防；

　　b. 节省能源；

　　c. 节省资源。

3. 遵守相关法律要求事项及本公司决定的其他要求事项，努力保护环境。

4. 按照上述三点在技术、经济允许的范围内制定环境目标及推进目标实施。

实际上，真正最低限度需要的仅仅是"将常温树脂加热到溶解温度的能源"和"将溶解后的树脂注入模具中的能源"。除此以外，都是因原本某些需要而多余的能源。但是，如果溶解后的树脂在凝固时释放的热量通过水等媒介流向室外，就需要将水循环以及再次冷却的额外的能源。实际上，在大多数情况下，我们浪费了比最低限度需要的能源多数倍的能源。（树脂）成形工厂认为其厂内高温是"理所当然的"，但这却意味着有很多能源被浪费了。成形时出现的料棒，即使是之后被回收使用，也会因再次溶解而使用更多的能源。如果没有被回收使用，那将产生更大的资源浪费。冬季寒冷的时候能看到从冷却塔散发出像水蒸气被蒸发般的景象这说明有大量浪费。所以，即使是为了彻底消除浪费而每天都在努力的（树脂）成形工厂现场，从资源生产效率看，仍有非常多的浪费。

当我们提到工厂效率，主要目标都是提高劳动生产率，即如何用少量人员增加产量。但实际上，提高工厂效率不仅包括提高

　　劳动生产率,还必须以提高资源生产率,即如何用减少的资源增
　　加产量。

　　资料来源: 日本株式会社松井制造所网站,(2019-08-09).
http://matsui.net/cn/.


　　(二)十倍因子

　　"十倍因子"(Factor 10)理论是由德国专家施密特·布利克1994年提出的。
与"四倍因子"理论类似,"十倍因子"目标的核心是:"必须继续减小全球的材
料流量,在一代人之内将资源效率提高10倍,才能使发达国家保持现有的生
活质量,逐步缩小国与国之间的贫富差距,且可以让子孙后代能够在地球上继
续生存。"1994年10月,在德国伍珀塔尔气候、环境与资源研究所施密特·布
利克发起下,由16位科学家、经济学家、政府官员和企业家聚合在一起成立了
"十倍数俱乐部"(Factor 10 Club),以合力共同研究全球资源效率问题。俱乐部
成员来自14个国家,包括印度、泰国、中国、加拿大、日本、美国以及西欧各国。
一般来说,资源效率泛指资源使用效率,有的也称为资源强度或者资源生产
率,也就是每单位资源的产出水平。资源效率一直提醒并要求人们节约资源、
创造高效率的产值。虽然朝着资源效率方向开展的运动已经进行了几十年,但
是并未产生显著效果。该研究以1995年为基期计算认为,占世界总人口20%
的富人每年消耗全世界82.7%的能源和资源,占世界总人口80%的人每年消
耗的能源和资源仅占世界总消耗量的17.3%。而另一个更为容易理解的、更直
观的例子就是燃油汽车对能源的消耗和浪费。假设一个100L燃油汽车,汽油
中的80%(80L)最后变成了热量通过引擎和尾气排放掉,其真正作用在使车轮
转动上的汽油仅仅只有20%(20L)。在汽车重量里,人体体重仅占约5%,因而,
作用在使车轮旋转的20%(20L)的汽油中,又有95%(19L)的汽油使用在使车
体本身运动的活动上。如此分析后,真正运用到人身上的能源极其微少,仅有
1%(1L)而已。所以,资源效率提升潜力和空间是难以想象的巨大。从技术、管
理、人员、监督、体制、机制等入手,一方面可通过物质的循环利用和能量的梯
级开发,实现对资源和能源的最大化利用;另一方面可以通过调整产业结构,
发展低物耗、低能耗、低污染的产业,从而使经济增长与资源消耗实现"剪刀

差"趋势。此外,还可通过宣传和提倡节约节俭意识,从小处着手,减少资源能源的浪费。

施密特·布利克教授用一个方程式将环境影响、人口和一个国家的国内生产总值关联起来。根据相关计算推测,到2050年地球上人口将在现在的基数上增加1倍,即P等于2;同时,世界各国的国内生产总值(GDP)届时将增长3—6倍,取平均值为5,则二者之乘积为10。在此基础上,人类对环境的影响将增加10倍。为了保持现有生态环境水平,必须通过提高资源效率来平衡和补偿对环境的破坏。他认为,通过采取技术措施,在二三十年内若能将现有的资源和能源效率提高10倍,达到上述目标是有可能的。1997年,"十倍数俱乐部"基于上述研究成果,呼吁各国政府、产业界、国际组织和非政府组织,把能源和资源的效率提高10倍作为战略目标,才有可能真正实现社会、经济的可持续发展。[1]

现在,"全世界的资源能源有80%是由发达国家消耗的。但是,消耗80%资源能源的发达国家人口量仅占全世界的20%。根据平等原则,20%的人口应该消费20%,即总资源能源的五分之一。因此,全世界的物质流比1990年减少一半,即1/5的一半也就是1/10"。可谁也不愿意承受物质流减少造成的经济状况急速下滑、生活质量的下降,以及其他更多的困难。因此,在进一步改善和提高生活质量的同时,将资源投入量减少到1/10就成为一个必要的条件。为此,资源效率必须提高10倍以上才行。[2] "四倍因子"及"十倍因子"理论都是以MIPS最小化的思考方法为基础的。"十倍因子"理论比"四倍因子"理论对资源利用效率提出了更高的目标要求,即2050年前,发达国家资源能源的绝对使用量需要减至1990年物质流的一半,才能实现人类社会的可持续发展。自此,"四倍因子"和"十倍因子"理念被全世界认同和接受,奥地利、荷兰和挪威政府也公升表示要对"四倍因子"理念予以践行,追求"四倍因子"效率。

---

① 10倍因子研究所. http://www. factor10-institute. org/pages/factor_10_institute_2008. html.

② 聂祚仁,王志宏. 生态环境材料学[M]. 北京:机械工业出版社,2017.

### 三、启示

在《四倍数：资源使用减半，人民福祉加倍》一书中，作者指出了在一个已经僵化的经济体系下一切运作以"利润"为考量基础，要推动效率革命的新产品仍有许多必须克服的困难。因而，在能源变革过程中要通过"四倍因子"理论将化石能源的消耗减量，同时提升效率和产出，是非常重要的一条路径。该书还指出，应当改变和扩展对国民福祉的理解，不应将其仅仅局限在以追求"利润"为目标，追求福利而非榨取利益，非物质化的福祉也应当考虑到"收益"中。能源变革的过程实际上也是一个减少资源投入量的过程。为了得到同样多的能量，人类希望消耗掉的能源资源体积越小越好，运输传送储存越便捷越好、越清洁越好。从这一角度来看，煤炭对薪柴的替代、石油对煤炭的替代，以及目前已经出现的天然气对石油、煤炭的替代趋势，都遵循着这样的规律。而二次能源——电更是以其清洁、便捷的特点使得人类社会开启了进一步"电气化"的进程。在气候变化、生态环境问题愈加突出，传统化石能源仍将在未来相当一段时间充当主导能源的背景下，为了维系人类社会的可持续发展以及能源的可持续供给，就需要通过减少开发利用能源的生态负荷，减少系统投入能源资源的总量，提高能源资源的利用效率来达到这一目标。这一过程，也是未来能源变革的重要内容。

# 小　结

随着人类对自然和自身认识的不断深入，各种思想的局限也都逐渐展露。人类研究、总结和创造出来的理论和思想都是对客观存在的描述，是对发展规律的预测，只能无限趋近于真实世界。能源变革是伴随人类社会发展始终的一个演进过程。作为人类社会存在和发展都无法或缺的能源，其变革的过去、现在和未来都是值得关注和研究的，而相关理论也将会成为能源变革实践的重要指引。

# 参考文献

1. 梅多斯. 增长的极限[M]. 于树生, 译. 北京:商务印书馆, 1984.

2. 张帆. 环境与自然资源经济学[M]. 上海:上海人民出版社, 1998.

3. 潘家华. 持续发展途径的经济学分析[M]. 北京:中国人民大学出版社, 1997.

4. 马中, 等. 可持续发展论[M]. 北京:中国环境科学出版社, 1997.

5. 马克思. 资本论(第3卷)[M]. 北京:人民出版社, 1975.

6. 阿兰·V. 尼斯, 詹姆斯·L. 斯威尼. 自然资源与能源经济学手册(第3卷) [M]. 李晓西, 史培军, 等译. 北京:经济科学出版社, 2010.

7. 山本良一. 战略环境经营生态设计[M]. 王天民, 等译. 北京:化学工业出版社, 2003.

8. 弗里德里希·施密特 – 布利克. 人类需要多大的世界:MIPS——生态经济的有效尺度[M]. 吴晓东, 翁端, 译. 北京:清华大学出版社, 2003.

9. 张复明, 景普秋. 矿产开发的资源生态环境补偿机制研究[M]. 北京:经济科学出版社, 2010.

10. 朱达. 能源——环境的经济分析与政策研究[M]. 北京:中国环境科学出版社, 2000.

11. 马子清, 张志力, 郭常莲, 等. 山西省可持续发展战略研究报告[M]. 北京:科学出版社, 2004.

12. 世界银行东亚和太平洋地区基础设施局, 国务院发展研究中心产业经济研究部. 机不可失:中国能源可持续发展[M]. 北京:中国发展出版社, 2007.

13. 斯科特 L. 蒙哥马利. 全球能源大趋势[M]. 宋阳, 姜文波, 译. 北京:机械工业出版社, 2012.

14. 世界环境与发展委员会. 我们共同的未来 [M]. 北京:世界知识出版社, 1989.

15. 茅于轼, 盛洪, 杨富强, 等. 煤炭的真实成本[M]. 北京:煤炭工业出版社,2008.

16. 阿兰·兰德尔. 资源经济学[M]. 北京:商务印书馆,1989.

17. 牛文元. 持续发展导论[M]. 北京:科学出版社,1997.

18. 蕾切尔·卡逊. 寂静的春天[M]. 曹越,译. 武汉:长江文艺出版社,2017.

19. 聂祚仁,王志宏. 生态环境材料学[M]. 北京:机械工业出版社,2017.

20. 牛丽娟. 环境规制对西部地区能源效率影响研究[D]. 兰州:兰州大学, 2016.

21. 张军泽,王帅,赵文武,等. 可持续发展目标之间关系的研究进展与启示[J]. 生态学报,2019(22):1—11.

22. 蒋伟.《我们共同的未来》简介 [J]. 城市环境与城市生态,1988(01):46—47.

23. 马晓惠. 从《寂静的春天》到《我们共同的未来》——可持续发展概念的形成与发展[J]. 海洋世界,2012(06):22—24.

24. 牛文元,康晓光,王毅. 中国式持续发展战略的初步构想[J]. 管理世界,1994(01):195—203.

25. 牛文元. 中国 21 世纪"可持续发展"的预测[J]. 中国科学院院刊,1995(02):150—157.

26. 王金洲,杨尧忠. 矿产资源的耗竭补偿原理的探讨 [J]. 生产力研究, 2002,(3):182—184.

27. 熊焰. 能源替代的驱动力——高效能源替代低效能源 [J]. 能源,2017(07):90—92.

28. 刘汉民. 路径依赖理论研究综述[J]. 经济学动态,2003(06):65—69.

29. 李志学,杨媛. 环境规制政策对能源企业绩效的影响——以火力发电企业为例[J]. 财会月刊. 2011(33):55—58.

30. 郭春荣,王万山. 资源经济学的来龙去脉[J]. 生产力研究,2005(05):224—226.

31. 黄锡生. 矿产资源生态补偿制度探究 [J]. 现代法学,2006(06):122—127.

32. 王金南,曹东. 可持续发展战略与环境成本内部化[J]. 环境科学研究,

1997(01):41—46.

33. 李文华. 持续发展与资源对策[J]. 自然资源学报,1994(02):97—106.

34. 帅毅. 解析转让自然资源使用权的财税处理[J]. 财会月刊,2012(19):17—18.

35. 申振东,杨保建. 能源循环经济:可持续发展的战略选择[J]. 科技进步与对策,2006(02):24—26.

36. 姚婷,宋洁. 法经济学相关理论问题探析——从科斯《社会成本问题》出发[J]. 山西省政法管理干部学院学报,2018(04):5—8.

37. 胡涤非,孙亚莉. 集体行动困境的产生与化解[J]. 南昌大学学报(人文社会科学版),2012,43(02):66—70.

38. 来尧静，严贵萍. 产业集群创新发展的路径分析 [J]. 商业时代,2011(11):117—118.

39. 张琦. 人的需要和以人为本的发展观[J]. 理论学习,2004(04):10—11.

40. 谢永明. 促可持续发展,环球同此凉热(一)[J]. 前进论坛,2012(05):57—58.

41. 赵营波. 社会主义正在有效地前进(之三)——走向可持续全效益发展的美好未来[J]. 未来与发展,2012,35(08):2—11.

42. 赵玉杰. 海滨城市可持续发展研究 [J]. 海洋开发与管理,2013,30(04):82—85.

43. 气候变化知识——全球公共物品 [EB/OL]. 中国城市低碳经济网,(2012-09-04)[2019-06-09]. http://www.cusdn.org.cn/news_detail.php?id=213050.

44. 海舟. 用制度经济学探索经济增长的密码[N]. 深圳特区报,2018-07-10(B10).

# 第三章   能源变革与意识形态

> （我们）已接近了路的尽头。现在我们已经到了并非如我们想象得那样好的地方。一部分原因是世界改变了，不再像过去那样分散了；另一部分原因是我们走的路过于狭窄，而且我们现在觉得，在修建这条路时，我们避开了太多的、本该经过的荒凉而杂乱的原野。我们确实已经到达了井然有序的目的地，但我们却越来越不可能停留在那里。
>
> ——著名经济学家哈恩[①]

能源资源的稀缺性在开发利用过程中愈加显现。能源作为助力经济社会发展的动力之源，其开发利用亦会受到各类"主义"和思潮的影响，进而影响未来能源以及基于能源的产业和社会的发展。对于思潮，需思之、辨之，进而了解和观察其对能源变革的影响。针对能源开发利用过程中造成的生态环境危机，目前主要有几种理论模式：一种是遵从新自由主义模式，即主张通过资本和市场的力量加以解决，如征收碳税和生态税，调节能源开发利用活动和行为；一种是通过生态学马克思主义或者生态社会主义模式，即彻底改造资本主义生产方式和生活方式，以建立起能够与生态环境和谐共存的新的生产生活方式为目标，实现人与自然和谐共生。在这两种模式之外，仍有介于两者之间的众多模式，如"绿色资本主义"模式等。在此，仅选取近代工业化进程中，新自由主义和生态学马克思主义进行研究，分析能源变革与其之间的联系，并尝试从意识形态的角度，发掘未来指引和促进能源变革的力量。

---

[①] 转引自柯兰德.新古典政治经济学［M］.马春文，宋春艳，译.长春：长春出版社，2005：2.

# 第一节　能源变革与新自由主义

新自由主义是当代西方资本主义最重要的经济、政治思潮,是占主导地位的意识形态。对待新自由主义需辩证看待,不仅要揭开它的神秘面纱,更要从其实践结果中认清危害,反思困境,探究本质。新自由主义思潮在推动西方国家经济发展、政治思想和实践变革方面发挥了巨大作用,以至于在此影响下多种理论的形成都不同程度地含有新自由主义的"基因"。西方国家哲学、法学、经济学、社会学、文学等诸多学科都深受新自由主义的影响。新自由主义归根结底是服务于资本主义的。能源变革过程中,新自由主义思潮对能源开发利用产生了显著影响。传统工业化进程中,能源开发利用秉承新自由主义经济效益至上核心要旨,几乎不考虑对生态环境的影响,造成诸多负外部性问题。虽然发达资本主义国家已经完成了工业化,但过度消费现象依然充斥社会,发达国家能源人均消耗量是发展中国家的数倍,造成对能源的巨大消耗和浪费。

## 一、新自由主义

新自由主义植根于资本主义的土壤,经历了从古典自由主义、现代自由主义到当代新自由主义的发展和演进。20 世纪 70 年代,美国发生了新一轮经济危机,这次以"经济滞胀"为显著特征的经济萧条持续了 13 年之久。20 世纪 30 年代出现的可以有效应对资本主义"大萧条"的凯恩斯主义对"滞胀"束手无策,新自由主义就在这样的背景下,隆重登场,经"撒切尔主义"和"里根主义"的实践后,在 1990 年融入"华盛顿共识",向全球推广开来。自此,新自由主义实现了从理论上升到政治实践的华丽转身,到达了理论发展的巅峰。然而,经济危机却并没有因新自由主义的出现而消失。

2007 年到 2009 年,发端于美国的次贷危机波及全球,引发了世界经济危机,以至于有专家称此次经济危机为"新自由主义危机"。该场波及全球的金融危机是美国 20 世纪 30 年代"大萧条"以来最为严重的一次金融危机,并使全球金融体系受到重大影响,严重冲击了实体经济。就像凯恩斯主义盛极一时又黯然退出一样,新自由主义也在数年实践和失败中逐渐失去了神圣的光环,其战略的深层矛盾和不可持续问题逐渐暴露。①

(一)New Liberalism 和 Neo-Liberalism

在英文里,有 New Liberalism 和 Neo-Liberalism 两种表述,都被翻译成"新自由主义"。这两个"主义"是在 20 世纪西方社会中并存的、有着相反诉求的、主张不同甚至截然相反的学说与思想流派,需加以区分。②

兴起于 19 世纪、20 世纪之交的"新自由主义"(New Liberalism),是对古典自由主义(Classic Liberalism)的批评和修正,代表人物是凯恩斯、罗尔斯、德沃金等。该学派希望发展出一种有别于古典主义的积极政府观,通过借助政府的力量,发展和实现"积极的自由",也被称作"现代自由主义"或"社会自由主义"③,其主张政府对经济进行广泛管理和部分干涉。新自由主义的这种立场要比社会民主党人所主张的规范和干涉小得多。新自由主义的思想基础是,"社会虽无权从道德上去教化它的公民,但社会有义务去保障每一个公民拥有平等的机会"④,其思想核心要义是"致力于提高社会弱势群体和贫困成员的自由",是否定古典自由主义的。

"neo-"词根所代表的"新"更多地具有"复制、模仿(Copy)先前事物"的意味。美国诺姆·乔姆斯基(Noam Chomsky)曾给出"Neo-Liberalism"的定义,即"新"自由主义是在古典自由主义思想的基础上建立起来的一个新的理论体系,将亚当·斯密尊为守护神(Patron Saint),也被称为"华盛顿共识",即倡议一种全球秩序。"……其实,'新'自由主义并不新,它的基本思想来源于自启蒙

① 裴小革. 新自由主义与资本主义经济危机——基于阶级分析方法的研究[J]. 理论探讨,2015(03):74—78.

② 李小科. 澄清被混用的"新自由主义"——兼谈对 New Liberalism 和 Neo-Liberalism 的翻译[J]. 复旦学报(社会科学版),2006(01):56—62.

③ 杨春学. 新古典自由主义经济学的困境及其批判[J]. 经济研究,2018,53(10):4—15.

④ 李小科. 澄清被混用的"新自由主义"——兼谈对 New Liberalism 和 Neo-Liberalism 的翻译[J]. 复旦学报(社会科学版),2006(01):56—62.

运动以来一直在维系和滋养着自由主义传统的那些内容。"①"新"自由主义（Neo-Liberalism）学派代表人物是哈耶克、弗里德曼等，其为了复兴、发展和超越古典自由主义，追求法治下的有限政府，秉承的是传统古典自由主义的"自由观"。这两种思想差异很大，且从时间上来看，"新自由主义"（New Liberalism）早于"新"自由主义（Neo-Liberalism）。

"新"自由主义经过长久发展，已经演化成一种"政治－经济"哲学，其要义是鼓吹国家在现代社会中不应该起任何作用，其坚持政府不应对经济进行任何干涉，并强调绝对的市场化、私有化、全球化。该"主义"是19世纪"古典自由主义"的新版本，并期望回归到亚当·斯密所指出的自由放任主义，通过"复兴"和"回归"古典自由主义的"消极自由"，对新自由主义（New Liberalism）进行否定。1947年，来自美国、英国、法国、德国、意大利、瑞士、挪威、瑞典、丹麦等国家著名大学的36位学者倡导成立了"新"自由主义的国际学术组织——朝圣山学社。此后，诸多"新"自由主义学派的经济学家获得诺贝尔奖，并显著地影响着政治层面的决策。而这也是本章内容所要关注的"主义"。

（二）新自由主义的思想及主张

没有自由主义就没有近现代西方文明，近现代西方文明的思想核心就是自由主义。中国社会科学院"新自由主义研究"课题组将"新自由主义"主要观点归纳和概括为以下三点：一是在经济理论方面大力宣扬"三化"——自由化、私有化、市场化；二是在政治理论方面特别强调和坚持"三否定"——否定公有制、否定社会主义、否定国家干预；三是在战略和政策方面极力鼓吹以超级大国为主导的全球经济、政治、文化的一体化，即"全球资本主义化"。

新自由主义以"个人主义"为理论和哲学基础。该"主义"认为个人权利尤其是个人的"自由权利"应受到尊重和保护。个人、社会和国家之间具有明晰的权利边界，个人优先于国家和社会，个人的自由竞争促进实现经济的良性发展；国家只是社会的一部分，社会和国家不能以任何借口越界侵犯个人权利；由单个人组成的国家和社会不可以有特殊的、额外的权利。而所谓"个人主义"

---

① 译自 N. Chomsky, Neoliberalism and Global Order ［M］. New York：Severn Stories Press，1999：19.

里所涉及的"个人"可以进一步明晰为资产阶级。

新自由主义在经济上主张"市场万能",推崇自由市场,自由经营,反对任何形式的政府干预;坚持绝对和彻底的私有化,反对任何形式的公有制和计划经济,认为公有制是低效的、无效的;并推行福利个人化。同时,在政治上反对社会主义制度,鼓吹多党制。

在"华盛顿共识"之后,新自由主义全面推行"全球化",包括贸易的自由化和所谓政治的民主化。"华盛顿共识"就是国际货币基金组织、世界银行和美国政府共同提出的、体现新自由主义理论的具体政策主张。①"华盛顿共识"的提出标志着新自由主义的发展推进到了帝国主义向外扩张的阶段,将广大发展中国家纳入到了以西方发达国家为主导的全球资本主义体系中,实行美国模式的世界经济一体化。"新自由主义代表了资产阶级与企业上层管理者特别是金融领域上层管理者的意志和愿望,这个阶级及其代理人力图借助这个学说及其政策措施恢复和扩张自己在全球的霸权地位。"②而目前看来,他们的目的也确实实现了。自新自由主义实施以来,少数资产者的收入和财富有了巨幅提高,他们在全球的霸权支配地位也一度有了很大提高。新自由主义在经济政策上帮助美国等发达资本主义国家实现了资本在全球的增值,并以此要求广大发展中国家也实行新自由主义政策。虽然其在智利和墨西哥的实践都未取得预想的结果,但也并未阻止其继续在全球推广的野心,其仍在继续要求发展中国家开放国内市场,"实现除劳动力要素外的其他生产要素和资源在世界范围内自由流动,实现生产、贸易和金融的完全自由化与国际化"③。

(三)主要流派

在新自由主义发展的过程中,先后出现过几个流派,分别是以哈耶克为代表人物的伦敦学派,以米尔顿·弗里德曼为代表人物的现代货币学派,以科斯、诺斯为代表人物的新制度经济学派,以卢卡斯为代表人物的预期理性学派,以及供给学派等(表3-1)。

---

① 王永贵.新自由主义思潮的真实面目[J].红旗文稿,2015(05):8—12+1.

②③ 裴小革.新自由主义与资本主义经济危机——基于阶级分析方法的研究[J].理论探讨,2015(03):74—78.

表 3-1 新自由主义主要流派

| 学派 | 代表人物 | 主张 |
| --- | --- | --- |
| 伦敦学派 | 哈耶克 | 绝对自由化:强调自由市场、自由经营,认为任何形式的经济计划、国家干预与效率无缘<br>完全私有化:私有制是自由的根本前提;公有制、社会主义是通往奴役之路<br>彻底市场化[①] |
| 现代货币学派 | 米尔顿·弗里德曼 | 货币数量论:实行货币"单一规则"<br>经济自由放任政策:反对任何形式的国家干预,否定计划经济和任何形式公有经济 |
| 新制度经济学派 | 罗纳德·科斯 | 交易费用理论:降低市场交易费用是企业产生、存在以及替代市场机制的唯一动力<br>产权理论:明晰私人产权,私有制企业的经营效率比公有制企业高,实现资源有效配置<br>企业理论:研究经济组织和制度<br>制度变迁理论 |
| 预期理性学派 | 罗伯特·卢卡斯 | 理性预期:在经济活动中,人是理性的,总是在追求个人利益的最大化;政府决策和信息获取不及个人准确灵活,因此,政府维护经济稳定的措施都会被公众的合理预期所抵消 |

伦敦学派形成于 20 世纪 20—30 年代,创立者继承了自亚当·斯密以来正统的经济自由主义观点和政策主张,并将其向前推进了一步。该学派以异常保守的态度顽强地维护经济自由主义传统,反对国家对经济生活的干预和调节,反对计划经济。爱德温·坎南是其奠基人,哈耶克是最重要的代表人物。哈耶克在综合庞巴维克、威塞尔、门格尔等人思想的基础上,形成了比较统一的伦敦学派理论体系,强调国家不应干预私人企业的活动,强调尊重消费者的主权,主张实行货币非国有化,要求国家保护机会均等的自由竞争,坚决反对集体主义和"计划经济"。对于 20 世纪 30 年代的经济"大萧条",该学派认为资本主义经济本来是有能力自发调节并避免严重生产过剩的,危机之所以产

---

① 田雯瑶,彭艳芳,武智鹏.关于新自由主义伦敦学派哈耶克的文献综述[J].时代金融,2016(11):191—192+197.

生是由于工人对工资和工作条件要求过高所致。20 世纪 40 年代末,由于希克斯、哈耶克等人相继离开伦敦经济学院,伦敦学派陷于解体。但不可否认,该学派及其理论推动了以英美为首的西方国家 20 世纪 80 年代以来经济私有化和自由化浪潮,也为美国在全球推行国际单边经济自由化运动和政策提供了理论基础。

现代货币学派是 20 世纪 50 年代中期在美国出现的一个重要学派,以美国芝加哥大学经济学教授米尔顿·弗里德曼为主要代表人物。现代货币主义的兴起与第二次世界大战后资本主义各国经济形势变化有着密切联系。凯恩斯主义的经济政策虽然对刺激经济发展、缓和经济危机起了很大作用,但也造成了长期持续性通胀,并在 20 世纪 70 年代演变成经济严重“滞胀”。在这样的背景下,现代货币主义异军突起,运用所谓“现代货币数量论”,主张以控制货币数量的金融政策来消除通胀,过分强调货币问题的重要性,反对政府过多干涉经济活动,赞成实行经济自由主义。后来,该学派又不断地对“货币数量论”进行完善和修订,但并未能弥补该理论的缺陷和不足,即便是在分析资本主义经济通胀和失业问题上,也仍然脱离现实,与真实世界存在不可逾越的距离。这也是造成 20 世纪 80 年代初西方各国经济衰退的一个原因,针对“滞胀”提出控制“货币数量”只能是一种具有针对性的短期临时策略,在面对长期发展问题时,单一货币政策和自由汇率政策是无法涵盖并解决的。

供给学派是 20 世纪 70 年代后期在美国兴起的一个经济学流派,曾是里根政府制定经济政策的主要依据。其理论渊源是“古典经济学”相关理论,代表人物有南加利福尼亚大学的阿瑟·拉弗、哥伦比亚大学的罗伯特·蒙代尔和米切尔·伊文思。与凯恩斯主义关注“需求”相左,该学派注重“供给”,即商品和劳务的供给,立足“萨伊定律”,主张刺激储蓄、投资和工作积极性,反对政府对经济生活的干预,主张让市场机制自行调节经济,调节生产率,促进经济增长。

理性预期学派是 20 世纪 70 年代形成的一个学派,代表人物是芝加哥大学的经济学教授罗伯特·E. 卢卡斯、托马斯·萨金特和尼尔·华莱士。“理性预期”实际上是美国经济学家约翰·F. 穆斯在 1961 年借鉴工程学文献的概念提出的一个假设和模型。该学派基于“有效市场假说”,增添了“理性预期”等假设后,将有效市场假说推论到整个市场经济体系,坚持市场会自动快速出清,并由此得出"政策无效"的结论。

新制度主义经济学派(the New Institution School of Economics)是在 20 世纪 50 年代后兴起和形成的一个新学派。实际上有关制度经济学的研究,早在 19 世纪末 20 世纪初就曾以美国经济学家凡勃仑、康蒙斯和米契尔为代表形成了制度经济学。这一学派同样需要与以卡尔布雷思为代表的新制度经济学派"Neo-institution School of Economics"相区别。新自由主义思潮中形成的新制度主义经济学则以科斯、诺斯、张五常等为代表人物。该学派起源于科斯(Ronald Coase)1937 年发表的论文《企业的性质》,秉承新古典经济学主要传统,并再次在传统之下从经济制度角度来探讨问题,也即制定经济制度和经济规则的人依然是符合古典经济学假设的具有稳定偏好、理性、寻求自身利益最大化的"理性人",并以成本收益分析行为、作出决策。

虽然,新自由主义发展过程中派生出了诸多流派,但各个流派的共识依然是在根本上服务于资产阶级,为其管理高层争取更高收入、进一步扩张全球霸权而产生的,唯利是图和贪婪依然是其本性,其坚持的所谓"个人主义"的哲学外衣之下,仍然是要维护资产阶级的经济利益。当新自由主义最终借由华盛顿共识推向全球,其所宣扬的极端的私有化、市场化、全球化全面传播之后,全球化大门敞开,经济危机成为影响全球经济的问题。

### 二、主义的缺陷及困境

能源作为稀缺资源,在支撑资本主义国家实现工业化的过程中发挥了重要的作用。可以说,资本主义国家工业化的过程就是一部能源资源开发利用的历史。没有最初资本主义国家对传统化石能源的利用,并使其快速领跑世界,就没有后来资本主义的百年兴盛。在资本主义制度下,它们的发展只看重单一向度上的经济利益,能源变革要始终围绕保护资产阶级利益、维护资产阶级统治的核心目标。一旦侵犯到少数资产阶级利益,就会自然而然地退让、变通,无法将保护生态、应对气候变化等目标放在首位。美国次贷危机引致的全球金融危机及其影响的长期性已充分显现,新自由主义存在着无可避免的问题和弊端,尤其显现在对全球生态环境的影响上。任何观点、主张和理论的提出及应用都具有一定的背景和条件,脱离特定的背景和条件,即便是正确的观点、主张和理论,也有可能变成错误的、行不通的。新自由主义作为世界近现代史历史舞台上曾经光芒夺目的思潮,也终究存在理论上的缺陷和实践中的困境。

(一)"假设"终归是假设

西方经济学是建立在一系列假设基础上的,如经济人假设、预期理性假设等,而西方经济学的发展也都是建立在不断完善假设、重新假设基础上的拓展和发展。当面对现实世界和真实的经济发展,经济学假设实际上却确确实实将很多重要的、对经济活动和经济行为有影响的因素排除在外,而仅仅依靠抽象模型构建其理想化的经济运行模式和经济世界。正如福克斯(2013)指出的"早在20世纪70年代,持不同意见的经济学家和金融学者就开始质疑理性市场理论,揭露它在理论上的前后矛盾和缺乏现实依据。在20世纪末,他们已经成功摧毁了该理论的主要支柱,但是却没有提出令人信服的替代理论。结果,理性市场理论仍然充斥于公众"。①

西方经济学一系列假设中最重要和最基础的假设就是"经济人"假设。在社会生产生活中,这种行为主体——"人"被经济学家简单抽象成为追求个人利益至上和最大化的理性"经济人"。虽然"经济人"的经济理性在推动近代资本主义发展和人类财富极速累积增长方面发挥了重要作用,但"经济人"遵从经济理性,也追求利润最大化、成本最小化。理性人会认识到,只有尊重其他人的利益,才可能实现自身的利益。而有关"经济人"可以形成一致行动、一致可预期的未来和方向是基于自利和互利,且基于这样的理想化假设,每个人的自利最终带来了互利的社会结果。然而,现实却是在这个"逐利"的过程中,"经济人"们为了降低治理成本,降低交易成本,降低各种外部成本,一味地向自然和生态环境索取,而将工业化过程中产生的废弃物排入大自然,造成生态破坏,并最终产生不互利的结果。

对于西方经济学立足的另一基石——"均衡",即便是新自由主义的代表人物哈耶克也认为其中存在着不妥。哈耶克认为"长期以来,我总是感到,我们在纯粹分析中所使用的均衡概念本身及其方法,只有在局限于单个人的行为

---

① 杨春学. 新古典自由主义经济学的困境及其批判[J]. 经济研究,2018,53(10):4—15.

分析时才有明确的意义。当我们将其应用于解释许多不同个体之间相互作用时,我们实际上正步入一个不同的领域,并悄然引进一个具有完全不同特征的新因素"。哈耶克敏锐地察觉到从一到二和从二到三,再从三到无穷这两个阶段并不是简单的叠加。他认为如果使用"均衡"来解释纯粹的个人行为,例如消费者均衡、生产者均衡等,是不存在问题的。但从个人均衡转向社会均衡时,现实生活中实实在在的经济活动和经济行为中,每个个人之间不同决策的协调并不是"均衡"所能解决的。因而,哈耶克提出"经济学只有当它能够说明所有参与者如何获得知识并且在竞争过程中利用这些知识,才能重新成为一种经验科学"。

新自由主义另一假设"理性预期",也在漫长实践中展现出其理想化的一面。"预期理性"是指在有效利用一切信息的前提下,对经济变量作出在长期平均来看最为准确的、而又与所使用的经济理论及模型相一致的预期。该假设因在经济分析中假定经济行为的主体对未来事件的"预期"是合乎理性的而得名。在理性预期下,经济当事人不会犯系统性错误,即他们具有理性预期,且人们进行经济活动时已被假设为掌握完全、充分的信息。然而,现实世界中,这样的"理性预期"是不存在的,虽然行为主体对于理性预期是向往并追求的,且基于越来越强大的大数据采集及分析能力,未来的预期也将会愈加"理性",但这仅仅是一个无限趋近的过程。

(二)"帝国式生活方式"是末路

"帝国式生活方式"是指"资本主义国家通过无限占用全球的自然资源、劳动力和过度利用全球性的生态环境,促进发达国家生活方式的普遍化"①。"帝国式生活方式"作为奢靡的生活方式,本身就是不可持续、不加限制的。人类的需要(Needs)和需求(Demands)本就是两个不同的概念。赫伯特·马尔库塞(Herbert Marcuse)在《单向度的人》一书中把人在社会生活中的需求区分为"真实需要"和"虚假需要"。"真实需要"是指满足与人的生命紧密相关的需要和有意义的自我发展的需要,包括在一定文化水平上的衣食住行等。"虚假需要"是

---

① 张清俐. 让谁吃下污染:"绿色资本主义"的回答[N]. 中国社会科学报,2015-05-13 (A04).

指"在个人的压抑中由特殊的社会利益强加给个人的需求,这些需求使艰辛、侵略、不幸和不公平长期存在下去"①。在"虚假需要"的引诱下,消费主义意识形态通过广告营销等形式不断给大众"洗脑",在物质层面,人们过度生产、过度消费,将购买及消费更多更好的物质产品作为自我满足的手段,以此开启了人类对财富的无尽追求。这种"虚假需求"成了当代消费社会经济发展的动力,致使经济无限扩张,资源无限开采,废弃物也越来越多。这样的生活方式和消费理念使得人类无节制地攫取地球上各类资源,人的"虚假需要"使得人类永远无法与自然和谐相处。在新自由主义向全球范围内渗透的过程中,发展中国家以及第三世界国家的自然资源在全球化的掩盖下被攫取和过度开发,而其所倡导的"帝国主义的生活方式"和消费理念也已影响和支配着全世界绝大多数普通人的日常生活。如在工业化进程中的新兴市场,崛起的中产阶层和上层社会的生活方式,同西方国家相应阶层的生活方式正在趋同,他们共同构成了一个庞大的"跨国消费阶层"。无论从生态环境还是世界经济的角度,抑或是从因能源过度需求和消耗所引发的石油战争,都显示出"帝国式生活方式"不具有可持续性。

联合国环境规划署(UNEP)的相关数据也显示,2004年到2016年,全球家电产品使用周期不断下降。同时,随着经济快速发展,消费升级在世界各地都有所体现。不论是一分钟可以售出几万件商品的直播,还是抽奖才能买到的限量款高价跑鞋,统统成为当代消费观的真实写照。当新的产品被制造出来,就意味着之前用于制造生产被淘汰和丢弃产品的资源及能源被浪费掉了。而为了促进消费,商家乐此不疲地生产新产品,过度消费应运而生,过度的能源消耗却产生了更多无用的产品。支撑"速度与激情"的快时尚消费造成了能源与资源的过度开发利用和浪费。就像福斯特研究布什政府为什么抵制《京都议定书》所指出的,"温室气体的大量排放主要是由消耗矿物燃料的汽车行业等大型企业带来的;而这些大型企业是受利润原则支配的,只要它们存在着,为快速积累资本,就必然这样做。资本主义制度代表的是这些大企业集团的利益,它不可能为了保护环境而改变资本积累的发展结构,不可能使自己原先的发

---

① 徐克飞.关于生态文明建设主体的哲学思考[J].人民论坛,2015(14):214—216.

展道路产生逆转。布什政府作为资本主义制度的总代表和总执行者,反对旨在保护生态环境的《京都议定书》是意料之中的"①。

此外,资本主义已经发展成为全球资本主义形态,通过全球化和体系分工,资本主义完全有能力将高能耗、高污染产业和产能转移并集中到某个落后国家或地区,而让其所期望的地区保持相对"清洁",这已经是现实发生的情况了。1984 年 11 月 3 日,位于印度玻帕尔的联合碳化物公司的除虫剂工厂泄漏毒气,使当地 2500 名居民集体死亡,鸡犬牛羊无一幸免。悲剧引发了世界各地人民对发达国家将公害输往第三世界的关注。但时至今日,上述情况并没有改变。发达国家每年向第三世界输出的有毒废料达 2000 万吨。1987 年,美国佛罗里达州的有毒有害工业废料被弃于几内亚及海地;1988 年, 意大利把 4000 吨化学废料弃置到尼日利亚,污染了当地土壤和地下水。② 所以,西方资本主义国家"天更蓝,水更清"的背后是污染的转嫁和移转。所谓绿色资本主义掩盖下的政策改良与制度调整,并不会触碰资本主义的本质,而且很可能会以牺牲发展中国家的生态环境与社会发展为代价。生态危机是制度问题,而其中影响最大的能源问题也是需要嵌入到制度中才能得以解决的。

(三)"市场"并不万能

无论是古典自由主义还是新自由主义都不是"放之四海而皆准"的真理。20 世纪 80 年代,新自由主义针对"滞胀"提出了以自由化和私有化为方案的市场改革,呼吁重建自由市场,并最终获得了政治决策者的认可。新自由主义各流派强调的是绝对的自由化,主张个人主义价值观在经济领域的直接体现,夸大和坚持所谓"市场"的作用和完美性。新自由主义认为经济自由是根本,是经济效率和社会财富的前提,是其他一切自由的基础。各家学派都强调产权明晰,主张私有化,以提高效率,实现资源的优化配置。其代表人物哈耶克认为体现个人自由的私人企业制度和自由市场机制是最好的制度。但私有化并不能

---

① 张清俐. 让谁吃下污染:"绿色资本主义"的回答[N]. 中国社会科学报,2015-05-13 (A04).

② 廖化. 让穷人吃下污染!——论资本主义与世界环境[J/OL]. 搜狐网,(2020-03-24) [2020-04-04]. https://www. sohu. com/a/382691345_488575.

解决所有问题,市场失灵经实践检验也是确实存在的,私有化总能产生正的社会总收益的假设在面对公共物品时却并不能成立。针对严格意义上具有非竞争性和非排他性的公共物品,如生态环境、气候变化等"公共物品"时,私有化并不能解决现实矛盾,只能使得情况更加恶化。

新自由主义各流派所认为和坚持的市场应受到的重视程度远远超过了其应有的限度。特别是各家学说基于"市场"这个海市蜃楼般的理论,用本身存在缺陷的抽象理论推导出政策主张,并应用于现实经济运行中,尤其是自负地认为"市场的自我监管优于政府监管"的盲目乐观导致了一系列严重后果。他们自负又无知地认为运用制度分析方法,只要给地球或者生态环境定价,就能够实现生态学所要达到的保护地球和生态环境的目标,认为没有什么是"市场"保护不了的。新自由主义各主要流派基于相似的理论基础,痴迷于使用"市场"的手段和方式解决各种失灵问题。但是在面对外部性、公共物品和不完全信息等因素导致的"市场失灵"问题,现实实践却显示出单纯"市场"手段进行治理存在困境。建立在私有产权制度基础上的"市场"机制在面对外部性和公共物品问题时存在着制度缺陷,市场的方法无法从根本上解决这些问题。"市场"方式所要求的私有制和私有产权在面临公共物品问题时,缺乏制度支撑。资本主义工业化进程中正是私有制、产权制度造成了对公共物品保护的分散化和碎片化,根源在于生态环境的整体性、复杂性、不可分割性。而这些所谓通过市场给生态环境界定产权、给出定价的成本非常高,甚至于是根本无法实现的。所以,在面对全球生态环境问题时,"市场"及其市场手段和方法就显得苍白无力,因为这世间并不是所有的东西都可以明码标价的,有太多的东西是无价的。

(四)"制度"遭遇质疑

2020年1月,达沃斯举行了新一年论坛年会,年会主题是"凝聚全球力量,实现可持续发展"。年会开幕之际,与会的很多嘉宾和专家都传递出这样的信息,即西方传统资本主义制度模式并不能有效地凝聚全球力量,甚至会阻碍推动全球可持续发展。究其原因是因为资本的逐利本性会阻碍节约型社会和对环境更为友好的经济发展模式。就像美国麻省理工学院斯隆管理学院院长大卫施密特雷恩曾说过的那样,"当然,公司会具有破坏性,这是可能的,甚至是很自然的。公司有时会与我们所追求的某些社会价值背道而驰。因为公司需要回报那些投资者"。达沃斯论坛的创始人之一的施瓦布认为，作为当前资本主义主导模式的"股东资本主义"在资本主义鼎盛时期也曾起到一定的积极作用，开拓了新的市场并创造了新的就业机会，"但目前已经四面楚歌、岌岌可危。其片面追求股东利益最大化、破坏自然资源、忽视公众利益尤其是环境利益的做法，正在招致越来越多的质疑和反对"。2020 年达沃斯论坛年会嘉宾、能源转型委员会（Energy Transitions Commission）主席阿黛尔·特纳（Adair Turner）近日表示，2019 年 6 月和 7 月在全球很多地方都出现的前所未有极端高温表明，全球变暖正在发生并有可能带来灾难性后果。但是，"资本主义制度未能有效应对气候变化的挑战，在某些方面，正是资本主义阻碍了有效行动"。虽然也有各种生态、绿色资本主义对制度进行修饰，但资本增值和市场逐利的本性，使其永远不可能会是生态的、绿色的，因为绿色意味着"适度"，适度的发展、适度的消耗、适度的开发、适度的利用。西方社会所鼓吹的"绿色资本主义"很难取得"多赢"的目标。

因而，在过去几个世纪里，资本主义逐利过程中，可以挥霍无度，可以肆意掠夺其他国家及地区的各种资源，当然，其中最重要的就是能源资源。资本与能源之间有着千丝万缕的联系，相互助推，成就了能源在当今世界的重要地位。但同时，因全球能源资源的掠夺、开发和利用造成的生态环境影响与破坏也已经招致了巨大的灾难。由此可见，只要不触动资本主义制度，不改变资本积累规则，那么即使制定出类似《京都议定书》《巴黎协定》等条文，也难以付诸实施。资产阶级及其代言人为了自身利益，可以罔顾人类的共同命运。发达资本主义国家在全球范围内掠夺资源，将污染产业转移到发展中国家、垃圾出口到不发达国家，所有的这些都是在"自利"和"逐利"驱使下的"自由"行为。而人类真正要完成减少温室气体排放、保护全球生态环境、拯救地球的急迫任务，不能寄希望于特朗普、拜登政府这样的资本主义制度代理人和资本主义制度。能源变革的历史进程已经朝着"能源民主"方向前行了，在此过程中，能源去资本化趋势将愈加明显，"能源民主"亦可在消解资本主义制度基石方面发挥重要的作用。

从全球范围来看，资本主义国家在全球范围强势推行新自由主义的主要目的是想通过压低自然资源的价格和海外投资以进行更多的资源购买和更多的直接国外投资,进而榨取别国剩余价值。发展中国家则愿意出售自然资源,渴望接受国外投资,以获取其想要的发展初期的资金和技术积累。"正像在一个特定国家内部,当工人们愿意出卖他们的劳动力时,他们的劳动仍是利润的最终来源一样。"① 由此,成就了发达资本主义国家在能源和自然资源领域方面的全球霸权。

综上,20 世纪 80 年代以来,新自由主义在经济领域主张自由化、市场化、私有化,在政治领域以反对公有制、反对社会主义、反对政府干预为主要目标,其作为西方发达资本主义国家居于主流地位的思想、理论以及政策主张,在不断发展过程中囿于其自身固有的缺陷,已使其影响力持续衰落。②

## 第二节　　能源变革与马克思主义

当全球金融危机使资本主义陷入困境时,特里·伊格尔顿(Terry Eagleton)写的《马克思为什么是对的》(Why Marx Was Right)一书的问世意味着马克思主义重新为人所重视。正如书中所说,"资本主义没有能力创造一个与现实完全不同的未来。在这个时代,最需要的恰恰就是人们追求变革的坚定信心"。

### 一、马克思主义生态观与生态学马克思主义

马克思主义作为一种深刻的理论思想体系,已经得到东西方学者的接受和认可。20 世纪末,进入新千年时,英国广播公司网上评选千年最伟大思想家风云人物,马克思位居榜首,其后依次是爱因斯坦、牛顿、达尔文。1999 年,英国剑桥大学文理学院教授评选"千年第一思想家",马克思位居第一。③ 虽然马

---

① 裴小革. 新自由主义与资本主义经济危机——基于阶级分析方法的研究[J]. 理论探讨,2015(03):74—78.

② 保建云. 百年变局下新自由主义周期性衰退透析[J]. 人民论坛,2020(03):25.

③ 田学斌. 马克思为什么是最伟大的思想家[N]. 学习时报,2018-04-16(001).

克思曾经表达过"经济在人类迄今为止的历史中发挥了核心作用",但在恩格斯给布洛赫的信中,恩格斯坚决否认他和马克思曾经表达过"经济力量是决定历史的唯一因素"的观点,艺术、宗教、政治、法律、战争、道德、历史变迁等,都对人类历史发挥着多元作用。事实上,没有一位思想家能像马克思那样时刻关注和思考人类命运,而其思想中有关生态问题的论述更值得深入研究。散见于马克思恩格斯相关论著中的有关生态环境的观点形成了"马克思主义生态观"。而20世纪60—70年代,在西方资本主义社会工业化引发的生态危机日益严峻背景下,"生态学马克思主义"伴随着西方绿色环保运动的迅速崛起而产生,并成为当代国外马克思主义中最有影响的流派之一。一般来说,生态学马克思主义,既包括马克思、恩格斯本人的经典生态思想,也包括欧美生态学马克思主义者所做的进一步理论阐释与拓展。

(一)马克思主义生态观的主要内涵

马克思和恩格斯并没有专门论述生态思想,有关人与自然关系的生态思想都散见于其著作和来往信件中,包括《1844年经济学哲学手稿》《政治经济学批判大纲》《英国工人阶级状况》等,但这并不妨碍后来的马克思主义者从中探寻"马克思主义生态观",并对其进行深入研究和创新。正如马克思和恩格斯在《共产党宣言》中所描述的那样:"资产阶级在它的不到一百年的阶级统治中所创造的生产力,比过去一切世代创造的全部生产力还要多,还要大。"马克思、恩格斯生活在资本主义工业文明时代,社会化大生产下生产力迅速飞跃和提升,一改封建社会之前人类社会物质匮乏和短缺的历史,人类的物质生活得到了极大的丰富,物质财富也得到了极大的满足。与此同时,一直以来"靠天吃饭"的传统的人与自然关系也随着工业化进程发生了变革,人的力量被夸大,人可以改造自然、主宰自然,人类中心主义受到广泛认同,这也就彻底打破了传统上人与人、人与社会和人与自然之间相对稳定的平衡和谐状态。在这不到一百年的时间里,资本主义机器大工业时代产生的生态破坏和环境污染问题也越来越突出。马克思还指出"文明和产业的整个发展,对森林的破坏从来就起很大的作用,对比之下,对森林的养护和生产,简直不起作用",而"资本主义农业的任何进步,在一定时期内提高土地肥力的任何进步,同时也是破坏土地肥力持久源泉的进步"①。

历史上世界八大污染公害事件也均发生在资本主义工业化的进程里。资本家唯利是图和无止境的贪欲使其完全无视自然界的承载力和客观规律,长期从自然界免费或以极低的价格获取各种资源作为生产资料,进而攫取和积聚财富。资本主义发展方式对自然界的一味索取打破了一百多年前人类与自然之间传统的生态平衡,在片面的人类中心主义思想影响下,自豪地宣扬着人类对自然的改造和征服,人与自然成了对立面,仿佛人的存在就是为了征服自然界、改造自然界。相对和谐的人与自然的关系从资本主义工业化时代开启之后逐渐产生了裂痕,并逐渐威胁到了人自身生存与发展。这也是马克思和恩格斯生态文化思想产生的时代背景。有关马克思主义生态观内涵、概念界定并不统一,但其核心都是围绕人与自然的关系开展的探讨。

1. 有关人与自然的关系

在人类对生产力迅速发展带来极大丰富的物质财富激动不已时,马克思、恩格斯却从社会现实出发,看到了资本主义大工业时代的机器生产方式给人类社会及自然带来的负面影响,试图探寻化解人与自然之间对峙关系的实现路径,并逐渐形成了对人与自然关系的一系列的认识,提出了人与自然协调统一的理念。马克思主义生态观的核心思想是要以人民的需求为中心,构建人与自然和谐共生的新格局。马克思主义生态观以"物质交换"理论为基础,坚持以人为本,谋求实现人与自然的可持续发展。马克思认为,人与自然、社会是有机统一的整体。人与自然、社会构成了生态的基础。三者之间存在千丝万缕的联系,牵一发而动全身。所以,人与自然、社会要进行有机整合才能实现和谐发展。而共产主义目标中提出的"追求人全面而自由的发展"也要求人与自然、社会的协调发展。

根据马克思主义中有关人与自然关系的"物质交换"理论,人与自然之间存在着广泛的物质交换,人类通过现实实践与自然之间形成物质交换关系。马克思对人与自然的关系曾经有过深刻的论述,他认为"自然界,就它自身不是

---

① 马克思. 致恩格斯(1868 年 3 月 25 日)[A]. 马克思恩格斯选集(第 32 卷)[C]. 北京:人民出版社,1972:272.

人的身体而言,是人的无机的身体。人靠自然界生活。这就是说,自然界是人为了不致死亡而必须与之处于持续不断的交互作用过程的、人的身体"①。就像人体新陈代谢一样,人、自然和社会通过"新陈代谢"实现了物质交换和循环往复,促进了人类社会的不断发展。在自然方面,自然界本身具有新陈代谢的规律,如生态环境的自愈和自净功能,其存在的客观规律性不以人的意志为转移,人通过劳动产生与自然界的新陈代谢作用。在社会方面,即人类社会内部,人们通过劳动生产出产品,再通过产品交换、分配、消费等实现社会内部的物质交换和"代谢"。

2. 坚持"有机人类中心主义"

在《1844 年经济学哲学手稿》中马克思还写道人类周围的"感性世界决不是某种开天辟地以来就直接存在的、始终如一的东西,而是工业和社会状况的产物,是历史的产物,是世世代代活动的结果",人类的"这种活动、这种连续不断的感性劳动和创造、这种生产,正是整个现存的感性世界的基础"。② "自然科学却通过工业日益在实践上进入人的生活,改造人的生活,并为人的解放作准备,尽管它不得不直接地完成非人化。工业是自然界同人之间,因而也是自然科学同人之间的现实的历史关系……在人类历史中即在人类社会的产生过程中形成的自然界是人的现实的自然;因此,通过工业——尽管以异化的形式——形成的自然界,是真正的、人类学的自然界。"③ 这些表述虽然说明了马克思主义的自然观坚持了人类中心主义,但批判地来看,这种人类中心主义是将人与其周围世界视为一个有机整体的生态观。其与 20 世纪兴起的非人类中心主义的有机自然观十分不同,有其先进性,并恰当地指出了人与自然之间的有机联系和相互影响的客观实际。当今社会,人类与自然不可分离也无法分离,而人类对于外部自然需负保护的责任和义务。这种保护不应该是迫不得已、不得不为之的保护,而应该是在新的发展时期和发展阶段积极主动、合乎

---

① 马克思. 1844 年经济学哲学手稿[M]. 北京:人民出版社,2000:56.

②③ 王南湜. 马克思主义人化自然观视野中的生态危机问题 [N/OL]. 光明日报,(2015–10–28)[2019–06–02]. http://epaper.gmw.cn/gmrb/html/2015–10/28/nw.D110000gmrb_20151028 _1–14. htm?div=–1.

情理、合乎客观要求的自觉行为。从人化自然观念出发，只有把自然视为人类生命有机体的一个组成部分，才有可能最有效地利用资源和保护生态环境。

### (二)生态学马克思主义流派主要思想

生态学马克思主义的研究始于19世纪初，是西方学者将马克思主义和生态学结合起来形成的西方马克思主义的新流派，它代表着马克思主义在西方发展的新阶段。"生态学马克思主义"(the Ecological Marxism)一词来源于美国得克萨斯州立大学教授本·阿格尔，他在1979年《西方马克思主义概论》中第一次运用了"生态学马克思主义"这一概念。生态学马克思主义学说的主要代表人物有威廉·莱斯、本·阿格尔、安德烈·高兹、约翰·福斯特、戴维·佩珀、詹姆斯·奥康纳等。

20世纪60—70年代，在西方资本主义社会工业化引发的生态危机日益严峻背景下，生态学马克思主义伴随着西方绿色环保运动的迅速崛起而产生。生态学马克思主义是当代西方思想理论中的重要流派之一，是从马克思主义有关生态的基本思想理念中发展而来的，生态学马克思主义反对资本主义制度对生态环境造成的影响，希望寻找和探究一条摆脱生态危机的道路。西方生态学马克思主义的主要观点认为，资本主义制度和生产方式、科学技术的非理性运用、过度消费的价值观与生存方式是当代资本主义生态危机产生的根源，而生态学马克思主义者认为，未来解决生态危机需要通过激进的生态政治变革，通过实现生态社会主义社会过渡，然后解决生态危机。其基本理论观点如下：

#### 1. 生态危机逐渐取代经济危机成为资本主义主要危机

生态学马克思主义认为，生态危机已经取代经济危机成为资本主义的根本危机。经典马克思主义对资本主义危机的分析主要集中在生产领域中的经济危机，而生态学马克思主义认为资本主义生产的无政府状态是导致资本主义生态危机的根源，资本主义无法根本解决生态危机。面对资本主义造成的生态危机，生态学马克思主义对其进行了批判，并进一步认为资本积累固然是资本主义高生产和高消费引起生态危机的最终原因，但当今无产阶级的消费已经受到过度消费理念的侵蚀，不再是马克思当初所认为的维持其生命和生活需要的消费，无产阶级的过度消费、奢靡导致消费异化，变相维持了资本主义的扩大再生产和"过度生产",进一步导致了"过度消费",循环往复,无度生产、无度消费、无度浪费资源和能源,使得资本主义经济危机被生态危机所代替。

20世纪90年代起,随着新自由主义在全球范围的传播,资本主义全球化也造成了生态危机在全球的扩散和蔓延。生态学马克思主义者也已经将理论批判视野从资本主义国家内部的生态危机转向全球性的生态危机,揭露了当代发达资本主义国家把生态危机转嫁给发展中国家和落后地区的现实。资本主义本身不可能解决固有的生态矛盾,为了保护本国的生态环境,西方发达资本主义国家凭借强大的经济、技术和军事等方面的优势,不断向发展中国家和欠发达地区转移高耗能、高污染产业,更有甚者,有些发达资本主义国家对发展中国家和欠发达地区进行生态掠夺,以转嫁缓和矛盾。资本主义国家也许能在本国或局部地区解决局部的生态危机问题,但不可能解决全球性生态危机。而世界欠发达国家和地区之所以产生生态环境问题,正是当代西方发达国家对不发达国家长期进行资源和能源掠夺、污染转嫁的结果,资本主义正是生态危机全球扩散的罪魁祸首。

2. 生态理性逐渐形成并开始取代经济理性

生态学马克思主义者认为,马克思对资本主义生产方式的批判就是对经济理性的批判。所谓经济理性就是资产阶级追求经济利益最大化、资本追求无限的资本增值。最大化的消费与需求刺激过度生产和过度消费,会导致对资源的无节制开发和对生态的过度破坏。生态学马克思主义者希望通过革命实现生态学社会主义,通过新的生态理性取代经济理性,进而实现对生态危机的根本化解。阿格尔本人在《西方马克思主义概论》一书中认为,生态社会主义是生态学马克思主义发展的必然结果。生态社会主义之下,生态理性指引社会生产目的不再以单纯的经济发展为唯一向度和考量,不再以经济利润为追求,而是坚持社会生产与生态保护协调一致。以詹姆斯·奥康纳为代表的生态学马克思主义者认为,资本将自然看成是资源的"水龙头"和废弃物的"污水池"。因此,在资本主义制度下,尊重生态规律与发展资本主义是矛盾的。如今生态环境问题集中体现了资本主义各种矛盾,对资本主义进行生态批判,已经成为生态学马克思主义批判的重要领域。同时,其强调了人类社会历史的存在与持续性发展必须依托于自然环境与社会环境而存在。奥康纳认为生态学马克思主义不同于传统唯物主义。传统唯物主义在关注生产力与生产关系矛盾时只从技术角度出发,恰恰相反,生态学马克思主义的宗旨是寻求一种方法论模式,希望能够通过这种模式巧妙地将文化与自然连接起来。生态理性提倡的是适可而止的需求,尽量少用劳动、资本和能源,努力生产耐用的、具有高适用价值的东西,尽量减少对资源的开发利用和浪费,努力构建出"稳态"的生态学社会主义经济模式,发展小规模、无污染的技术和小企业,而人类在生产活动中寻求真实需要,并在生产活动中得到真实满足,一改经济理性之下在过度消费中寻求虚假满足。生态学社会主义将消费植根于人与自然和谐一致的基础之上,使之成为适度节制的消费。

3. 解放使用价值,消灭交换价值,消除异化劳动

生态学马克思主义认同马克思主义劳动异化理论,并以其为理论基础,从使用价值维度展开论述了生态学马克思主义的观点,即通过消灭交换价值,消灭物化劳动,解放使用价值,消灭造成生态危机的根源。资本主义制度下,商品具有使用价值和交换价值。资本主义强调交换价值,劳动者将无差别的人类劳动凝结在商品中。资本主义制度下,生产使用价值,是供人们使用的东西,是可以根据社会需要,根据原材料情况,按计划组织生产,生产的程度以满足需要为限度,因而,生产使用价值是有限的,以满足需要为限度。也就是说,有计划的生产只能在使用价值生产中开展。但生产交换价值,是为了生产者获得更多的货币服务,生产者在逐利过程中,可以完全不在乎使用价值是否已经满足需要,而一味地扩大生产、无限制地生产,只为追求换取更多的货币,进而造成使用价值生产的过剩,造成资源能源的浪费。资本主义之下,利润、工资、国民生产总值等就会脱离使用价值的物质形态,而纯粹用货币的数量关系组织社会生产。这种无限制交换价值的生产,是不可能有计划的,只能在无政府状态中竞争生产,而这种无限制的交换价值的生产就是导致资源浪费、能源浪费和生态危机的根源。

生态学马克思主义者正是看到了资本主义交换价值的本质,因而十分强调使用价值。以约翰·福斯特为主的生态学马克思主义者认为,应当将使用价值从资本主义的交换价值中解放出来。而这个解放过程必须借由将劳动从资本中解放出来而实现。资本主义商品交换价值的实现是通过将劳动与劳动产

品的分离、将劳动与生产资料分离而实现的。因而要保护自然、保护生态环境就需要推翻资本、消灭交换价值,在人类和大自然生态系统之间建立全新的关系,使人类所居住的地球生态系统实现其使用价值,克服劳动与劳动产品的分离、劳动与生产资料的分离,消灭交换价值,使劳动不再异化。

生态学马克思主义形成发展于资本主义社会和资本主义制度之中,有进步和合理的地方,但不可否认也存在着不足与缺陷。如要求在资本主义制度下削减人们的物质需求,运用现代工业生产高度集中的"适宜的技术"控制生产发展,以使社会物质需求与生产平衡,从而建立非异化社会,即经济无增长社会。这一设想是违背现代化大生产客观规律的,是无法实现的。马克思主义历史唯物主义和唯物辩证法要求我们辩证地看待问题,生态学马克思主义随着不断发展,仍然具有学习借鉴的价值和意义。

## 二、能源变革与马克思主义

唯物辩证法(Materialist Dialectics)是一种研究自然、社会、历史和思维的哲学方法,是由马克思首先提出、经其他马克思主义者发展而形成的一套世界观、认识论和方法论的思想体系,是马克思主义哲学的核心组成部分。唯物辩证法指出"与万物普遍联系"和"按自身规律永恒发展"是世界存在的两个总的基本特征,从总体上揭示了世界的辩证性质。辩证看待问题就是要辩证地从正反两方面看问题。就像外部性问题,从正反两方面分析,会有正外部性和负外部性之分。在我们遇到问题时,要客观分析,既要看到正外部性的一方面,也要看到负外部性所可能引致的各种损害及损害的可能。马克思主义中人与自然的关系也囊括了人与能源的关系。在能源变革过程中,我们需要坚持唯物辩证法,需要在面对问题时辩证分析,并渐进寻找合理的变革路径,为实现人类社会发展中的能源变革和跨越提供方向指引。

（一）能源变革要坚持系统论

客观世界是一个系统,世界万事万物都是按照一定的系统联系在一起的。同样,自然界也是一个普遍联系的整体,能源变革也绝不是简单的能源品种更迭、不同能源占比的高低升降。马克思在《〈政治经济学批判〉序言》中将系统的观点和方法运用于人类社会的研究,将社会看作一个系统,将社会的运动看作系统的运动。马克思认为,"我们接触到的整个自然界构成一个体系,即各种物体相联系的总体""宇宙是一个体系,是各物体相互联系的总体""整个自然界被证明是在永恒的流动和循环中运动着的""世界不是既成事物的集合体,而是过程的集合体"。①恩格斯也反对把自然界看作是永恒不变的整体,认为它是运动发展的,"转化过程是一个伟大的基本过程,对自然界的全部认识都综合于对这个过程的认识"。他还指出:"当我们深思熟虑地考察自然界或人类历史或我们自己的精神活动的时候,首先呈现在我们眼前的是一幅幅由种种联系和相互作用无穷无尽地交织起来的画面。"②所以,能源变革也是一个与自然、社会有着千丝万缕联系的过程。能源品种的迭代是一个渐进式的替代过程,能源结构的调整是顺应社会发展方向的改变,能源变革也是内嵌在整个世界变化与发展过程中的,需要全面考量变革的影响,以及变革与当下和未来社会发展的协同性。

(二)能源变革是否定之否定的发展过程

马克思主义认为事物发展是一个过程更替的过程,而过程与过程之间要通过否定来实现。事物发展进程中,经两次否定和三个阶段,即"否定—否定之否定""肯定—否定—否定之否定",这是事物发展所表现出来的一个周期。所以,否定之否定规律揭示了事物发展的趋势和道路。事物发展的总趋势是前进的、上升的,而道路却是迂回曲折的。总趋势波浪式前进或螺旋式上升的原因是:否定不是简单的"抛弃",而是有选择的"扬弃",是在肯定部分的基础上再发展,集中了前两个阶段积极成果后更进一步的完善。发展的道路迂回曲折是因为事物发展是事物内部矛盾对立面相互斗争、此消彼长推动的结果,表现在能源变革过程中,即能源变革过程是渐进的,能源变革的每个阶段都是对前一个阶段的否定,煤炭"否定"薪柴、可再生能源"否定"化石能源。在这个过程中,能源品种之间的相互替代、份额的升与降,也呈现出能源领域内部矛盾推动变

---

① 中共中央马克思恩格斯列宁斯大林著作编译局.马克思恩格斯选集(第四卷)[M].北京:人民出版社,1995:270—347.

② 中共中央马克思恩格斯列宁斯大林著作编译局.马克思恩格斯选集(第三卷)[M].北京:人民出版社,1995:359.

革的规律。展现在能源变革的过程中,人类对能源的利用也经历着"正、反、合"这样一个历程,即在能源变革的初始阶段,人类开发利用以薪柴、木炭为主的生物质能源,在生态环境可承载范围内,表现出人与自然和平共处、协调发展;随着人类社会不断发展,人类过度开发利用能源资源,能源品种从生物质变化为煤炭、石油等化石能源,并在此过程中对生态环境产生了巨大影响;当人类开始认识到生态环境和气候变化问题后,能源领域中可再生的清洁能源成为一种新的力量,开启了替代化石能源的新的变革阶段,并向着人与自然和谐共处的目标迈进。这也是一个否定之否定的发展过程。所以,能源变革的趋势是可预见的,但变革的道路是曲折的。

(三)能源变革遵循质变量变规律

事物具有质和量两个属性。量是指衡量事物处在的某种状态的数量或具体形式;质是指事物成为它自身并区别于另一事物的内在规定性。质量互变规律是指处在不断变化之中的事物,在其每次由一种性质变化到另一种性质的过程中,总是由微小的变化慢慢积累开始,而当这种积累达到一定程度就会导致事物由一个性质变化到另一个性质,发生质变,然后又开始新一轮的量变积累,如此循环往复,推动事物无限发展。量变是为质变作准备的过程,没有量变就不会发生质变;质变过后,会在质变基础上又开始新一轮的量变。因此,质量互变规律揭示了事物发展的状态。任何事物的发展都必须首先从量变开始,没有一定程度的量的积累,就不可能有事物性质的变化,就不可能实现事物的飞跃和发展。能源变革从最初的薪柴、煤炭,到石油、天然气,以及现在的可再生能源,变革的过程中每一种主导能源品种的更迭所体现出的就是渐进的量变到质变的过程,是积渐所致,顺势而为。现阶段,可再生能源在既有的能源系统中正在经历量变积累过程,当然,这个积累过程并不仅仅是数量和规模上的扩大,更重要的是在为最终实现质变做更多的技术和基础系统的积累。

# 结　语

能源变革是一个客观存在和不断演进的历史进程。这个进程融合在人类社会进步与发展的大潮中。人类社会从原始社会开始,经过奴隶社会、封建社会,发展到资本主义社会、社会主义社会,能源变革进程也随科技水平进步不断加快。同时,不可持续的传统化石能源开发利用方式、可耗竭的能源品种,以及因高碳能源利用导致的气候变化、生态环境破坏等都在推动着能源变革。从新自由主义到生态学马克思主义,再到生态文明理念的形成,其中贯穿着能源变革的步伐,而人类社会发展过程中对价值的追求和判断,也影响着能源变革的进程和方向。资本主义百年兴衰,已渐进末路,各种危机及缺陷不断暴露,随着西方世界也开始对资本主义制度进行深刻反思并提出怀疑,不远的未来,我们必将迎来新一轮的能源巨变。正如福斯特在《资本主义与经济危机》中说的那样,"必须摒弃环保主义可以超越阶级斗争的观点",因为仅仅依靠"环保主义"是无法撼动和改变资本主义及其制度引发生态危机和能源危机的本质的。也正如科威尔所言,只要在资本主义制度下,一切变革措施都不是明智之举,一切计划都"只是停留在本土而没有有效的集体行为"。基于能源变革带来的人类社会进步和发展,抑或是基于人类社会进步与发展带来的能源变革,都将不再重要。相较而言更为重要的是,我们需要一个新的文明理念引领,在新的价值观指引下,人类需要努力构建一个安全、绿色、可持续的未来。

# 参考文献

1. 柯兰德. 新古典政治经济学[M]. 马春文, 宋春艳, 译. 长春: 长春出版社, 2005.

2. 威廉·莱斯. 自然的控制[M]. 岳长岭, 李建华, 译. 重庆: 重庆出版社, 2007.

3. 米尔顿·弗里德曼. 资本主义与自由[M]. 张瑞玉, 译. 北京: 商务印书馆, 1988.

4. 约翰·卡西亚. 市场是怎么失败的[M]. 刘晓锋, 纪晓峰, 译. 北京: 机械工业出版社, 2011.

5. 詹姆斯·M. 布坎南. 自由的限度[M]. 董子云, 译. 杭州: 浙江大学出版社, 2012.

6. 约翰·贝拉米·福斯特. 马克思的生态学[M]. 刘仁胜, 肖峰, 译. 北京: 高等教育出版社, 2006.

7. 赫伯特·马尔库塞. 单向度的人[M]. 刘继, 译. 上海: 上海译文出版社, 1989.

8. 詹姆斯·奥康纳. 自然的理由 [M]. 唐正, 译. 南京: 南京大学出版社, 2003.

9. 戴维·佩珀. 生态社会主义[M]. 刘颖, 译. 济南: 山东大学出版社, 2012.

10. 马克思. 致恩格斯(1868 年 3 月 25 日)[A]. 马克思恩格斯选集(第 32 卷)[C]. 北京: 人民出版社, 1972.

11. 马克思. 1844 年经济学哲学手稿[M]. 北京: 人民出版社, 2000.

12. 中共中央马克思恩格斯列宁斯大林著作编译局. 马克思恩格斯选集(第三卷)[M]. 北京: 人民出版社, 1995.

13. 中共中央马克思恩格斯列宁斯大林著作编译局. 马克思恩格斯选集(第四卷)[M]. 北京: 人民出版社, 1995.

14. 阿兰·艾伯斯坦. 哈耶克传[M]. 秋风, 译. 北京: 中国社会科学出版社,

2003.

15. 安德鲁·甘布尔.自由的铁笼:哈耶克传[M].朱之江,译.南京:江苏人民出版社,2005.

16. 丹尼尔·斯特德·琼斯.宇宙的主宰——哈耶克、弗里德曼与新自由主义的诞生[M].贾拥民,译.北京:华夏出版社,2014.

17. 梅荣政,张晓红.新自由主义思潮[M].北京:高等教育出版社,2004.

18. 刘仁胜.生态马克思主义概论[M].北京:中央编译出版社,2007.

19. David Pepper. Eco-socialism : from deep ecology to social justice [M]. London and New York: Routledge, 1993.

20. N. Chomsky. Neoliberalism and Global Order [M]. New York: Severn Stories Press, 1999:19.

21. 裴小革.新自由主义与资本主义经济危机——基于阶级分析方法的研究[J].理论探讨,2015(03):74—78.

22. 李小科.澄清被混用的"新自由主义"——兼谈对 New Liberalism 和 Neo-Liberalism 的翻译[J].复旦学报(社会科学版),2006(01):56—62.

23. 杨春学.新古典自由主义经济学的困境及其批判 [J].经济研究,2018,53(10):4—15.

24. 王永贵.新自由主义思潮的真实面目 [J].红旗文稿,2015(05):8—12+1.

25. 田雯瑶,彭艳芳,武智鹏.关于新自由主义伦敦学派哈耶克的文献综述[J].时代金融,2016(11):191—192+197.

26. 张清俐.让谁吃下污染:"绿色资本主义"的回答[N].中国社会科学报,2015-05-13(A04).

27. 徐克飞.关于生态文明建设主体的哲学思考[J].人民论坛,2015(14):214—216.

28. 姚婷,宋洁.法经济学相关理论问题探析——从科斯《社会成本问题》出发[J].山西省政法管理干部学院学报,2018,31(04):5—8.

29. 田学斌.马克思为什么是最伟大的思想家[N].学习时报,2018-04-16(001).

30. 王南湜. 马克思主义人化自然观视野中的生态危机问题［N/OL］. 光明日报,（2015—10—28）［2019—06—02］. http://epaper.gmw.cn/gmrb/html/2015—10/28/nw. D110000gmrb_20151028_1—14. htm?div=—1.

31. 方世南. 习近平生态文明思想对马克思主义规律论的继承和发展[J]. 理论视野,2019(11):48—53.

32. 张宁. 特朗普能否让煤炭再次伟大?恐怕将是一场空［N/OL］. 中国煤炭网,（2017—08—02）［2019—10—29］. http://www.ccoalnews. com/201708/02/c19727. html.

33. 廖化. 让穷人吃下污染! ——论资本主义与世界环境［N/OL］. 搜狐网,（2020—03—24）［2020—04—04］. https://www. sohu. com/a/382691345_488575.

34. 李强,庄俊举. 历史地、全面地研究新自由主义（一）——专访北京大学政府管理学院李强教授[J]. 当代世界与社会主义,2004(02):34—37.

35. 李强,庄俊举. 历史地、全面地研究新自由主义（二）——专访北京大学政府管理学院李强教授[J]. 当代世界与社会主义,2004(03):51—53.

36. 保建云. 百年变局下新自由主义周期性衰退透析［J］. 人民论坛,2020(03):20—25.

37. 顾速. 当代西方新自由主义理论[J]. 哲学动态,1995(3):40—43.

38. 李瑞英. 警惕新自由主义思潮[N]. 光明日报,2004—9—11.

39. 曾文婷. 生态学马克思主义的社会变革理论［J］. 社会科学辑刊,2009(3):10—13.

40. 张莛. 政府干预观的形成述评——新古典宏观经济学与新凯恩斯主义经济学的比较[J]. 江西社会科学,2010(11):86—90.

41. 孟立永. 马克思主义生态观的弘扬与重塑——生态马克思主义代表性研究综述[J]. 人民论坛,2015(14):229—231.

42. 刘玉莹. 生态学马克思主义理论困境及对我国的启示［J］. 学理论,2019(04):27—28.

# 第四章　能源变革趋势概述

　　能源如此重要,所以能流的任何变化都具有环境影响。这种
影响意义深远,它意味着简单的能量源选择是不存在的。它们都
是复杂的选择,都包含了利弊的权衡。然而,其中一些选择和利弊
的权衡明显表现出比其他选择更好些,也就是说,它们促成了较
大的发展而产生较少的环境破坏。

——大卫·布鲁克斯(David Brooks),《地球之友》

世界环境与发展委员会公众听证会,渥太华,

1986 年 5 月 26—27 日

　　人类对能源的憧憬从中西方诸多神话传说可见一斑。也许想象很虚幻,但
终归为人类社会的发展提供了无限美好的想象的可能,正如人类最初对"永动
机"的渴望,以及现在对可再生能源和新能源寄予的厚望。神话在不断演进,能
源品种也在不断变迁。变迁中试错,试错后才能使真正可供人类社会使用的能
源品种突出重围,走上能源变革的历史大舞台。历史长河,能源变革相伴,其间
几多变换,使得人类用能愈加便捷、清洁、高效。能源品种更迭、能源结构调整、
能源系统演进、能源技术革新,共同推动着能源变革不断向前,以至于能源开
发利用程度及人均能源消费量可以在一定程度上表征一国或地区生产力发展
水平和人民生活质量。随着人口增加和工业化进程不断向前推进,人类社会对
能源资源的需求与消耗也越来越多。在能源变革历史中,变革有规律可依;在
能源变革的未来,变革有趋势可循;看得见多远的历史,就看得到多远的未来。
技术进化作为生物进化的延续,技术变革的节奏越来越快,指数级的变化在越
来越短的时间里呈现出越来越大的变化。能源变革亦可理解为能源进化,其未
来虽然存在着诸多不确定性,但奇点临近,未来已来。

# 第一节　能源进化历史及特点

如果将能源变革看作是能源进化的历史过程,则能源变革存在着"进化"规律,并随着用能主体的需求及技术进步情况而演进,推动人类社会不断向前发展。

## 一、"能源进化"及其原动力

能源变革的历史从动植物油脂到薪柴,从薪柴到煤炭、石油,再到目前已呈现出的对天然气及可再生能源偏好的增加,表征着能源变革具有"进化"的特点。过去,能源变革一直受人类社会发展需求牵引,而最初的需求是掠夺性的、不加节制的。能源与发展之间存在着极为紧密的相关性,尤其在工业文明进程中,能源与发展之间相互促进、相互支撑、相互成就,经济发展速度与能源消耗量呈正相关性。

### (一)人类需求驱动能源变革

人类对"更好的生活"的向往和追求是推动社会进步发展最原始和最不竭的原动力。能源变革的根本动力源于人的需求,人的需求也将继续引领能源变革。能源的能量密度与能源系统复杂程度具有负相关性,即当能源系统效率不高、灵活性不够、覆盖面不广时,就需要能源品种本身具有能量密度大、运输便捷、转换灵活的特点;相反,能源系统越智能、覆盖面越广、允许接纳的能源品种越多元,则对能量密度、运输便捷、转换效率等方面的要求越低,分散的、跨时空的多元化能源供给反而能构建起稳定平衡的能源体系。[①]

从能量密度和供能集中度看,能量密度高就意味着相同质量的能源可以产生更多的热量。能源变革在从生产力水平低下时期的分散用能向生产力水平提高后的集中供能演进过程中,不断探寻高能量密度的能源品种,以确保实

---

① 普赖斯,姚申海,鹰子.能源与人类进化[J].现代外国哲学社会科学文摘,1998(01):21—22.

现能源的集中持续规模供给。从经济性角度来看,相同质量的不同种能源,体积越小、可提供的能量越多、越能满足人类的需求,就越具有竞争优势（表4-1）。从燃料热值情况看,从薪柴到煤炭、再到石油,作为燃料的能源热值是不断提高的。尤其在进入工业化时代后,人类逐渐改变了过去分散用能的模式,逐渐趋向集中供能,提高能量的转化及传输效率,提高能源生产利用的经济性。在此过程中,以燃煤发电厂为能量集中输出节点,配套建设电网,成为城市化的重要内容,是城市发展的重要支撑系统。

表 4-1　燃料热值表[①]

| 物质 | 热值($\times 10^7$ 焦 / 千克) | 物质 | 热值($\times 10^7$ 焦 / 千克) |
|---|---|---|---|
| 干木柴 | 1.26 | 原油 | 4.18 |
| 原煤 | 2.09 | 柴油 | 4.27 |
| 烟煤 | 2.93 | 汽油 | 4.61 |
| 焦炭 | 2.97 | 油田天然气 | 3.9 |
| 无烟煤 | 3.35 | 气田天然气 | 3.6 |
| 泥煤 | 1.38 | 煤矿瓦斯气 | 1.46–1.67 |
| 褐煤 | 1.68 | 氢气 | 14.25 |

资料来源:自行收集整理。

从便捷性看,为了满足人类用能需求,能源变革不断朝着运输更加便捷的方向演进。主体能源品种从薪柴到煤炭的转变体现在体积和耐用性方面,一是煤炭可以燃烧更长时间,二是相同热量的煤炭比薪柴体积小很多,在提高持续供能能力的同时也提高了运输效率。从煤炭到石油、天然气的转变体现在运输方面,油气在运输方面更为清洁和便捷。从一次能源到二次能源的转变更能显著体现这一特点。作为二次能源的电能,基于电网的电力传输和消费终端电器的使用,将用能的灵活性和便捷性充分体现出来,使人类生活品质得到了极大改善。作为便捷性的另一个体现是使用电能十分清洁,与使用木炭、煤炭、煤油

---

① 一般燃料热值表[R/OL]. (2019–03–21)[2019–06–21],https://wenku.baidu.com/view/6355a7f303768e9951e79b89680203d8ce2f6a88. html.

灯相比,人的生活品质在清洁性方面得到了极大的提升。

从成本看,人类在多种可选能源中,会倾向于选择相对廉价和低成本的品种。如在英国,随着工业规模扩大,需要消耗越来越多的木柴驱动蒸汽机,城市周边木柴资源显著减少,运输成本增加,价格不断攀升。贫穷的人口转而开始使用廉价的不容易点燃又会冒烟的煤炭。此后,煤炭登上了能源历史舞台。作为可耗竭的化石能源资源,因其在自然赋存、资源品质、区位等方面天然的存在差异,人类总是倾向于勘探和开采品位高、易开采、区位好的资源,导致越到后期开采成本也越高。当资源面临枯竭或枯竭危机愈加明显时,就会一方面促使人类不断提高现有资源的开发利用效率,另一方面促使人类积极寻找新的更为易得和廉价的能源,做好替代的准备。当然,过去老牌资本主义国家在发展工业化大生产过程中,大量开发利用化石能源资源过程中也存在着成本,但在当时并没有考虑到所谓"外部成本"以及对生态环境、气候变化的负"外部效应"问题,这一点是毋庸置疑的。

从多元化看,人类不断探索发现新的、可供规模化利用的能源品种,逐渐摆脱和淘汰曾经使用和依赖的能源品种。在此过程中,可供人类使用和选择的能源品种变得越来越多,能源结构也变得越来越多元,导致不同历史阶段的主导能源及占据份额不断发生变化,单一主导能源的时代已一去不复返,依赖单一主导能源的用能模式也无法满足和支撑越来越庞大的能源需求和消费。随着新一轮能源转型的来临,基于多元的能源系统和互联网大数据技术的智能电网,也将逐步成熟与完善。未来能源系统多能源品种和智能电网技术使得区域性分散供能具有了更强的可操作性,而多元分散的能源供给则在确保能源稳定安全持续供给方面将具有较好的竞争优势。

(二)能源技术赋能能源变革

科学技术已经成为经济社会发展的主要驱动力。依赖能源资源禀赋的能源变革将成为过去,未来能源技术赋能能源变革将成为趋势。从原始人类钻木取火到研发使用蒸汽机、发电机,到之后步入电气化时代,伴随着人类开发利用能源技术水平的提高,能源赋予人类社会发展以加速度,驱动文明更迭,也赋能能源变革,加速推动能源发展。现代人已经习惯电的存在,社会生产生活也都越来越依赖于电力,控制开关就能启动各种电器,并开始依赖基于电力系统的、信息快捷传递的生活。"引擎"之上的人口越来越多,发展的速度越来越快,对能源的需求也越来越大。在此过程中,一方面,科技在提高能源效率、提升能源开发利用水平方面发挥着越来越重要的作用。尤其在可再生能源替代传统化石能源的过程中,科技更是发挥着关键性作用,无论是风光发电,还是氢能的利用,都高度依赖关键技术节点和领域的突破。另一方面,在能源转型道路上,能源技术深度提升能源利用效率,未来更智能的技术将能够系统地解决能源转型问题,打通转型的关键节点。

(三)气候变化约束能源变革

随着全球气温升高,气候与生态环境对能源变革的约束作用凸显,并影响着能源变革的进程与方向。19世纪70年代起,因化石能源燃烧导致的环境污染事件频发,给人的生命健康安全带来严重影响,尤其"伦敦雾"事件后,人类开始关注和重视环境污染问题,并在政策法律制定过程中对能源开发利用予以规制,防治由此引发的环境污染。自此,能源转型趋向于选择清洁的能源品种,减少对环境的污染。20世纪七八十年代开始,气候变化问题受到科学研究领域专家学者的关注,并最终实现了向国际政治议题的转变。从1979年世界气象组织(WMO)召集第一次世界气候会议,确立开展世界气象组织的世界气候计划,研究合理利用气候资源的途径,预测气候变化和预防气候灾害,以保护气候环境和气候资源;到1988年联合国环境署(UNEP)和世界气象组织共同发起组建了联合国政府间气候变化专门委员会(IPCC)作为气候变化国际谈判和规制的科学咨询机构;再到1990年国际社会正式启动《联合国气候变化框架公约》的谈判,并最终形成世界上第一个为控制二氧化碳等温室气体排放,以应对全球气候变暖给人类经济和社会带来不利影响的国际公约。自此,国际社会在应对气候变化方面进行国际合作有了可供遵循的基本框架和法律基础。气候变化问题在全球范围内达成共识,使得能源变革开始显著地受到生态环境及气候变化问题的约束,能源变革的方向和路径在生态化和绿色化加持下,开始向着低碳、零碳、碳中和方向前行。由此引发了新一轮风光能、地热、氢能等可再生能源和新能源的发展浪潮。从这个角度来看,气候变化与生态环境问题作为约束性驱动力,推动能源变革向着更加清洁、低碳、绿色、安全、可持续方向演进。

## 二、"能源进化"新特点

回顾历史终究是为了展望未来。过去基于"人类中心"主义以及人类对经济发展的单一目标追求,经济性和可获得性是重要的考量,并造就了能源变革的历史。随着人类对外部世界认识的不断加深,人类需求从单一经济发展向着多元化目标演进。在新的气候变化和生态环境约束下,"能源进化"有了新特点。

(一)去燃烧、去碳化

"燃烧"是一个具有深刻含义和力量的词语。叶绿素通过吸收阳光,利用太阳能将水和二氧化碳分子结合形成碳水化合物,释放氧气。基于这些碳水化合物,才有了生命不可或缺的其他物质形成的基础。有了氧气之后,才有了"燃烧"产生能量的可能。"燃烧"可以分为缓慢燃烧和剧烈燃烧。缓慢燃烧赋予了包括人在内的动物以生命和能量,剧烈燃烧赋予了人类推动世界发展的动力。缓慢燃烧即"呼吸",呼吸过程实际上就是氧气在包括人在内的动物体内"燃烧"碳水化合物、释放能量的过程,并将产生的二氧化碳排入大气中。如同人体一样,在薪柴及化石能源的"燃烧"过程中,固定在薪柴和化石能源中的碳及碳氢化合物通过燃烧释放能量(光和热),产生二氧化碳,排入大气中。可以说,没有光合作用就没有生命,没有"燃烧"就没有人类和人类社会璀璨的历史。工业文明就是一个赤裸裸的剧烈"燃烧"的文明。所以,从这个意义上来讲,还可以将人类发展历程划分为:生产力水平低下的"缓慢燃烧释能时代"和生产力水平实现质的飞跃后的"剧烈燃烧释能时代"。上述"燃烧"都是基于被固定了的太阳能,即各种含碳物质,如薪柴、煤炭、石油、天然气等。

"燃烧"与碳排放息息相关,大量化石能源的燃烧导致了大气层中温室气体的增加,引发气候变化问题。20 世纪 80 年代之后,人类为应对气候变化积极开展国际合作。2015 年 12 月 12 日,巴黎气候变化大会上通过了《巴黎协定》;2016 年 4 月 22 日,该协定在纽约签署并为 2020 年后全球应对气候变化行动作出安排。协定的目标是将 21 世纪全球平均气温上升幅度控制在 2 摄氏度以内,并将全球气温上升控制在前工业化时期水平之上 1.5 摄氏度以内。[1]

---

[1] 王莹. 从《巴黎气候协定》到蓝天下的幸福[J]. 华北电业,2018(12):1.

在《巴黎协定》给出的碳预算强约束背景下,新一轮能源转型需要将低碳、替碳、零碳作为努力的方向并予以践行。与前两次能源转型中煤炭替代薪柴、石油天然气替代煤炭不同,近年来,风、光电等可再生能源以及氢能等新能源技术不断迭代更新,规模日益扩大,成本大幅下降,日渐成为可供既有能源体系接纳的能源品种。正在发生的第三次能源转型将更多利用低碳能源和零碳能源替代高碳能源,而最为显著的过程就是"零燃烧"能源对"燃烧"能源的替代。根据国际可再生能源署(IRENA)发布的《可再生能源装机容量数据2021》,"2020年,全球可再生能源装机容量达到2799吉瓦,较2019年增长10.3%;新增可再生能源装机容量超过260吉瓦""太阳能和风能在新增可再生能源中仍占主导地位,占比达到91%。其中,太阳能发电占新增装机容量的48%以上,达127吉瓦,同比增长22%。风力发电增长18%,达111吉瓦。与此同时,水电装机容量增长20吉瓦,涨幅为2%;生物质能装机容量增长2吉瓦,涨幅同样为2%;地热装机容量达到164兆瓦"。[1]根据彭博新能源财经预测,到2050年风电和光伏发电规模将占到全球电力结构的50%以上。[2]

所以,基于"燃烧"这一用能过程,未来新的时代有可能会将"燃烧"这一过程抛弃,实现对广义太阳能的直接转化和利用(图4-1)。未来能源变革趋势是去"燃烧"和去"碳"的过程。从该角度考量,风能、光能、核能、水能、氢能都可以囊括在变革的趋势里,继续演进下去。

(二)深度电气化

电气化(Electrification)可定义为能源需求向电力转化的过程,也就是用电力替代其他形式能源并带动电力需求不断增长的过程。未来电力作为二次能源将发挥越来越重要的作用。未来电力将会成为重要的能源载体,电力系统也将成为十分重要的能源供给路径。以电为中心、电网为平台的现代能源体系特征更为明显。随着世界电气化进程不断深化,在不同能源之间就生产成本、资源量开展竞争的过程中,人们逐渐意识到,未来决定化石能源和新能源胜负的

---

① 王俊鹏. 全球可再生能源迎"黄金十年"[N/OL]. 经济日报,(2021-04-07)[2022-03-22]. http://paper. ce. cn/jjrb/html/2021-04/07/content_441270. htm.

② 林益楷. 能源转型不确定性背景下的公司战略应对[J]. 能源,2019(04):66—69.

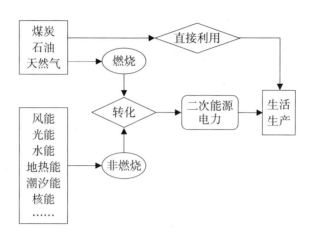

图 4-1　利用"燃烧"的过程示意

资料来源：自行绘制。

更深层次的因素是电力系统及其承载能力。

　　电气化程度是社会经济发展对电力的依赖程度，通常用两个指标来衡量：一是在供给侧，发电能源占一次能源消费总量的百分比，即发电用能占比，用于反映电力在能源系统中的地位；二是在消费侧，电力占终端能源消费总量的百分比，即终端电能占比，用来度量各类用户的电力消费水平，反映电力对社会经济发展的作用。[①]世界各国的用电规模及不同发展阶段的电气化水平受技术、经济、社会和自然因素影响，呈现不同特点。目前来看，发达国家用电水平普遍高于发展中国家。随着经济社会的发展，电力在终端能源消费的占比呈增长趋势。处于工业化后期以及完成工业化的发达国家，社会终端电能占比在 20%—25% 区间波动。从能源使用的便捷性和灵活性角度看，基于世界范围内电源电网（联网或独立）、输油输气管线、加油加气站点建设的覆盖范围越来越大，未来城乡生活、建筑、交通以及非物质化经济的发展方向对电力的依赖将促进电气化程度进一步加深。工业化进程中，工农业生产的高度机械化与电气化密不可分，是实现自动化的基础，也同时提高了全社会的电气化水平；在"互联网＋"、物联网以及人工智能大背景下，高度电气化将会是必

---

[①] 电气化发展的国际比较及对我国的启示［N］.能源研究俱乐部，(2018-07-04)［2019-02-02］. http://www.cec.org.cn/xinwenpingxi/2018-07-04/182333. html.

然。深度电气化在供给侧表现为越来越多的能源都向着电能方向转化,而无法使用电力的情形下,天然气对石油、煤炭以及未来氢对天然气、石油、煤炭的替代将是趋势。深度电气化在需求侧表现为电能对化石能源的深度替代,以及通过研发储能、氢燃料电池等技术实现电力对传统化石能源及交通运输工具的电力化替代。

(三)去中心化、能源互联网全面融合

未来能源生产方式逐步走向"去中心化",这将带动世界能源生产和消费模式的重大调整。过去几十年,石油作为重要能源资源一直被少数国家的少数寡头企业所垄断,能源生产的"中心化"明显。以页岩油气革命、风光发电、氢能等为代表的新技术和新能源的发展即将在未来终结这一局面。未来能源企业的轻量化、区域化、科技化将使得全球能源供给格局的多极化趋势更为显著。①此外,数字技术、互联网与能源体系的深度融合决定着新一轮能源转型成功与否。杰里米·里夫金在其《第三次工业革命》一书中重点论述了第三次工业革命的"五大支柱",涵盖能源互联网、能源储存、分布式能源、向可再生能源转型等。在里夫金看来,第三次工业革命关键在于构建一个全新的能源体制和工业模式,其中互联网技术和新能源系统的发展将会极大地推动第三次工业革命。英国石油公司在《科技展望 2018》中也认为,"新一代计算机、汽车电池、3D 打印、燃料电池、太阳能转换、无人驾驶、大数据分析、氢能等新技术的发展,将为改变能源生产、供应和利用方式提供巨大潜力"②。"能源 + 互联网"将在能源的去中心化过程中扮演极为重要的角色,为新一轮能源转型提供有力支撑,为未来社会实现能源自由奠定基础。

(四)政策驱动

未来温室气体排放带来的外部性问题是人类面临的最大的市场失灵。仅凭"理性人"假设想要全世界协同共同应对气候变化问题是不现实的。要克服外部性问题需要政策规制,统一行动。这也是我们所看到的现实。为实现《巴黎

---

① 全球能源格局的新特点和发展趋势[N]. 搜狐网,(2016-08-03)[2019-09-09]. http://www.sohu.com/a/108852142_257314.

② 胡森林."能源民主"带来三大转变[J]. 能源,2014(09):98—101.

协定》的升温控制目标,新一轮的能源转型已经不可能再像过去两轮能源转型那样在政策中性的环境下推进。新一轮的能源转型需要应对很强的气候变化和生态环境硬约束,很大程度上必须依靠政策驱动,以匡正实现此次转型。目前来看,无论是国际能源署的新政策情景,还是壳牌公司的"高山情景""海洋情景",抑或是英国石油公司的渐进转型情景,要实现温控目标都存在着极大的挑战。全球能源系统的加速转型需要更加激进的政策支持。就像国际能源机构2014年出版的《世界能源投资展望》报告对能源行业未来20年投资需求和来源进行的分析,认为相对于竞争市场信号的作用而言,能源行业的投资需求对政府的政策措施和激励的依赖性将越来越强。

# 第二节 各类能源及其未来

能源变革就是一个各类能源兴衰的演进过程。随着世界经济结构的调整和低碳经济的发展,全球正在进入新的能源转型期,2030—2040年的全球能源格局将影响并一定程度上决定着能源转型的成功与否。按目前能源变革展现出的特点,以下将能源按传统化石能源和可再生能源分类进行研究。

## 一、传统化石能源及未来

传统化石能源包括煤炭、石油、常规天然气以及非常规天然气。在气候变化和生态环境问题严峻的大背景下,虽然传统化石能源目前依然居于主导能源地位,但在全球能源结构中的占比呈下降趋势。此外,传统化石能源内部也已经出现结构调整,以天然气需求扩大为标志,以页岩油气开发为代表的非常规油气革命缓解了能源市场紧张的供求关系,并使得油气资源的供应日益多元化。正如斯米尔教授预测的,"21世纪以来,世界能源体系发生了双重变革"(图4-2),一方面能源结构发生了显著变化,另一方面化石能源内部也发生了显著调整。

(一)替代传统化石能源尚需时日

历史观察得出每一个时代主导技术之间转换切换所需的时间变得越来

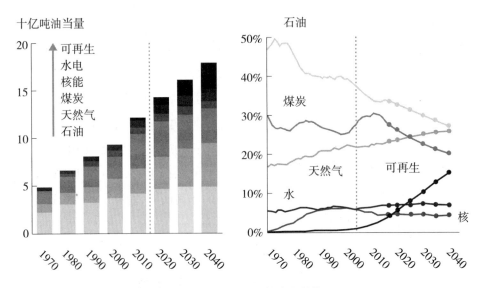

**图 4-2　世界一次能源结构变化趋势展望**

资料来源：BP 世界能源展望（2019）。

越短，科技指数增长的规律使得其可以让那些遥不可及的事情变得真实起来。如，广播行业在 20 世纪 20 年代出现，直到 80 年代才被应用和广泛普及，经历了 60 多年的发展历程；互联网兴起于 20 世纪 90 年代，经过 20 多年的发展，到 21 世纪初便已广泛应用。从工业革命到互联网诞生普及，再到大数据、人工智能的发展，人类仅用了 6 代人的时间，就使得过去 200 年间世界发生的变化超过了过去 2000 年的变化。

就全球能源领域而言，大约 1800 年到 1900 年间，薪柴作为主导能源品种在人类能源发展历史中持续了百余年。薪柴被舍弃是因其燃烧效率低、能源密度低、不能适应机械化、城市化进程中人口集聚用能的便捷性，集中使用烟气污染问题突出。在人类从原始社会到农业文明这段历史时期内，薪柴与人口数量、积聚程度相适应，长期居于主导能源品种的地位。1900—2000 年，世界能源品种主要为煤炭。1619 年，在英国国内煤炭首次取代薪柴成为主导能源品种，实现了能源变革历史上的第一次能源转型，随之而来的是用能效率的提升，能量的主要利用形式从热能转向了机械能，极大地提高了社会生产力水平。19 世纪 60 年代，从发现石油到石油实现商业化生产，再到占据全球一次能源市场份额 10%，用了 50 年的时间。之后，石油在全球一次能源市场中的份额从 10% 增长到 25% 又用了 50 年的时间。1900—1970 年，天然气在全球一次能源市场中的占比从 1% 增长到 20% 用了 70 年。所以，每一种能源发展成为占据一定比例的能源品种都需要技术和配套基础设施的成熟与完善，需要社会大众消费习惯的形成，同时也会引致大量能源基础设施报废或重建，是一个漫长且昂贵的过程。从薪柴到煤炭，从煤炭到石油和天然气，从燃料的直接燃烧到使用二次能源，人类对能源的需求一直激发着人类的创造力。

据 2018 年英国石油公司发布的《世界能源统计年鉴》数据显示，2017 年全世界探明煤炭储量合计 1.04 万亿吨，足够满足全球未来 134 年的煤炭产量需求，远高于石油和天然气的储产比。分地区而言，1997—2017 年，亚太地区探明储量占全世界比重逐渐加大，拥有最多的探明储量，占到全球探明储量的 41%，主要分布在澳大利亚、中国和印度。美洲地区，美国仍拥有最大储量，占全球探明储量的 24.2%。根据全球多家机构和组织对未来能源需求的预测显示，在能效提升带来世界能源需求增速下降的情况下，未来世界能源需求仍将持续增长，其中：英国石油公司预测在未来的 25 年里能源需求增长约 33%，埃克森美孚认为全球能源需求增长或在 25% 左右。各机构预测中较为一致的观点是：中国和印度等新兴经济体将成为未来全球能源需求增长的主要驱动力，但随着中国向更可持续的经济增长模式过渡，其能源增长将会放缓；印度则将在 21 世纪 30 年代初超越中国，成为全球增长最快的能源市场。

未来世界能源需求形势结合现阶段可再生能源的发展情况，相对廉价低成本的传统化石能源还将在未来特定的国家及地区经济发展中发挥重要作用。虽然以风光发电为主的可再生能源在全球能源结构中的占比呈快速上升趋势，但受波动性、间歇性等特性制约，可再生能源稳定有效出力不足，在技术瓶颈没有实现突破、相应的储能设施没能发挥安全调节作用之前，可再生能源尚不具备成为主体能源的能力。英国石油公司《世界能源展望 2019》报告预测，2040 年石油仍将在全球能源系统中扮演重要的角色，全球石油需求依然较大，仍将保持一定的份额。根据徐小杰等（2015）的研究预测，自 2014 年以来，全球经济发生了巨大的变化，国际油价大幅波动，全球经济进入第五次长经济周期的下降期①,同时又是短周期中的萧条期,两者重叠,构成了当今全球经济的"新现实"。尽管这一情况在各国具有不同的特征,根据对前一轮经济周期的研究和经验观察,目前短周期下的萧条期可能延伸到2030年或更长的时间。② 2020年开始,新冠疫情全球蔓延,对全球经济社会产生巨大冲击,引发全球性经济衰退,在引发全球能源市场价格波动的同时,会对能源转型产生诸多影响。2022年2月,俄乌冲突也已经对全球能源市场产生了重大影响。由此引发的第三次能源危机,将会一定程度上延缓能源替代进程。

新的生态文明时代的到来,新的发展模式的转变,会使经济与能源、生态环境之间的关系发生变化。类似于资源型地区发展一样,能源转型也存在这样的惯性或者说"路径依赖"。在资源尚未枯竭之前,依赖资源的发展惯性非常大,经济转型难度也很大。旧有能源体系的惯性巨大,新的能源体系对其替代的过程和成本也会很大,能源转型的过程也会更艰难。

(二)传统化石能源内部显著调整

减煤、控煤、替代煤是趋势,煤炭在化石能源中的比重将不断下降。对于煤炭而言,在经历了2015年需求大幅下滑之后,2016年世界煤炭市场在中国的影响下产生了较大幅度的波动,煤炭处在一个较为矛盾的位置。一方面,作为首要的二氧化碳排放来源和空气污染物来源,多数发达国家已经大幅降低了煤炭的消费;另一方面,由于开采成本较低且分布广泛,大量发展中国家仍然对煤炭有较高需求,这就造成了世界煤炭市场重心向亚洲等发展中经济体和新兴市场国家的继续转移,世界仍然对煤炭有着高度的依赖性。③发达国家减煤和发展中国家煤炭消费量的增加导致了煤炭全球削减和替代压力增加,但

---

① "康德拉季耶夫周期理论"是考察资本主义经济中历时50—60年的周期性波动的理论。1925年苏联经济学家康德拉季耶夫在美国发表的《经济生活中的长波》一文中首次提出。从科学技术是生产力发展的动力来看,康德拉季耶夫周期是生产力发展的周期。这种生产力发展的周期是由科学技术发展的周期决定的。

② 徐小杰.中国2030:能源转型的八大趋势与政策建议[M].北京:中国社会科学出版社,2015:1—2.

③ 黄晓勇,崔民选.世界能源蓝皮书:世界能源发展报告(2017)[M].北京:社会科学文献出版社,2017.

总的来说比重下降是趋势。尤其是在煤电领域,受可再生能源发电份额挤占,煤电比例下降,电煤消耗量将下降。彭博新能源财经(BNEF)认为当可再生能源已经足够便宜时,从度电成本角度,煤电将无法与风电和光伏竞争;从系统灵活性角度,煤电将无法与燃气发电以及储能竞争。另根据其发布的《2018 新能源市场长期展望(NEO)》,预测随着风电、光伏成本优势的增加,到 21 世纪中叶,全球煤电占比将从目前的 38% 缩减至 11%;化石能源在电力结构中的占比将从目前超过 2/3 的水平,降至 2050 年的 29%。

石油在未来一段时间内将保持稳定。其作为工业原料的角色实际上比能源角色更具有价值。因此,石油化工行业对石油需求量更大。未来 20 年内,石油作为交通部门主要能源的地位仍无法被替代,BP《世界能源展望 2018》的数据显示,有 55% 的石油将被用作交通能源。与此同时,石油作为化工用途的消费量也将增加。此外,根据国际能源署和英国石油公司的报告,其一致认同全球新能源汽车对石油的替代在比例上极其微小,因为车用燃料只占石油消耗的 20% 左右,未来中期甚至长期,替代量不足以对石油消费产生显著影响。埃克森美孚认为更多的电动车以及传统发动机能效的提高可能会使全球轻型燃料车使用的液体燃料在 2030 年达到峰值,但这并不会影响石油的份额,因为随着商业运输和化工行业需求的增长,石油在全球能源结构中仍将发挥重要作用。

天然气作为相对清洁的化石燃料,因其对煤炭、石油替代作用产生的环境效益显著,加之天然气供给成本较低,以及 LNG(液化天然气)贸易推动天然气可获得性大大提升,使得全球范围内对 LNG 的需求量增加。根据美国能源信息署、国际能源署、埃克森美孚的预测,未来世界天然气增长将保持 1.4%—1.9% 的年均增长,到 2050 年天然气需求量比 2015 年增长 64%。且未来 30 年,天然气在居民、商业、工业、交通部门增长都会比较快,发电部门的需求也将维持较大基数。美国能源信息署还指出,未来 10 年工业部门消耗天然气将超越电力部门,占到天然气消费增量的四成,成为天然气需求主要驱动力。这主要是亚洲地区工业增长越来越多将天然气作为能源以及原料进行加工。在北美和中东,化工领域的发展也促进了天然气的需求增长。[①]基于天然气开采

① 周问雪.全球能源未来发展的五个趋势[J].新能源经贸观察,2018(11):28—31.

的可持续增长,天然气对液体燃料的替代将会是一个循序渐进的过程。目前,天然气市场已经从依附于原油市场演变成为一个独立市场,天然气需求量的增加,促进了管网建设,也可为未来氢的使用做好准备。

实际上,我们使用清洁的可再生能源对传统化石能源进行替代要分两步走:第一步是减少化石能源消费的新增量,第二步是加大可再生能源对化石能源的替代力度(图4-3)。另外,我们需要通过提高能源转换效率,实现能源高效利用,毕竟能源转型不可能一蹴而就,对既有能源品种马上弃而不用并不现实。比起用哪种能源来说,人类更为关心的是哪种或者哪几种能源在未来能够为人类提供清洁、低碳、安全、可持续的能源。

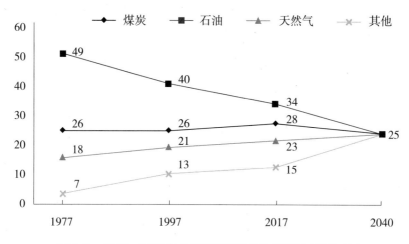

图4-3　1977—2040年世界能源消费结构及预测(单位:%)

资料来源:BP世界能源展望(2019)。

(三)传统化石能源终将走向式微

人类总是会积极应对各种危机,化石能源的可耗竭属性并不意味着人类会在现阶段放弃开发利用这些能源资源。抛开能源属性,这些资源依然会有其他作用,如还可以通过研发作为新材料被开发利用。以"石油峰值论"为例,该理论的支持者一直担忧石油时代即将结束。石油峰值的研究始于20世纪90年代和21世纪的第一个10年间。石油峰值的研究成果如潮水般涌现,悲观情绪开始蔓延。其中最具悲观色彩的是里查德 C.邓肯的"奥杜瓦伊峡谷理论"(Olduvai Gorge Theory)的预测结果。他预测,全球石油峰值无异于人类历史的一个转折点,最早将从 2025 年开始,石油产量会快速下降,工业文明也由此开始消亡,而人类也将回归到早期原始人的生活状态。无论峰值预测结果如何,无论全球石油开采峰值何时到来,这终归是人类能源变革历程中的一个重要的转折点。这个转折点不在于石油是不是真的枯竭到只剩最后一滴,而在于当人类开始意识到这一问题,就已经开启了对新的替代能源的探索,并期望在转折点来临之前可以创造出一个崭新的能源新时代。

人类的创造力是无限的,随着社会的发展和技术进步,能源问题有可能会在某一个时点变得不再是问题。我们现在所需要做的仅仅是在发展过程中注意生态环境的保护、减缓气候变化的影响,即便这一阶段保护修复生态环境、减缓气候变化需要很高的成本,但当技术实现突破后,由能源开发利用所引致的一系列负外部效应将会消失或者显著减弱。传统化石能源终结后,人类一定会迎来更为智慧先进的能源新时代。

## 二、可再生能源及未来

人类对能源的终极诉求不过是"能源无限",即随时随地可持续稳定地获得能源。在政策引导与技术进步的影响下,可再生能源产业在 21 世纪得到了长足发展,已经开启了对传统化石能源的替代进程。相比传统化石能源,可再生能源及储能技术无须复杂的能量转化过程,也无须大量燃烧及旋转设备,成本更加低廉,运行维护更加简单,系统也更加安全可靠。[1]因此,自 20 世纪 70年代发生两次能源危机以来,不少国家都启动了对可再生能源和新能源的研发。目前,可再生能源现状虽尚不足以支撑其成为主导能源品种,但发展已出现强劲势头,持续快速增长的可再生能源正在助力形成有史以来最多元化的能源结构。根据 BP 相关报告预测,石油、天然气、煤炭和非化石能源预计在2040 年将分别占到世界能源的四分之一,其中超过 40%的能源需求增长将来自可再生能源。欧洲联合研究中心(JRC)预计,到 2030 年,可再生能源在总能源结构中将占到 30%以上,而太阳能光伏发电在世界总电力供应中的占比也

---

① 时家林. 中国如何适应全球能源发展变革的大趋势 ［N］. 学习时报,2018-04-04
(006).

将达到 10% 以上;到 2040 年,可再生能源将占总能耗的 50% 以上,太阳能光伏发电将占总电力的 20% 以上;到 21 世纪末,可再生能源在能源结构中将占到 80% 以上,太阳能发电将占到 60% 以上。[①]

(一)风光电主力推进

在应对气候变化的大背景下,风电和光电被赋予了极大的发展动力。风电和光伏发电成本已经与传统化石能源发电的成本处于同一价格区间了,在有些地区甚至可再生能源已成为最经济的选择。基于风与太阳辐射有间歇性、不稳定、地域性不均衡等特点,风光电力的发展一方面要突破现有技术瓶颈制约,另一方面要继续加快降成本步伐。未来,需要新型电力系统的建设和布局,发展智慧电网,建设新型储能设施,才能推动电网高质量消纳风光电力,平抑不稳定性、间歇性对电网的冲击,使其成为可以广泛应用和高效利用的能源品种。

1. 风电

人类对风能的利用历史悠久,风力也一直被看作是一种无限的可再生资源。蒸汽机发明之前,风能曾经作为重要的动力,用于船舶航行、农田灌溉、排水磨面等。人类最早利用风能的方式是"风帆行舟",埃及被认为可能是最早利用风能的国家。几千年前,古埃及人的风帆船就已在尼罗河上航行了,我国唐代诗仙李白也曾作诗:"长风破浪会有时,直挂云帆济沧海",足见唐代风帆船的广泛应用。16 世纪,荷兰人利用风车排水,逐渐成为一个经济发达的国家。19 世纪末,丹麦人首先研发了风力发电机,建成了世界上第一座风力发电站,在解决无电农牧区居民用电方面发挥了非常重要的作用,开启了风力发电的序幕。

工业化前几十年,风力作为能源被利用的规模非常小;之后价格低廉的化石能源和水力发电抑制了风电发展。20 世纪 70 年代后,风能进入了蓬勃发展阶段,世界不同国家和地区都建造了风力发电站。但囿于技术水平的限制,20 世纪 80 年代早期,风力涡轮机单位输出功率不足 50 千瓦。20 世纪 90 年代,风电才在欧洲快速发展起来。21 世纪初,大型风力涡轮机在设计上不断创新,

---

① 太阳能光伏发电将成世界能源供应主体［N/OL］. 北极星,(2008-03-13)［2019-05-05］. http://news.bjx.com.cn/html/20080313/113228. shtml.

取得进步,使得风力发电的成本迅速降低,使风力从众多可再生能源之中脱颖而出,成为未来替代化石燃料的主要备选可再生能源品种。随着技术进步,风力发电涡轮机单位输出功率提高到了 1 兆瓦,丹麦的风力发电技术更是超过了 2 兆瓦。2008 年,德国最大的原型机的转子直径达到了 126 米,额定容量达到了 6 兆瓦。坐落在多风地点的大型现代涡轮机有效发电时间占比上升至70%—85%。

根据智研咨询发布的《2021—2027 年中国风力发电行业市场调查分析及产业前景规划报告》相关数据,2020 年,全球风力发电发电量达 1591.2 太瓦时,比 2019 年增了 173.04 太瓦时,同比增长 12.20%(图 4-4)。分地区占比来看,亚太地区风力发电发电量占全球风力发电总发电量的 35.99%,占比最大;欧洲风力发电发电量占全球风力发电总发电量的 32.06%;北美风力发电发电量占全球风力发电总发电量的 24.93%。分国家来看,中国风力发电发电量为466.5 太瓦时,占全球风力发电总发电量的 29.32%,全球排名第一;美国风力发电发电量为 340.9 太瓦时,占全球风力发电总发电量的 21.43%,全球排名第二;德国风力发电发电量为 131.0 太瓦时,占全球风力发电总发电量的 8.23%,全球排名第三。[①]

风电是未来能源多元化体系中不可或缺的一部分。风力发电受自然风力不可控的因素影响,存在时间上的间歇性,使得发电量会在额定容量值的最小值和最大值之间波动,影响电网稳定性。基于此,风电在未来并不太可能成为最大的单一能源,来自大型涡轮机的风电需要有大型互联电网和多元电源结构的电网加强消纳。目前研究表明,在独立发电系统中,风力涡轮机的总装机容量不超过系统总输出量的 10%,则由风电产生的波动是可控的。而对于规模较大、互联性更强的电力系统,在多地充分部署风力涡轮机可以减少局部间歇性导致的系统整体负荷变化。此外,风电的发展有赖于大型高压互联电网,独立电网在发展风电方面存在局限性,欧洲风电发展因此获益颇多。欧洲电力系

① 智研咨询. 2020 全球风力发电市场供需现状分析:中国风电发电量全球排名第一[R/OL]. (2021–08–05)[2022–03–33]. https://baijiahao.baidu.com/s?id=1707219674571698709&wfr=spider&for=pc.

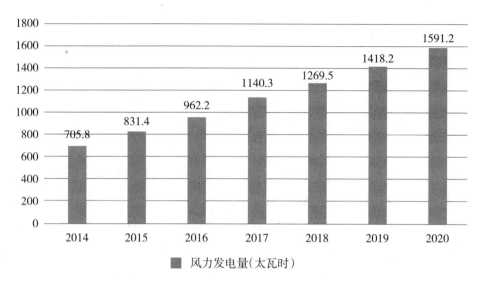

**图 4-4　2014—2020 年全球风力发电发电量**

资料来源：BP《世界能源统计年鉴 2020》。

统中约有 20%—30% 来自风电，且并不过多依赖燃气涡轮机进行调峰。欧洲拥有强大的、贯穿整个欧亚大陆的高压互联电网，多元化发电方式共存于电力系统中，可实现从南到北、从东到西的洲际互联。这意味着欧洲的电力系统应对风电造成的负荷波动范围更大，基于丹麦风电项目经验，不同区域的电力需求和风力变化有助于平稳波动，并可降低高度依赖风能的电力系统的不平衡性，利用这些变化可以减少其他发电形式的备用容量用于调峰。基于欧洲大电网，德国并不需要建设额外的发电站用于消纳越来越多的风能，国家电网仅需要进行小范围扩建就可以保证和维护好供电系统的安全及稳定性；美国则因缺少横贯全美东西海岸的高压互联电网，使风能潜力最大的中心区域的风电无法输送到海岸地区加以利用，制约了风电的发展。

2. 太阳能发电

太阳能是来自地球外部天体的能量，是太阳中的氢原子核在超高温时聚变释放的巨大能量。地球和人类发展所依赖的能源追根溯源是源于太阳能。太阳能发电有两条路径：一是太阳能光发电，二是太阳能热发电。目前发展较为成熟和普遍的是太阳能光发电。光电是通过技术将太阳光照转化为电能。太阳能光发电是无需通过热过程，直接将光能转变为电能的发电方式，包括光伏发电、光化学发电、光感应发电和光生物发电。光伏发电是利用太阳能级半导体电子器件有效地吸收太阳光辐射能，并使之转变成电能的直接发电方式，是当今太阳光发电的主流。在光化学发电中有电化学光伏电池、光电解电池和光催化电池，目前得到实际应用的是光伏电池。[①]而通过水或其他介质和装置将太阳辐射能先转换为热能，然后再将热能转换为电能的发电方式称为太阳能热发电。在太阳能发电系统中，技术的关键节点在于有效提升电池组件的转换率、降低单位功率造价及成本。

1615 年，法国工程师所罗门·德·考克斯发明了第一台太阳能驱动的发动机。自此，太阳能这个一直被忽视的能源，重新站上能源变革的历史舞台成为不可或缺的可再生能源。1901 年，美国加州建成了一台太阳能抽水装置。1913 年，埃及开罗以南建成了一台由 5 个抛物槽镜组成的太阳能水泵。1973 年，美国制定了阳光发电计划，太阳能研究经费大幅增长，并成立太阳能开发银行，促进太阳能产品商业化，至此，太阳能被正式广泛应用。虽然太阳能资源总量相当于现在人类所利用的能源总量的一万多倍，但其能量密度低，且因地而异，因时而变，这是开发利用太阳能面临的主要问题。太阳能的这些特点会使它在整个能源体系中的作用受到一定限制。

根据国际可再生能源机构（IRENA）数据显示，2011—2019 年全球光伏累计装机容量维持稳定上升趋势，2019 年全球光伏累计装机容量为 580159 兆瓦，同比增长 20.1%。亚洲为全球光伏发电主要市场，2019 年亚洲地区光伏装机容量为 330131 兆瓦，占全球光伏装机容量的 56.9%；其次为欧洲地区，光伏装机容量为 138266 兆瓦，占全球光伏装机容量的 23.8%。2010—2019 年间，太阳能光伏发电成本下降了 82%。根据《Energy Intelligence》杂志汇总数据，2000 年以后全球太阳能光伏成本在 2000 年达峰，为 50.0 美分／千瓦时；2020 年为成本 5.9 美分／千瓦时；预测 2050 年成本可降至 2.4 美分／千瓦时。这样的成本已经具有了显著竞争优势。虽然太阳能光伏发电发展迅速，但全球太阳能光伏累计装机量占比依旧很小，到 2019 年底仅为 8.5%；而实际发电量仅占全球

---

① 莫一波,杨灵,黄柳燕,徐琼鹰,陈海峰.各种太阳能发电技术研究综述[J].东方电气评论,2018,32(01):78—82.

所有电源形式发电量的 2.6%。[①]虽然有关专家预测太阳能光伏发电在不远的未来会占据世界能源消费的重要席位,不仅会替代部分常规能源,而且将有可能成为世界能源供应的主体。但以目前其在能源结构中的占比和实际发电量情况来看,在成为主体能源方面,仍有很长的路要走。

(二)氢能借势发力

随着全球"氢经济"概念的不断深化,氢能被视为 21 世纪最具发展潜力的清洁能源,是未来人类战略能源的发展方向。美国、日本、欧盟、中国等国家和地区都相继制定了氢能发展战略。氢是宇宙中最为丰富的元素,也是地球上最普遍存在的元素,它构成了宇宙质量的 75%,除空气中含有氢气外,其主要以化合物形态贮存于水中,而水是地球上最广泛存在的物质。据推算,如把海水中的氢全部提取出来, 它所产生的总热量比地球上所有化石燃料放出的热量还大 9000 倍。[②]氢能利用是指将氢能转化为电能、热能等加以利用,因此氢能是一种二次能源。氢的制备是一个可持续的过程,其可以通过多种路径和方式获得,如太阳能光合作用、生物制氢等。但这并不意味着现阶段人类对氢的使用会如氢元素的存在那样普遍与自然,且目前看来,世界范围内现有可利用的氢基本上还是以传统化石能源为原料制备的, 人类开发利用氢能仍有待实现技术及系统的突破。

1. 氢能的优势

氢能的优点主要表现在高效、清洁、富源、便捷、可靠。从 1839 英国物理学家威廉·葛洛夫制作了首个燃料电池开始,氢燃料电池的研发和应用已经有了180 多年的历史,在此期间,氢燃料电池技术不断发展和升级。

"高效"是指氢能热值高,燃烧高效,是除核燃料外发热值最高的,其发热值为 142351kJ/kg,单位质量的氢热值约是煤炭的 4 倍、汽油的 3.1 倍、天然气的 2.6 倍,优于现有的所有化石燃料、化工燃料和生物燃料,且氢燃烧性能好,燃点高、点燃快,与空气混合时可燃范围广。"清洁"是指氢属于无毒、零碳燃料,燃烧时除生成水和少量氨气外不会产生二氧化碳和其他污染。因此,在全

---

① 刘畅. 招标体制或将降低风电光伏成本价格[J]. 中国招标,2018(26):15—17.

②刘江华.氢能源——未来的绿色能源[J].新疆石油科技,2007(01):72—77.

球能源转型过程中,氢是最理想的能源载体。"富源"是指氢元素广泛存在于自然界中,制氢路径有很多,氢的获得存在较好的可持续性。"便捷"是指氢可以以气、液或固态氢化物形式贮运,对既有能源系统的适应性强,可实现跨时间、跨地域的便捷利用。在氢能利用形式方面,其既可以通过燃烧产生热能发电,又可以用于燃料电池实现移动供能,在用氢代替煤和石油时无需对现有技术装备作重大改造,可以通过现有油气管网站输送。"可靠"的表现一是成本方面,二是使用安全性方面。一旦制氢技术实现突破,显著降低制备成本,氢气作为能源的价格会保持稳定,不会像石油那样价格会在多种因素影响下产生剧烈波动。安全性方面,与燃烧涡轮机循环系统或内燃机相比,燃料电池发电系统及转动简单,系统更加安全可靠。氢气燃料的燃烧、爆炸风险远低于汽油等常规燃料,属于非常安全的燃料类型。

基于氢能的上述优点,尤其是在碳减排和清洁燃烧方面的突出优势,世界各国都在积极探索氢能技术。发展氢能一方面可以丰富绿色低碳能源体系,作为煤炭清洁化利用的有效途径;另一方面,可以助力解决风、光、核等可再生能源和新能源的消纳难题。此外,氢作为零碳能源,可以满足重工业的能源需求,替代化石能源。

美国、日本、德国等发达国家一直重视研发氢能及相关技术。2003年,布什政府投资17亿美元,启动氢燃料开发计划,提出了氢能工业化生产技术、氢能储存技术、氢能应用等重点开发项目。2004年2月,美国能源部公布了《氢能技术研究、开发与示范行动计划》,该计划详细阐述了发展氢经济的步骤和向氢经济过渡的时间表,是美国推动氢经济发展的又一重大举措,标志着美国发展氢经济已经从政策评估、制定阶段进入到了系统化实施阶段。2004年5月,美国建立了第一座加氢站,加利福尼亚州的一个固定制氢发电装置"家庭能量站第三代"开始试用。2005年7月,世界上第一批生产氢燃料电池的公司之一——戴姆勒－克莱斯勒(Daimler Chrysler)公司研制的"第五代新电池车"成功横跨美国,刷新了燃料电池车在公路上的行驶记录,该车以氢为动力,全程行驶距离为5245公里,最高速度145公里/小时。[①]德国政府则宣布在

---

① 刘江华.氢能源——未来的绿色能源[J].新疆石油科技,2007(01):72—77.

2019 年底前制定氢能战略,环境部已经率先提出了"电力燃料行动计划"。贯穿德国南北的氢气高速公路以及从瑞士西北到维也纳的氢气高速公路也已正式建成。德国联邦经济部长彼得·阿尔特迈尔也曾表示,在"能源革命真实世界实验室"中,希望每年投入 1 亿欧元来研究氢如何在热力、运输和工业部门中作为能源载体大规模使用,并逐步成为氢技术发展的全球领导者。2020 年,欧盟发布了《欧盟能源系统整合战略》和《气候中性的欧洲的氢能战略》,为欧洲未来 30 年清洁能源特别是氢能的发展指明了方向。未来欧盟成员国也将以越来越快的速度脱碳,氢技术将成为欧盟下一个重大选择。2018 年 8 月,澳洲联邦科学与工业研究组织(CSIRO)发布的《国家氢能路线图》指出,欧洲和亚洲国家的政策承诺以及跨国技术制造商和能源公司不断增加的投资,重新引起了人们对氢能的兴趣。欧盟已经设定了要在 2050 年实现碳中和的目标,而氢能作为碳中性能源对欧盟在 2050 年前实现无碳计划发挥着重要作用。2022 年,中国出台了《氢能产业发展中长期规划(2021—2035 年)》,明确了氢的能源属性,推动交通、工业等用能终端和高耗能、高排放行业绿色低碳转型。到 2022 年,全球氢能市场预计将达到 1550 亿美元。到 2030 年,来自日本、韩国、中国和新加坡的氢气进口潜力可能在 380 万吨,约占全球氢气需求的 3.5%。[1]作为未来能源多元化进程中最具竞争力和优势的氢能,一旦实现技术和成本突破,将会在本轮能源转型中发挥巨大作用。

2. 主要应用领域及预测

氢能的利用方式主要有三种:一是直接燃烧;二是通过氢燃料电池转化为电能;三是核聚变。氢气可以广泛地从水、化石燃料等含氢物质中制取,但能够提供全程无碳的技术路线是有限的。氢能可否界定为可再生能源需要看制备氢选择的是何种方式。按照世界能源理事会发布的《氢能——工业催化剂(加速世界经济在 2030 年前实现低碳目标)》报告,氢可以被分为"灰氢""蓝氢""绿氢"。

"灰氢"是指通过以焦炉煤气、氯碱尾气为代表的工业副产气制取的氢,可

---

① CNA,CSIRO. Opportunities for Australia from Hydrogen Exports[J]. ACIL Allen Consulting for ARENA, 2018.

利用规模偏小,仅适合市场启蒙阶段使用。目前,工业生产过程中产生的氢主要是"灰氢"。"蓝氢"是指可以由煤或天然气等化石燃料制得,并将二氧化碳副产品捕获、利用和封存(CCUS),从而实现碳中和。虽然"蓝氢"是"碳基"氢,但蓝氢可以减少碳排放,推动建立氢能经济。国外研究机构也通过模型研究表明,带有 CCUS 的化石能源制氢已接近商业应用水平。如果碳交易(ETS)价格上涨到 30 欧元 / 吨左右,并且可以建成适当的运输和储存设施,"蓝氢"可能在未来几年内成为一种可行的选择。"绿氢"是指利用可再生能源制氢,即通过来源于风能和太阳能的可再生能源电解水制取氢气,其突出特点是不排放碳,但受制于制备成本高,其价格与"灰氢""蓝氢"相差较大。

从氢能链条的后半段来看,未来氢能发展的蓝图非常值得期待。但是转向氢能链条最前端,氢的来源及成本问题都阻碍着"氢 + 燃料电池"链条的延伸。因此,使用氢就不得不考虑氢的"颜色"。目前,制备氢气的主要方式有:电解水制氢、水煤气法制氢、天然气制氢、焦炉煤气冷冻制氢和氯碱工业副产氢等。但大规模制氢现在仍然是化石原料制氢的天下,即"蓝氢"和"灰氢"占据主导。

未来氢经济依赖制备氢从"灰"到"蓝"再到"绿"的路径突破。基于未来能源变革趋势而言,"绿氢"才是最终归宿。同时,"绿氢"的生产可以促进可再生能源发展,一方面可以提高可再生能源的利用效率,另一方面可以消除可再生能源区域性和间歇性导致的缺点,进而通过氢能维护电网的稳定性。就像西门子能源研究主管阿明·施奈特勒所说的那样,"为了掌控能源转型,完全摆脱对化石能源的依赖,我们必须将可再生能源的发电与消费分开"。而要将可再生能源的发电与消费分开,氢无疑是一个最优的中介选择。利用可再生能源产生的"绿氢"可实现能源资源的跨区域、跨时间输送,适合工业部门用能替代,是跨部门能源转型的重要组成部分。[①]

根据 H₂ Stations 新近发布的全球加氢站数据,2019 年初,全球拥有加氢站 369 座,同比增加 12.5%。其中,273 个处于商运状态,可以像任何传统的零售

---

① 世界能源理事会发布《氢能——工业催化剂(加速世界经济在 2030 年前实现低碳目标)》[N].能源界,(2019–03–06)[2019–04–08].http://www.nengyuanjie.net/article/24432.html.

站一样使用。日本、德国和美国位居前三名,中国排名第四。越来越多的加氢站项目显示出未来氢气对于能源转型的重要性。全球拥有 10 座加氢站以上的国家分别是日本(96 座)、德国(60 座)、美国(42 座)、中国(23 座)、法国(19 座)、英国(17 座)、韩国(14 座)、丹麦(11 座)。在全球 369 个加氢站中,全球新增加氢站计划规模较大的有德国(38 座)、韩国(27 座)、中国(18 座)、荷兰(17 座)、法国(12 座)、加拿大(7 座)。①

　　根据世界能源理事会的报告,未来到 2050 年实现无碳经济很可能需要以氢为基础的技术,但"绿氢"大规模取代"灰氢"至少还需要十年以上的时间。氢能大规模商业应用仍有待攻克制氢效率、制氢成本、安全储运氢气、燃料电池关键零部件的稳定性、耐久性提升等关键问题。在此过程中,"蓝氢"不是"绿氢"的替代品,而是一种必要的技术过渡。如果过渡推进得较好,则可以加速由"灰氢"向"绿氢"的过渡。而为了使"蓝氢"变得切合实际,未来政府需要在政策方面予以推进,创造促进由"灰氢"到"蓝氢"过渡、再到实现"绿氢"的制度体系、激励机制和相关技术支持政策。

　　(三)核能发展须审慎

　　原子能、核能是人类想要模拟太阳能的产生方式而研究出来的一种能源形式。1905 年,物理学家爱因斯坦提出了核能存在和发展的理论基础,并用数学公式表达了质量与能量的关系, 即某个物体贮存的能量等于该物体的质量乘以光速的平方($E=mc^2$)。他认为物质的质量和能量可以互相转化,任何具有质量的物体,都贮存着看不见的内能,而且这个由质量贮存起来的能量大到令人难以想象的程度。基于上述理论,原子核能就是在原子核发生变化时(重核裂变和轻核聚变)释放出的能量。目前核能是通过核裂变产生能量,而最理想的方式是通过研究和技术迭代模仿出太阳核心内部的轻核聚变产生能量。核聚变释放的能量比核裂变高出 5—10 倍。第二次世界大战后若干年中,过去长期由军方控制用于原子武器生产的核知识被民用技术人员用于实现和平获取"能源"的目的。世界上第一座民用核电站——奥布宁斯克核电站(Obninsk)于

---

① 2019 全球加氢站分布图[R/OL]. 氢能观察员拉瓦锡 1787,(2019-02-17)[2019-05-08]. http://www.pinlue.com/article/2019/11/2115/339810883415. html.

1954年6月27日在苏联投入运行,是人类和平利用原子能的开端。[①]其之所以被称为"第一核电站",是因为这是第一座通过常规输电网供应电力的核能动力堆,其燃料为浓缩铀,采用石墨水冷却堆技术,于2002年退役。

经过60多年的发展,核能虽已经得到了广泛应用,但依然没能像最初预想的那样,成为"保证低成本能源无限制供应的钥匙"。对于核能的利用,世界范围内存在着不同的声音,其所带来的成本、风险和效益一直以来广受争议,诸多外部性问题一直没能妥善解决。发展核电的争议焦点主要集中在安全和风险防控方面。一是运行的低成本优势被建设、运营、维护及废料处理成本抵消。虽然核电厂的运行成本很低,但是核电厂建设过程中的基建资金费用成本、燃料及维修成本、为确保安全运转而采取的保护性措施费用、核废料处理费用等都在急速增长,显著抵消了运营低成本的优势。二是从碳排放角度看,核能确实具有"零碳"优势,且是目前唯一能够实现低碳目标的吉瓦级策略。从1971年至2018年间,全球范围内核能提供了约76000太瓦时的零排放电力,减少了约630亿吨二氧化碳排放。但从当前气候变化严峻性角度考量,气候变化引发的碳减排必要性尚不足以促使全球发力核能的利用。三是从安全角度看,核废料和核燃料在数百万年里仍将持续具有放射性危害,其安全处置技术尚不成熟,处理问题仍然悬而未决。在核技术和核安全不能得到充分保证的前提下,发展核能需要慎之又慎。就像苏联科学院院士莱哥梭夫在1986年12与8日世界环境与发展委员会公众听证会上所说的那样,"切尔诺贝利的后果,使苏联的专家们再一次提出一个问题,即在工业规模上发展核能是否还不成熟?它对于我们的文明,对于我们星球的生态系统是不是有致命的危害?在我们的星球上有如此丰富的各类能源,对这个问题可以十分冷静地进行讨论。……提高工业安全水平和解决人与机器之间的关系问题,比集中精力只对付世界上能源结构中一项因素的工作更为必要。这将造福于全人类"。

自核能开启民用发电后,世界范围内核能发电量一直保持在15%的水平。核能对全球电力供应贡献的峰值是1996年的17.5%。1986年,全世界有366

---

① 世界上第一座民用核电站的前世今生——奥布宁斯克:从核电站到科学城[N].中国环境报,2017-07-20(07).

个反应堆在运转,还有 140 个正在计划中,其中有 10 个国家的政府拥有反应堆装机总量的 90%(超过 500 万千瓦),这些国家中又有 8 个国家总发电量超过 900 万千瓦。截至 2019 年 5 月,全世界总计有 452 座核反应堆投入运行,分布在 31 个国家,另外有 54 座正在建设中。根据国际能源署(IEA)发布的《2021年全球能源回顾》报告,2020 年受新冠疫情影响,全球电力需求下降,叠加核电机组大修临时停堆和部分机组永久关闭,全球核能发电量为 25530 亿千瓦,对全球电力供应的贡献为 10.1%。虽然核电发展越来越集中在发展中国家,但实际上核能在发达经济体中发挥的作用更大,发达经济体中核能的发电量占到总电量的 18%。但发展中国家正在不断加大核电投资建设,且大多数核反应堆运行年数还不到 20 年,未来将拥有较大的核电能力潜力(表 4-2)。

表 4-2　2021 年全球核电容量最大的 10 个国家

| 序号 | 国别 | 核电容量(单位:吉瓦) |
|---|---|---|
| 1 | 美国 | 91.5 |
| 2 | 法国 | 61.3 |
| 3 | 中国 | 50.8 |
| 4 | 日本 | 31.7 |
| 5 | 俄罗斯 | 29.6 |
| 6 | 韩国 | 24.5 |
| 7 | 加拿大 | 13.6 |
| 8 | 乌克兰 | 13.1 |
| 9 | 英国 | 8.9 |
| 10 | 西班牙 | 7.1 |

资料来源:安邦咨询[1]。

核能的安全性受到广泛关注,三里岛、切尔诺贝利以及福岛核泄漏等多起

---

[1] 安邦咨询. 全球核能发展的现状与趋势[R/OL]. (2022-03-03)[2022-03-24]. https: //view. inews. qq. com/a/20220303A09AYF00.

核事故的发生,在世界范围内均对核电发展产生了显著影响,不同程度减缓了各国核能开发利用进程。但不可否认,如果实现技术突破,谁能掌握安全的核能技术就等于在未来牢牢抓住了世界能源的命脉。所以,世界上仍有不少国家致力于核能研究。核能的安全性一方面是指运行安全,另一方面也包括乏燃料的回收、处置和运输安全。全球范围内对乏燃料回收利用都存在技术障碍,主要处理方式都是深埋。而乏燃料运输问题也限制着核能发展。中国早期核电发展由于缺乏运输核电站乏燃料组件的专用设备,直接限制了核废料回收的研发,乏燃料利用技术及能力甚至落后印度十几年。2017年12月,中核集团正式宣布,国家科技重大专项"龙舟–CNSC乏燃料运输容器研制"项目成果大型乏燃料运输容器原型样机已经通过验收并具备批量化生产能力,直接打破了乏燃料运输容器的国外垄断。中国目前在核能利用方面,从乏燃料回收利用技术到燃料运输技术,以及标志着未来核能发展能力与水平的核聚变技术都实现了自主创新,也为未来中国发展核能奠定了坚实的基础。在乏燃料回收利用方面,早前中科院就公布了我国首座铅基核反应堆零功率装置"启明星Ⅱ号"首次实现临界,这是我国加速器驱动次临界系统(ADS)研究完成的又一个重大节点。此技术只要研发成功并投入使用,将会极大地化解乏燃料回收难题。通过应用ADS嬗变系统,可以让原先高危险度的乏燃料变得更为安全,同时还能回收大量可重新用于核能发电的核燃料。该技术可将铀资源利用率提高至超过95%,并使核裂变从目前的近百年变为近万年可持续、安全、清洁的战略能源。

(四)其他可再生能源

可再生能源除了上述四种外,还包括地生物质能、热能、潮汐能等,都以不同的形式加入到现代能源体系中,发挥着多元支撑作用。

生物质能是指太阳能以化学能形式贮存在生物质中的能量形式,即以生物质为载体的能量。它直接或间接地来源于绿色植物光合作用,可再生、低污染、分布广泛,被称为世界第四大能源,也是唯一一种可再生的碳源能源。生物质能也是一种宝贵的可再生能源,但利用生物质能燃料也需要考虑成本问题。以目前全球人口规模,生物质的利用无法满足发展对能源的规模化需求,生物质能源需要在适宜的地区适度发展,作为整个能源系统的有益补充,解决区域范围内部分用能需求。

地热能基本上是非再生能源,但从地球内部巨大的蕴藏量来看,又具有再生的性质。人类很早以前就开始利用地热能,例如利用温泉沐浴、医疗,利用地下热水取暖、建造农作物温室、水产养殖及烘干谷物等。地热能对于需要冬季采暖的地区来说是一个极具优势的供暖能源来源,具有清洁、无限循环、成本低廉等优势。同时,采用地热供暖可以大幅度削减冬季燃煤造成的大气污染问题。因而,作为取暖的清洁低碳替代选择,地热具有显著优势。

综上,以清洁、低(零)碳为显著特点的可再生能源在替代传统化石高碳能源方面越来越具有优势,成为未来能源变革的重要方向和路径选择。

## 第三节　"能源进化"的不确定性

能源系统作为人类经济社会中一个非常庞大、复杂的子系统,其发展进程受诸多因素影响和制约,同时又反作用于其他子系统以及整个人类社会。这些因素来自政治的、制度的、社会的、技术的、大众观念的等不同维度,这也决定了新一轮能源转型将存在诸多不确定性。

### 一、政策制定及实施的不确定

新一轮能源转型是全球气候变化和生态环境约束下政策的主动调整和选择。基于新一轮能源转型政策驱动这一重要特点,这种不确定性首先体现在政策上。《巴黎协定》提出的一系列方案及政策建议,需要世界各国在接受协定目标、制定本国能源政策以及未来政策执行力度和效果确保方面,都能同心协力,共同为之努力。但各个国家的实际情况千差万别,政策从制定到实施存在着很多不确定因素。对于国家而言,不同发展阶段、不同社会体制的国家能否基于本国现实切实将协定目标认真分解落实;对于国际局势而言,贸易摩擦、地缘政治等问题能否有效化解,都将在很大程度上影响全球能源转型进程。正如麻省理工学院能源与环境政策研究中心副主任迈克尔·梅林认为的那样,"对我来说,所有这些都反映了一个事实,即全球气候政策尽管取得了一些有限的进展,但仍然远远不够。它们甚至不够强大,无法抵消经济扩张带来的排放增加,特别是在发展中国家,更不用说刺激脱碳达到我们在《巴黎协定》下承诺的温度稳定目标。"①

　　全球局势和国际秩序影响政策执行与落地。国际形势动荡多变、各种意外频发,全球经济发展态势对能源转型有着显著不确定性影响。从目前看,全球经济自 2014 年起进入了调整期,发达国家主要能源价格低迷,这对能源转型来说既是机遇,又是挑战。全球经济调整期,发达国家对能源需求减弱,是实施可再生能源替代的窗口期;但经济低迷对发展中国家和新兴经济体来说有可能减缓国内及地区的能源转型步伐。百年未有之大变局下,国际经济和局势更为动荡。自 2020 年初,新冠疫情全球扩散,各国采取多种措施防止疫情蔓延,世界经济遭遇了第二次世界大战以来最为严峻的挑战,这也为能源变革注入了新的不确定性。2020 年 4 月,国际货币基金组织(IMF)发布《世界经济展望》认为,新冠肺炎疫情全球流行,整个世界陷入"大封锁"状态(the Great Lockdown)。有专家预计,新冠疫情对经济产生的影响要比 2008 年全球金融危机的影响更大。2021 年,随着主要大国争夺关键资源能源、确保安全供应及主导能源结构转型博弈的不断升级,国际大宗物资价格飞涨,引发了能源供应紧张。2022 年 2 月,俄乌冲突则更进一步加深了全球局势的动荡,以及由此对能源危机和未来世界经济走势的深远影响。

　　就气候变化达成的全球共识基础上,并不是所有的国家都能坚决落实协定目标与内容。根据相关研究,《巴黎协定》197 个签署国中,截止到 2018 年,只有 58 个国家将其在《巴黎协定》中的承诺转化为本国法律,而这 58 个国家中,只有 16 个国家制定了与《巴黎协定》目标相一致的法律。②而在此期间,美国特朗普政府在 2019 年 11 月正式启动退出《巴黎协定》程序,并将在 2020 年 11 月完成退出的全部程序,成为协定缔约方中唯一一个"退出者";2021 年 2

---

① 2018 全球碳排放量创历史新高 中国二氧化碳排放增长 2.5%[N/OL]. 腾讯网, (2019-03-26)[2019-08-30]. http://mini.eastday.com/mobile/190326172441644.html.

② 197 个国家签署《巴黎协定》但能按时完成目标的仅有 16 个 [N/OL] 中国能源, (2018-10-31)[2019-09-07]. http://www.china-nengyuan.com/news/130821.html.

月 19 日,美国拜登政府在拜登就职首日签署重返《巴黎协定》行政令,美国又正式再度成为《巴黎协定》的缔约方。以美国为代表,对《巴黎协定》摇摆不定的态度也使得政策执行和落地存在不确定性。此外,未来处于经济起步期的国家和地区能源需求将逐年增加,在可再生能源和新能源发展不具备对化石能源进行系统替代之前,化石能源的消耗量也将会持续增加,这些客观需求和现实也会影响政策落地实施。

### 二、技术创新及突破的不确定

每一次能源转型都是基于技术的创新和规模化应用。从前两次能源转型可以观察到,技术革命对于变革的巨大促进作用。科技进步可以被认为是生物进化的延续。在进化的指数级变革规律指引下,能源变革作为能源进化的一种表述,也具有科技革命的特点,是决定新一轮能源转型能否成功的根本动力。正如《奇点来临》的作者雷·库兹韦尔所描述的那样,奇点来临之前,技术创新不断地在积累,当奇点来临时,变革将会是爆发式的(图 4-5)。能源转型中的技术进步曲线是"S"形叠加式的,这种颠覆就发生在每一个"S"形的右下部的那个所谓"奇点"处,在实现爆发式突破和发展后,技术又进入了"S"形上半部分的技术缓慢积累期,为下一次"奇点"的来临积蓄力量(图 4-6)。[1]但是,就像部分谨慎的专家和学者认为的那样,技术突破并不像乐观派认为的那样,因为我们至今仍在延续使用一百多年前的热动力技术,对于能源技术的创新仍未实现质的突破,而一直在持续进行渐进式改进。[2]新一轮科技革命究竟将会对新一轮能源转型产生多大的影响和促进作用,仍有待持续观察。所以,技术的突破在能源转型过程中是值得期待的,因为以当前的目标和政策导向,未来的技术将会向着使能源系统"脱碳""去燃烧"的方向突破。但这个过程在时间上存在着不确定性,且技术突破后克服旧有能源体系的惯性也

---

① 雷·库兹韦尔. 奇点临近[M]. 李庆诚,董振华,田源,译. 北京:机械工业出版社,2011:22—24.

② 瓦茨拉夫·斯米尔. 能源神话与现实[M]. 北京国电通网络技术有限公司,译. 北京:机械工业出版社,2016.

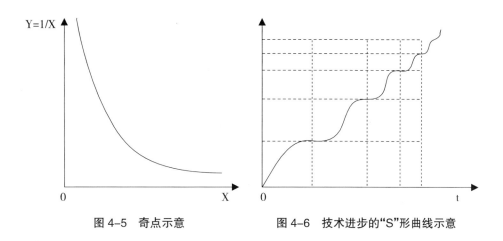

图 4-5　奇点示意　　　　　图 4-6　技术进步的"S"形曲线示意

需要一定的时间。

纵观历史,当技术和制度越过某个点,实现了跃迁,之前所认为的问题也将不再是问题,人类便迎来一个新的发展阶段。基于此,在当前技术水平和复杂的发展需求背景下,不可否认解决化石能源问题存在着多重障碍,但人类已经意识到并开始着手应对。在加速回归定律下,技术进化是加速的,进化过程中的产物也是指数级增长的。可再生能源各项技术目前已经完成了技术生命周期中的前导阶段、发明阶段,正处在发展阶段或者已经从发展阶段向着成熟阶段迈进。[①]技术进步作为生物进化的延续,也遵循指数级发展更替速度,能源技术领域指数级变化的前期缓慢积累也早已开始。面对越来越显著的气候变化问题,全人类走到了一个历史的拐点。技术创新和突破一定会到来,但在到来之前的不确定性需要新的发展理念、发展模式予以指引。

### 三、意识及行为的不确定

人的意识与行为是最难以捉摸的,而经济学中"理性人"的假设并无法适用于普罗大众,尤其在世界范围内存在着显著的发展不均衡、信息不对称,不同发展阶段、不同认知水平、不同价值观的人、组织、政府、国家的理念和行为存在较大差异。大到国家、政府,小到企业、公民在能源方面的认识和共识的达

---

① 雷·库兹韦尔.奇点临近[M].李庆诚,董振华,田源,译.北京:机械工业出版社,2011.

成是存在不确定性的。能源变革说到底必须由人、企业、组织、政府和国家来践行。各种主体对于气候变化以及碳减排的认同直接影响着具体行为,而具体行为又影响着目标的达成。因而对本轮能源转型有着诸多不确定性影响。政策是实现目标的工具,政策的工具性要求能源政策的颁布实施、能源技术的应用、能源消费模式的改变都要得到国家各层级政府、组织和民众的认同、理解、拥护和支持。作为政策制定主体,政府决策层对气候变化及能源转型等方面的认识以及是否达成共识是非常重要的,直接影响着政策制定以及执行力度。对能源转型来说,各类企业、组织在具体的生产经营活动中对能源的使用和节约意识,社会公众能源消费习惯和消费模式的养成都很重要。与此同时,社会公众及企业组织等对政策制定也会产生显著影响,如日本福岛核泄漏事故的发生就引发了各国民众反对出台发展核能的政策。

# 结　语

一个问题之所以成为问题并被广泛关注,是因为在其所处的历史阶段和科技水平条件下,解决问题存在客观障碍,无论这种障碍来自技术层面,抑或是制度层面。当人类开始关心地球、关注全人类共同的命运和未来,能源变革就将会走上一条完全不同于过去的道路,人类社会逐渐摆脱对可耗竭能源资源的依赖,转而利用可无限再生的能源资源,就犹如真的找到"永动机"一样,可以提供无尽的能源,而不再影响和破坏地球的生态环境与气候。对于未来能源变革的走向,在看得见和可预期的未来,大的方向是低碳(零碳)、可再生能源、氢能等,但并不排除在技术实现重大突破,或者思维模式彻底转变之后产生新的能源系统及利用形式,甚至于电力系统发展过程中起到输电作用的电线和电线杆,都将会成为历史里的一道风景。人类目前实际上只能够利用地球上的少量能源,比如石油、煤炭、天然气,但是比起控制和利用整个地球的能源来说,还有相当大一部分地球能源人类尚无法实现安全、简捷和高效利用,如核聚变、火山能源、海洋潮汐能等。所以,在看不见的未来,人类的能源变革仍有相当广阔的空间得以延展。人类未来的发展与能源变革的走向需要我们做的是在人口和经济不断增长的过程中，如何在满足不断增长的能源需求的同时，越来越多地使用清洁低碳高效的能源品种，不断减少化石能源的消耗，促进碳中和目标尽早达成。

# 参考文献

1. 胡森林. 能源的进化：变革与文明同行［M］. 北京：电子工业出版社，2019.

2. 雷·库兹韦尔. 奇点临近［M］. 李庆诚，董振华，田源，译. 北京：机械工业出版社，2011.

3. 瓦茨拉夫·斯米尔. 能源神话与现实［M］. 北京国电通网络技术有限公司，译. 北京：机械工业出版社，2016.

4. 丁福臣，易玉峰. 制氢储氢技术［M］. 北京：化学工业出版社，2006.

5. 徐小杰. 中国 2030：能源转型的八大趋势与政策建议［M］. 北京：中国社会科学出版社，2015.

6. 黄晓勇，崔民选. 世界能源蓝皮书：世界能源发展报告 2017［M］. 北京：社会科学文献出版社，2017.

7. 刘柏谦，洪慧，王立刚. 能源工程概论［M］. 北京：化学工业出版社，2009.

8. 普赖斯，姚申海，鹰子. 能源与人类进化［J］. 现代外国哲学社会科学文摘，1998（01）：21—22.

9. 胡森林. "能源民主"带来三大转变［J］. 能源，2014（09）：98—101.

10. 胡森林. 环境保护的"不可能三角"［J］. 能源，2015（06）：88+90.

11. 王丽君，杨振中，司爱国，等. 氢燃料内燃机的发展与前景［J］. 小型内燃机与车辆技术，2009，38（4）：89—92.

12. 莫一波，杨灵，黄柳燕，徐琼鹰，陈海峰. 各种太阳能发电技术研究综述［J］. 东方电气评论，2018，32（01）：78—82.

13. 周问雪. 全球能源未来发展的五个趋势［J］. 新能源经贸观察，2018（11）：28—31.

14. 陈杜梨. 能源进化：从木柴到人造能源［J］. 能源，2012（10）.

15. 方亮. 苏联能源进化简史：从煤炭到石油［J］. 能源，2013（11）：105—109.

16. 王莹. 从《巴黎气候协定》到蓝天下的幸福［J］. 华北电业，2018（12）：1.

17. 王俊鹏. 全球可再生能源迎"黄金十年"[N/OL]. 经济日报，（2021-04-07）[2022-03-22]. http://paper.ce.cn/jjrb/html/2021-04/07/content_441270. htm.

18. 林益楷. 能源转型不确定性背景下的公司战略应对［J］. 能源，2019（04）：66—69.

19. 刘江华. 氢能源——未来的绿色能源［J］. 新疆石油科技，2007（01）：72—77.

20. 时家林. 中国如何适应全球能源发展变革的大趋势［N］. 学习时报，2018-04-04（006）.

21. 刘畅. 招标体制或将降低风电光伏成本价格[J]. 中国招标，2018（26）：15—17.

22. 一般燃料热值表［R/OL］.（2019-03-21）[2019-06-21]. https://wenku. baidu.com/view/6355a7f303768e9951e79b89680203d8ce2f6a88. html.

23. BP 世界能源统计年鉴 2019[R/OL]. https://www.bp.com/content/dam/bp-country/zh_cn/Publications/2019SRbook. pdf.

24. 胡琛. 美国能源转型的代价：全美第三大煤炭生产商申请破产[N/OL]. 雅虎财经，（2019-05-13）[2019-06-08]. http://finance.sina.com.cn/stock/usstock/c/2019-05-13/doc-ihvhiews1591434.shtml.

25. BNEF. 新能源市场长期展望（至 2050 年）[N/OL]. 搜狐网，（2018-06-21）[2019-06-08]. http://www.sohu.com/a/236992648_418320.

26. 电气化发展的国际比较及对我国的启示［N/OL］. 能源研究俱乐部，（2018-07-04）[2019-02-02]. http://www.cec.org.cn/xinwenpingxi/2018-07-04/182333. html.

27. 范珊珊. 氢能商业化的德国模式：2021 年前将投用 14 台氢动力列车［N/OL］. 第一元素网，（2019-06-05）[2019-07-06]. https://www.nengapp. com/news/detail/3110303.

28. 英国氢燃料电池列车"微风号"2022 年可望上路[N/OL]. 中国储能网新闻中心，（2019-01-09）[2019-05-07]. http://www.escn.com.cn/news/show-700791. html.

29. 世界能源理事会发布《氢能——工业催化剂(加速世界经济在 2030 年前实现低碳目标)》[N/OL]. 能源界, (2019-03-06)[2019-05-07]. http://www.nengyuanjie.net/article/24432.html.

30. 2019 全球加氢站分布图［R］. 氢能观察员拉瓦锡 1787, (2019-02-17)［2019-05-08］. http://www.pinlue.com/article/2019/11/2115/339810883415.html.

31. 壳牌和 ITM 规划工业电解制氢厂［N/OL］. 搜狐网, (2018-01-15)［2019-03-21］. http://www.sohu.com/a/216764499_99899844.

32. 太阳能光伏发电将成世界能源供应主体［N/OL］. 北极星, (2008-03-13)［2019-05-05］. http://news.bjx.com.cn/html/20080313/113228.shtml.

33. 林琳, 大秋. 能源变革趋势:清洁、智能、可再生[N/OL]. 苏州日报, (2018-10-19)[2019-02-24]. http://www.subaonet.com/2018/1019/2330344.shtml.

34. 世界上第一座民用核电站的前世今生［N］. 中国环境报, 2017-07-20(07).

35. 国际能源署呼吁核能创新发展［N/OL］. 国家能源局, (2019-05-31)［2019-09-03］. http://www.nea.gov.cn/2019-05/31/c_138106276.htm.

36. 美国纽约大规模停电,160 万人受影响! 历史再次重现!［N/OL］. 国际能源网, (2019-07-15)［2019-09-09］. http://www.sohu.com/a/327031429_505851.

37. "两个替代"全球配置是世界能源发展的大趋势来源[N/OL]. 国家电网报, (2015-09-17)［2019-02-23］. http://www.china-nengyuan.com/news/83080.html.

38. 新一轮气候谈判开幕《巴黎协定》实施细则求突破［N/OL］. 央广网, (2018-05-01)［2019-09-09］. https://baijiahao.baidu.com/s?id=1599212242707196326&wfr=spider&for=pc.

39. 全球能源格局的新特点和发展趋势［N/OL］. 搜狐网, (2016-08-03)［2019-09-09］. http://www.sohu.com/a/108852142_257314.

40. 2018 全球碳排放量创历史新高 中国二氧化碳排放增长 2.5%[N/OL]. 腾讯网, (2019-03-26)［2019-08-30］. http://mini.eastday.com/mobile/190326172441644.html.

41. 国际能源署呼吁核能创新发展［N/OL］. 经济参考报, (2019-05-31)

[2019-09-08]. http://www.nea.gov.cn/2019-05/31/c_138106276. htm.

42. 2017年能源科技发展与启示 [N/OL]. 搜狐网,（2018-08-06）[2019-05-08]. http://www.sohu.com/a/245495690_468720.

43. 中国新一代"人造太阳"明年运行 [N/OL]. 人民网人民日报海外版,（2019-11-27）[2019-12-23]. http://world.people.com.cn/n1/2019/1127/c1002-31476806. html.

44. 197个国家签署《巴黎协定》但能按时完成目标的仅有16个[N/OL]中国能源,（2018-10-31）[2019-09-07]. http://www.china-nengyuan.com/news/130821.html.

45. 德国绿色氢气战略未来全球氢技术领导者和出口者 [N/OL]. 腾讯网,（2019-07-27）[2019-07-06]. https://new.qq.com/rain/a/20190727A031XK00.

46. 智研咨询. 2020全球风力发电市场供需现状分析:中国风电发电量全球排名第一[R/OL]. (2021-08-05)[2022-03-33]. https://baijiahao.baidu.com/s?id=1707219674571698709&wfr=spider&for=pc.

47. 安邦咨询. 全球核能发展的现状与趋势 [R/OL]. (2022-03-03)[2022-03-24]. https://view.inews.qq.com/a/20220303A09AYF00.

# 第五章　能源变革制度演进及域外进展

> 以铜为镜,可以正衣冠;以古为镜,可以知兴替;以人为镜,可以明得失。
>
> ——《旧唐书·魏徵传》

正如人类聚居形成部落、城邦和社会一样,在世界逐步由传统化石能源向可再生能源和新能源转型的过程中,组织和制度的作用不断凸显。因而,有必要梳理能源变革中有关组织和制度变迁的情况。随着新制度经济学的建立、发展和成熟,经济学家将制度作为研究对象,研究其对经济行为和经济发展的影响,并将之抽象为变量引入经济模型,用于考察制度变量对经济的影响。[①] 这也从一个侧面反映出制度的重要性。因此,可以利用制度经济学的研究方法分析能源变革。作为渐进过程,能源变革在一定程度上表征为能源目标和能源政策的不断调整、演进和完善。而组织作为制度的重要执行和践行主体,其演进也反映出能源变革在主体层面的演化特点。本章将从能源领域相关国际组织演进入手,分析代表性国家在能源变革中的路径选择、变革特点及规律等,以期有所参考和借鉴。

## 第一节　能源变革中的国际组织演进

能源政策的制定和出台是围绕人类社会对能源的需求目标展开的, 也总

---

① 于立.现行经济学学科设置问题与法律经济学的兴起 [J].改革,2011(04):144—151.

是由相应的组织协调实施的。人类社会发展到现阶段,能源问题已上升到了保障国家安全的高度,各国都制定了相应的能源战略和能源政策,以确保本国发展需要的能源供给安全与稳定。各国及国际层面的能源政策及能源组织变迁从一个侧面也可以反映出能源变革的脉络。在能源变革进程中的三次能源转型,可以说,第一次从木柴到煤炭的转型是政策中性的,能源变革在这个阶段是不存在政策及制度驱动的,完全是由发展需求驱动的。第二次从煤炭到油气的能源转型,政策驱动一方面是基于资源的可耗竭性而引发的能效提升需求,即用尽可能少的资源产生尽可能多的效益;另一方面政策开始规制能源开发利用过程中对生态环境的污染破坏和影响。因此,能源变革中第一次和第二次能源转型更多的是一种自发式的变革过程,是先有了能源,后才有了政策,是"政策中性"的,鲜有政策驱动匡正和选择能源变革方向。但是到第三次能源转型,却已显著呈现政策驱动对未来能源变革的约束与匡正,政策开始主动甄别和尝试选择未来能源的品种与演进方向,能源变革开始具有了主动选择性。当然,过程中会出现各种复杂因素及阻碍,但却无法阻挡趋势前行。目前,国际上已就气候变化问题达成基本共识,但为确保目标实现,各国出台有效的政策和组织贯彻实施尤为重要,需要制订明确的目标和具体的时间表。正如联合国政府间气候变化专门委员会第二工作组联合主席黛布拉·罗伯茨所说的那样,"接下来的几年有可能是历史上最重要的几年",实现第三次能源转型需要更大程度上的思维转变和更强有力的政策推动。

## 一、国际组织及协定

能源资源的稀缺性导致能源供需之间矛盾愈加突出,尤其人类进入工业文明时代后。为了各方利益、维护供需平衡、确保能源安全,以及从国际范围内协调各国在气候变化和碳减排方面的责任权利义务,各类国际组织及协定应运而生,在能源变革中发挥重要作用。国际能源组织的成立为国际能源合作架起了沟通桥梁。某种意义上来讲,国际能源组织的成立为国际能源合作的大规模展开和合作机制的建立提供了可能、奠定了基础。

(一)石油国输出组织

石油输出国组织(Organization of the Petroleum Exporting Countries)简称"欧

佩克"(OPEC),成立于 1960 年 9 月,总部设在奥地利维也纳,是一个自愿结成的政府间组织。"欧佩克"组织自成立以来,在提高石油价格和实行石油工业国有化方面取得重大进展。该组织创始成员国有 5 个,分别是:伊朗、伊拉克、科威特、沙特阿拉伯和委内瑞拉。1962 年 11 月 6 日,"欧佩克"在联合国秘书处备案,成为正式的国际组织,现有成员国 13 个。其中,5 个创始成员国为:伊朗、伊拉克、科威特、沙特阿拉伯和委内瑞拉;8 个后续加入的成员国有:利比亚(1962 年)、阿拉伯联合酋长国(1967 年)、阿尔及利亚(1969 年)、尼日利亚(1971 年)、安哥拉(2007 年)、加蓬(1975 年加入,1995 年退出,2016年重新加入)、赤道几内亚(2017)、刚果共和国(2018 年)。另有 3 个过往成员国分别是:印度尼西亚(1962 年加入,2008 年退出,2015 年重新加入,2016 年被暂停资格)、卡塔尔[①](2019 年 1 月退出)、厄瓜多尔(1973 年加入,2020 年1 月退出)。

"欧佩克"秘书处由秘书长直接领导,负责组织日常事务,接受理事会指令。"欧佩克"下设经济委员会、部长监察委员会等多个执行机构负责履行咨询、磋商、协调等多项职能。该组织出版包括《石油输出国组织公报》(月刊)、《石油输出国组织评论》(季刊)、《年度报告》和《统计年报》在内的多种刊物,通过对组织成员国相关信息的收集整理和分析,结合对国际石油市场形势和市场走势的预测,研判经济增长速率和石油供求状况等,为"欧佩克"成员国调整石油政策提供资讯参考。"欧佩克"成员国基于上述资讯和建议,曾分别在多次大会上就提高或是减少组织石油产量达成一致意见,以维持石油价格稳定,为消费国提供稳定的短期、中期乃至长期的石油供应。[②]

"欧佩克"组织是成员国基于丰沛的石油资源联合成立的卖方组织,以确保石油生产国在全球石油市场拥有话语权,维护产油国共同利益,对国际油价

---

① 2019 年 1 月,卡塔尔退出"欧佩克"组织。卡塔尔是仅次于俄罗斯和伊朗的拥有全球第三大天然气储量的国家,总储量达 24.5 万亿立方米,占全球天然气资源储量的 13%。此外,卡塔尔还是全球第一大液化天然气出口国,其天然气出口量相当于全球总供给量的三分之一。

② 陈绪学.中土油气合作管理模式研究[D].成都:西南石油大学,2011.

有非常大的影响力。根据"欧佩克"组织 2018 年度统计公报显示,全球已探明石油储量的 80% 以上位于该组织成员国。国际能源机构(IEA)数据也显示,"欧佩克"成员国生产的原油约占世界原油总产量的 40%。该组织成员国 2016 年原油总产量为 18.642 亿吨,约占世界原油产量的 42.5%。受新冠疫情影响,2020 年全球石油产量出现近年来的首次负增长,较 2019 年下降 5.3% 至 44.4 亿吨,欧佩克组织原油总产量下降到 15.7 亿吨,较 2019 年大幅降低 9%,连续第四年下降,在全球产量中占比降至 35.3%。

自石油成为世界主要能源以来,全球范围内共发生过三次石油危机,且都与该组织的成员国有关。这三次世界石油危机一方面对世界经济发展产生了深远影响,另一方面更影响着能源变革进程。

第一次石油危机。1973 年第四次中东战争期间,美国支持以色列,阿拉伯国家对美国、西欧、日本、南非等国实施了石油禁运,从而触发了第二次世界大战之后最严重的全球经济危机。此次石油危机对高度依赖石油的发达国家经济造成了严重冲击,并且在国际上造成了巨大的能源恐慌。1973 年 12 月,"欧佩克"组织宣布收回石油标价权,并将其积陈原油价格从每桶 3.011 美元提高到 11.651 美元。在这场危机中,美国工业生产下降了 14%,日本工业生产下降了 20% 以上,所有的工业化国家经济增长都明显放缓。[①②] 阿拉伯国家的"石油武器"逼迫以美元为主导的油价平衡机制逐步让步于石油输出国组织的内部协调机制。

第二次石油危机。1978 年底,世界第二大石油出口国伊朗政局发生剧烈变化,巴列维王朝被推翻,亲美国王巴列维下台,由此引发了第二次石油危机。从 1978 年底至 1979 年 3 月初,伊朗停止输出石油 60 天,使国际石油市场每天缺口达 500 万桶,约占当时世界石油日消费总量的十分之一,致使油价动荡、供应紧张。之后,1980 年 9 月两伊战争爆发,全球石油产量受到严重影响,

---

① 吉喆,丁吉林,刘奎. 石油:对中国经济影响有多大——访全国人大代表、全国人大财经委委员、原中石油总经理党组书记陈耕[J]. 财经界,2011(05):38—41.

② 张庸萍,刘建江,刘兵权,莫崇立. 国际产业转移与危机冲击的关系研究[J]. 经济地理,2011,31(02):254—258.

原本脆弱的石油国际供需平衡被彻底打破,从而再次引发石油危机。此次石油危机期间,"欧佩克"组织成员国内部意见发生分歧,多数成员国主张随行就市,提高油价,沙特阿拉伯则主张冻结油价,甚至单独大幅度增加产量来压低价格。成员国中主要出口国轮番提高油价,导致"欧佩克"组织内部产生分裂,使得其在当时失去了对石油国际市场的调控能力。这次席卷资本主义世界的第二次石油危机,引发并加重了又一次的世界经济危机。国际石油价格在1979年开始暴涨,从每桶13美元上涨至1980年底的每桶41美元。[①]

第三次石油危机。1990年8月伊拉克攻占科威特,"海湾战争"爆发。伊拉克遭受国际经济制裁,使伊拉克的原油供应中断,国际油价急升至每桶42美元。受高油价影响,美国、英国经济加速陷入衰退,全球GDP增长率在1991年跌破2%。这次石油危机使石油价格在3个月的时间从每桶14美元上涨到40美元,但高油价持续时间不长,国际能源机构启动应急预案,每天投放250万桶储备原油,以沙特阿拉伯为首的国家也迅速增加产量,很快稳定了世界石油价格。与前两次危机相比,此次危机对世界经济的影响要小得多。

在上述三次石油危机中,"欧佩克"组织及相应的机制建立并逐渐完善,发挥了相应的作用。当然,"欧佩克"组织作为一个石油生产及销售的卖方组织,更多的是考虑平衡国际石油产品产量及价格(图5-1),进而维护组织内各成员国之间的共同利益。"欧佩克"组织在内部建立了石油生产配额制,以防止石油价格波动,依据市场形势,其成员国服从统一安排,通过增加或减少石油产量,维持石油价格稳定。但该组织内部成员国之间的意见也常会发生分歧,严重时会导致组织暂时失去调控能力,引发石油市场价格的剧烈波动。总的来说,"欧佩克"组织在稳定国际石油市场方面发挥了重要的作用。

(二)国际能源机构

国际能源机构(International Energy Agency,IEA),亦称"国际能源署",成立于1974年11月,总部设在法国巴黎,是石油消费国政府间的经济联合组织,其宗旨是协调成员国的能源政策,发展石油供应方面的自给能力,共同采取节

---

① Ammann Daniel. The King of Oil: The Secret Lives of Marc Rich [M]. New York: St. Martin's Press,2009.

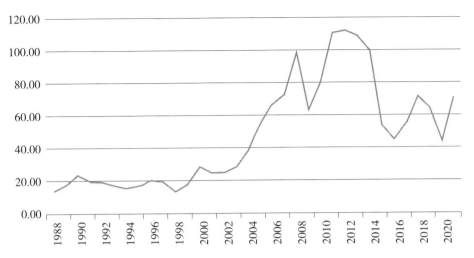

图 5-1　1988—2020 年布伦特原油期货价格走势(结算价年度平均值,单位:美元)

数据来源:wind 数据。

约石油需求的措施,加强长期合作以减少对石油进口的依赖,建立了在石油供应危机时分享石油消费的制度,提供石油市场情报,拟订石油消费计划,以及促进与石油生产国和其他石油消费国的关系等。[①]目前, 该组织成员国有 29 个,包括 16 个签署国:爱尔兰、奥地利、比利时、丹麦、德国、荷兰、加拿大、卢森堡、美国、日本、瑞典、瑞士、土耳其、西班牙、意大利、英国;13 个加入国分别为:挪威、希腊、新西兰、澳大利亚、葡萄牙、法国、芬兰、匈牙利、捷克、韩国、斯洛伐克、波兰、爱沙尼亚;另有墨西哥于 1994 年加入经济合作与发展组织之后,一直与国际能源机构保持着密切的联系。

20 世纪 70 年代初,为应对"欧佩克"组织对油价的控制,美国率先倡议建立发达国家能源消费国组织,对国际能源政策进行协商,通过石油消费大国结成消费国组织以制衡和积极应对石油输出国组织。美国在该机构中发挥着主导作用。1973 年到 1974 年,阿拉伯国家针对美国和其他发达国家采取的石油禁运政策无疑加速了经济合作与发展组织成员国之间在集体能源安全体系方

---

① 国际能源署（IEA）中文网站. http://www. infointime. cn/keywords/oil-iea-guanwang.

htm.

面的联合。1974 年 2 月,在华盛顿召开的经济合作与发展组织(OECD)成员国外交部长会议上,经谈判通过了组建能源协调小组制定《国际能源纲要》的决议,并指导和协调与会国的能源工作。1974 年 11 月 15 日,经济合作与发展组织各国在巴黎通过了建立国际能源机构的决定,将其确定为经济合作与发展组织的辅助机构之一。之后,参与该组织的 16 个签署国举行了首次工作会议,签署了《国际能源机构协议》,同时开始临时工作。1976 年 1 月 19 日,《国际能源纲要》协议正式生效。

《国际能源纲要》的签署和成立使得国际能源机构一方面确立了组织成员国国家间相互协调的原则,建立了石油储备和管理制度,以确保成员国能源安全;另一方面积极通过能源来源多样化以及提高动力设备效率,加强国际能源机构成员国能源安全。此外,国际能源机构还与许多"欧佩克"国家,如沙特阿拉伯合作,确保石油供给。按照《国际能源纲要》的规定,国际能源机构成员国必须拥有不少于 90 天石油净进口额的石油储备;成员国必须限制消费,在出现大规模供应中断的情况下,国际能源机构成员国必须动用储备,与其他成员国分享石油储备。欧盟在自身的框架内也建立了应对供应中断的反应体系,这一体系不但规定建立原油储备,而且还要求建立 90 天的主要石油产品储备。实际上,许多成员国拥有超过 90 天的储备。当一个或几个成员国的石油供应短缺,并且供给不足超过普通消费的 7%时,可以启动国际能源机构石油储备再分配体系。国际能源机构每一个成员国都设有专门的国家主管部门,负责对石油储备再分配进行内部调节。国际能源机构成员国会定期向秘书处提交有关本国能源市场状况的最新资料,其他成员国会派遣专家组赴相关成员国研究其本国能源政策中的关键内容,专家组对获得的信息进行评估,并与国际能源机构的共同任务进行比较,提出意见和建议。

在建立了确保石油能源安全的储备体系后,国际能源机构还致力于引导各成员国构建多元化的能源体系,促进加强煤、天然气、核能和可再生能源的开发利用,在节约能源方面采取积极行动和措施,以提高工业和公共生活部门中的能源效率,以此降低和缓和成员国对石油资源的依赖。自 1974 年起,国际能源机构成员国经济发展中的能源消耗量水平降低了 32%,石油消耗量降低了 80%,一次能源的自我保障水平从 63%增加到 73%。通过上述积极和富有成效的实践,国际能源机构积累了制定和实施共同能源政策的丰富经验,在开发利用可再生能源和新能源、提高能源利用效率和生态性以及节能领域都拥有了强有力的技术和组织能力。

国际能源机构出版了多种报告及刊物,对全球背景下能源局势进行分析,并定期对世界能源发展前景作出预测,对各国能源政策制定、实施和调整都有着重要的参考价值。具体包括:《世界能源展望》(World Energy Outlook)、《石油市场月报》(Monthly Oil Market Report)、《油气统计季报》(Quarterly Oil Gas Statistics)、《能源价格与税收》(Energy Prices and Taxes)、《油气信息》(Gas and Oil Information)等。上述报告不仅针对石油市场进行长期关注和追踪,同时对能源领域新的发展动态也进行关注和评估。此外,随着亚太地区能源需求迅猛增长,国际能源机构积极同中国、韩国等发展关系,如韩国积极保持与国际能源机构的合作。国际能源机构还对中东欧和独联体的能源局势进行了大量的研究,起草了波兰、匈牙利、罗马尼亚、捷克、斯洛伐克、乌克兰以及黑海地区国家能源状况的报告。国际能源机构在国际能源领域非常活跃,积极参加各类国际会议和活动,发挥了越来越重要的作用和影响力。

(三)应对气候变化的国际组织及协定

自全球开始关注气候变化问题,到目前为止,为共同应对气候变化,国际社会已成立和签署了三个国际性协定,致力于推动全球碳减排,以应对升温将会给全球带来的灾难性后果。

1.《联合国气候变化框架公约》

1992 年 6 月 4 日,在巴西里约热内卢举行的联合国环境与发展大会地球首脑会议通过了《联合国气候变化框架公约》。该公约是世界上第一个为全面控制二氧化碳等温室气体排放,应对全球气候变暖给全人类带来不利影响的国际公约,也是国际社会在应对全球气候变化问题上开展合作的一个基本框架。目前已有 192 个国家批准了公约,欧盟作为一个整体也是公约的一个缔约方,自 1995 年起,《联合国气候变化框架公约》缔约方大会每年召开一次。

《联合国气候变化框架公约》由序言及 26 条正文组成,指出历史上和目前全球温室气体排放的最大部分源自发达国家,发展中国家的人均排放水平仍相对较低,因此,应对气候变化应遵循"共同但有区别的责任"原则。根据这一原则，公约对发达国家和发展中国家的义务及履行义务的程序在规定上有所区别。公约要求发达国家作为温室气体排放大户，采取具体措施限制温室气体排放，并向发展中国家提供资金，以支付他们履行公约义务所需费用；而发展中国家只承担提供温室气体源与汇的国家清单义务，制订并执行含有关于温室气体源与汇方面措施的方案，不承担有法律约束力的限控义务。[①]公约建立了一个面向发展中国家提供资金和技术帮助以使其能够履行公约义务的资金机制。

2.《京都议定书》

1997 年 12 月，在日本京都举行了《联合国气候变化框架公约》第三次缔约方大会。会议通过了旨在限制发达国家温室气体排放以抑制全球变暖的、具有法律约束力的公约文件——《联合国气候变化框架公约的京都议定书》，简称《京都议定书》。《京都议定书》于 1998 年 3 月 16 日至 1999 年 3 月 15 日间开放签字，并于 2005 年 2 月 16 日开始强制生效。截止到 2009 年 2 月，共有 183 个国家通过了该条约，超过全球排放量的 61%。之后，美国（2001）、加拿大（2011）相继在签署后又退出。欧盟在有关气候变化的谈判中一直担当领导者角色，并在推动《京都议定书》制定和实施中发挥了重要作用。《京都议定书》是迄今为止国际气候谈判所达成的唯一带具有法律约束力的条约。

《京都议定书》是《联合国气候变化框架公约》的补充，有别于公约鼓励温室气体减排，《京都议定书》强制要求发达国家对温室气体[②]进行减排，对 2012 年前主要发达国家减排温室气体的种类、减排时间表和额度等作出了具体规定。《京都议定书》第一承诺期内，即从 2008 年到 2012 年间，主要工业发达国家的温室气体排放量要在 1990 年的基础上平均减少 5.2%，其中欧盟将 6 种温室气体的排放量削减 8%，美国削减 7%，日本削减 6%。[③]

---

① 韩永红.特殊与差别待遇：超越世界贸易组织的改革路径［J］.政治与法律,2019(11):136—144.

②《京都议定书》规定了 6 种温室气体,分别是：二氧化碳、甲烷、氧化亚氮、六氟化硫、氢氟碳化物和全氟化碳。

③ 胡静宜,杨檬.国内外碳排放领域工作研究[J].信息技术与标准化,2011(Z1):60—64.

　　2012 年在卡塔尔多哈举行的公约缔约方第 18 次会议上又通过了《京都议定书》第二承诺期修正案,为发达国家设定了 2013 年到 2020 年间的温室气体减排指标。但仅欧盟、澳大利亚等国家和地区宣布加入第二承诺期,日本、俄罗斯、新西兰等多国退出了《京都议定书》第二承诺期,以至于《京都议定书》的第二承诺期未能得以顺利推进,以"休克"告终。《京都议定书》还建立了三个灵活合作机制以推动温室气体减排,这三个灵活合作机制分别是:国际排放贸易机制、联合履行机制和清洁发展机制,上述三个合作机制在促进全球温室气体减排方面发挥了一定的作用。《京都议定书》的谈判、签署、实施、休克到消亡使气候变化谈判退回到原点,也反映出全球气候治理方面存在着"搭便车"现象,各国及地区在提供温室气体减排这样一种全球公共物品方面的积极性、主动性差异较大。

　　3.《巴黎协定》

　　2015 年 12 月 12 日巴黎气候变化大会上通过了《巴黎协定》,并安排于 2016 年 4 月 22 日在纽约签署该协定。这项有关气候变化的协定为 2020 年后全球应对气候变化行动做出了安排。《巴黎协定》是人类历史上应对气候变化的第三个里程碑式的国际法律文本,主要目标是将本世纪全球平均气温上升幅度控制在 2 摄氏度以内,并将全球气温上升控制在前工业化时期水平之上 1.5 摄氏度以内。[1]

　　《巴黎协定》安排了 2020 年以后的全球气候治理格局,其首次将 2100 年前温升大概率上控制在 2 摄氏度以内,并且努力实现 1.5 摄氏度写入了集体承诺。截至 2016 年 6 月 29 日,共有 178 个缔约方签署了《巴黎气候变化协定》,共有 19 个缔约方完成了相关程序。2016 年,政府间气候变化专门委员会(IPCC)发布的《IPCC 全球升温 1.5℃特别报告》更进一步指出,我们已经目睹了升温 1 摄氏度造成的后果,与将全球变暖限制在 2 摄氏度相比,"限制在 1.5 摄氏度对人类和自然生态系统有明显的益处,同时还可确保社会更加可持续和公平。但需要社会各方进行快速、深远和前所未有的变革"。

　　2019 年 9 月 23 日,俄罗斯总理梅德韦杰夫签署政府令,批准《巴黎气候协

---

① 姚强,朱晨.面向价值回归本源[J].施工企业管理,2018(12):38—40.

定》并正式加入。美国则反复无常,退出又加入。2019 年 11 月 4 日,美国国务卿蓬佩奥就退出《巴黎协定》发表声明,认为该协定给美国带来了"不公平的经济负担",在坚持"美国优先"原则下,美国启动退出《巴黎协定》的程序,成为协定缔约方中唯一一个"退出者"。之后,2021 年 1 月 20 日,美国总统拜登于宣誓就职后宣布美国重返应对气候变化的《巴黎协定》。

(五)新兴国际能源组织

能源变革进程中,随着能源品种的更迭与多元化趋势,基于新的理念及联合,有关能源治理的新型国际组织也在产生形成,其中就包括新近成立的上海合作组织能源俱乐部、全球能源互联网发展合作组织等。

1. 国际可再生能源机构

国际可再生能源机构(International Renewable Energy Agency,IRENA)相较于前述能源国际组织而言成立较晚,该组织于 2009 年 1 月 26 日在德国波恩成立,总部设在阿联酋首都阿布扎比,是为了在全球范围内,积极推动可再生能源向广泛普及和可持续利用的快速转变而成立的国际组织。2013 年 1 月 13日,中国代表团宣布计划加入该组织。2020 年 4 月 20 日,国际可再生能源机构首次发布《全球可再生能源展望——能源转型 2050》。《可再生能源装机容量数据 2021》报告称,2020 年全球可再生能源发电总量达到 2799 吉瓦,较2019 年增长 10.3%,新增可再生能源装机容量超过 260 吉瓦,较 2019 年的产能增幅又提高了 50%。

2. 上海合作组织能源俱乐部

上海合作组织能源俱乐部成立于 2013 年 12 月,是上海合作组织框架下发展和扩大能源合作的开放性多边平台。作为全球最大的能源出口国,俄罗斯率先提出了成立上海合作组织"能源俱乐部"的倡议,并为此做了积极的工作。早在 2006 年,俄罗斯在杜尚别举行的上合组织政府首脑会议上建议各国在核能、电力、天然气管道建设等方面进行合作。通过上海合作组织能源俱乐部,俄罗斯希望在其拥有优势地位的方向发挥主导作用。同时,俄罗斯也在积极联合其他天然气生产国组建"天然气出口国组织",即天然气"欧佩克"。俱乐部前三次高官会分别在哈萨克斯坦、俄罗斯和土耳其举行。目前,俱乐部会员有 12 个国家,包括:俄罗斯、中国、哈萨克斯坦、塔吉克斯坦、印度、巴基斯坦、蒙古、阿富汗、伊朗、白俄罗斯、土耳其和斯里兰卡。

从"能源俱乐部"概念提出至今,特别是经历了国际金融危机之后,上海合作组织区域内各国的能源状况,中国与上海合作组织国家的双边和多边合作,以及上海合作组织区域外国家与中亚国家的能源关系都发生了重大的变化。[①]2018年5月15日,上海合作组织能源俱乐部高官会第四次会议在北京举行。来自阿富汗、白俄罗斯、伊朗、哈萨克斯坦、巴基斯坦、俄罗斯、塔吉克斯坦、土耳其等国的代表参会,各国代表在会议上重点介绍了本国新能源领域的发展情况。

3. 全球能源互联网发展合作组织

2016年3月30日,全球能源互联网发展合作组织(Global Energy Interconnection Development and Cooperation Organization, GEIDCO)成立。该组织旨在积极开展全球能源互联网理念的传播、战略规划、国际合作、项目建设等工作,在促进"一带一路"和人类命运共同体建设中发挥了积极作用,已发展成为推动全球能源治理体系变革的一支重要力量。[②]截止到2019年底,该合作组织会员数量达到602家,遍及五大洲85个国家和地区,在全球设立了7个区域办公室和36个联合办事处,成立了咨询(顾问)和技术(学术)委员会,创办了《全球能源互联网》中、英文期刊,建成了全球能源互联网主题展厅与运行分析中心。

全球能源互联网是以特高压电网为骨干网架(通道),以输送清洁能源为主导,全球互联泛在的坚强智能电网,是基于特高压输电技术进步和智能电网兴起基础上演化融合而来的。全球能源资源与负荷中心普遍存在逆向分布特征,随着输电技术不断发展、电压等级不断提升,特别是中国特高压交直流输电工程的成功实践,为能源的高效开发、优化配置和合理利用,为实现电力跨大洲、大规模、高效率配置提供了解决方案和技术基础。2015年9月26日,习近平主席在纽约联合国发展峰会的演讲中正式宣布,"中国倡议探讨构建全球

---

① 刘乾. 能源俱乐部:对中国意味着什么?[N/OL].和讯网,(2013-08-06)[2019-03-05]. http://news. hexun. com/2013-08-06/156846460. html.

② 全球能源互联网发展合作组织官网. https://www. geidco. org/2019/0927/1648. shtml.

能源互联网,推动以清洁和绿色方式满足全球电力需求"。之后,全球能源互联网发展合作组织成立,以"一带一路"沿线国家为重点,大力推进跨国联网项目建设,搭建共建共享共赢平台,全面开展国际合作,与联合国气候变化公约秘书处、拉加经委会、非洲经委会,埃塞俄比亚、刚果(金)、几内亚等国家政府,以及有关组织、机构、企业、高校累计签署31项合作协议,在价值理念宣传、资源共享、联合研究、项目合作等方面开展了许多工作。

全球能源互联网已经被纳入联合国2030年可持续发展议程、促进《巴黎协定》实施、环境治理工作框架;被列入中阿合作论坛第八届部长级会议北京宣言和行动执行计划、第九届清洁能源部长级会议成果、第五十四届西非国家经济共同体首脑峰会公报。目前,全球能源互联网标准工作已经纳入《标准联通共建"一带一路"行动计划(2018—2020年)》,明确了全球能源互联网行动路线图,绘制了首份全球骨干电网图;研究提出"九横九纵"全球能源互联网骨干网架规划,开展五大洲电网互联规划研究,发布了非洲、东南亚、东北亚能源互联网规划。该组织深入研究全球能源互联网在气候、环境、经济、社会等领域的综合价值,制定全面对接联合国2030年可持续发展议程、应对气候变化《巴黎协定》、全球环境治理等全球战略的行动计划并公开发布。此外,该组织与几内亚政府共同发起成立非洲能源互联网可持续发展联盟的倡议,积极促进解决非洲重大能源项目面临的技术、资金、市场、地缘政治等难题,推动非洲清洁化、工业化、电气化等一体化发展。合作组织还创新提出"电－矿－冶－工－贸"的产业联动发展模式,为破解非洲等地区基础设施项目建设缺资金、缺市场、融资难、启动难问题提供了"一揽子"解决方案。

与此同时,合作组织组建了全球能源互联网大学联盟和智库联盟。大学联盟旨在发挥大学开展基础研究优势,以求在全球能源互联网科研攻关、成果分享、学科建设等方面实现创新突破,吸引更多高校师生投身全球能源互联网研究与建设,首批成员包括32所国内外知名大学。智库联盟旨在政策、理论、技术等领域搭建联合研究平台,为全球能源互联网发展提供智力支撑,首批成员包括来自全球五大洲13个国家的28所知名研究机构与智库。此外,合作组织跟踪并推动特高压海底电缆、柔性直流、大容量储能等技术研发攻关,制定发布全球能源互联网技术装备创新行动纲要和技术标准体系。[①]

上述新兴国际组织积极致力于推动全球能源变革,并为全球气候治理提供能源领域的变革支撑。虽然这些组织尚处于成立初期,其在发挥引领作用方面尚有待继续开展扎实有力的工作,但基于区域和全球能源治理的创新理念值得期待。此外,国际层面还有非政府的民间国际组织举办的各类能源国际会议,包括世界能源大会(World Energy Conference,WEC)、联合国新能源和可再生能源会议(United Nations Conference on New and Renewable Sources of Energy)等,就全球能源、能源工业、新能源和可再生能源的发展趋势、技术信息交换、教育培训等方面开展交流,也在推动能源国际发展方面发挥了重要作用。

### 二、组织协定演进特点

各种国际组织及协议协定的成立与签署是为了大致相同或一致的目标,为了实现和确保大体一致的利益。但随着国际能源形势的变化和发展,组织、协议协定存在的背景意义都在不断发生变化(图5-2)。

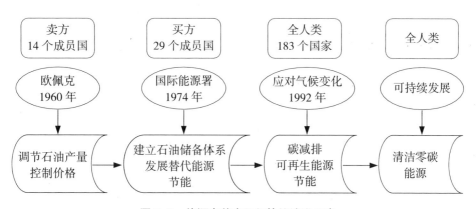

**图5-2　能源变革中组织协议演进示意**

资料来源:自行绘制。

(一)组织基于利益而生,因势而变

组织因共同利益而产生,并通过制定政策和遵守规则确保共同目标的实

---

① 服务"一带一路":推动基础设施互联互通 [N/OL]. 国家电网报社,(2017-10-19) [2019-10-10]. http://www.cec.org.cn/zdlhuiyuandongtai/dianwang/2017-10-19/174118.html.

现。在能源领域,无论是卖方组织,还是买方组织,都不会坚若磐石,其成立和势弱都有发展变化的背景因素在其中。卖方组织"欧佩克"因石油资源富集而生,其发展前景与石油的价值及稀缺性紧密相关。如果能源变革终将终结"石油时代",则"欧佩克"的消亡也将是一个必然。[1]作为全球最重要的产油国组织,"欧佩克"成立近60年来,其地位和影响力始终处于动态变化之中。所谓动态变化,一是基于温室气体减排背景下的能源"去碳化",主动降低石油等传统化石能源消耗;二是新一轮能源转型过程中,能源品种和结构多元化导致的石油占比降低;三是世界石油生产"多中心化",尤其以美国页岩油气革命取得成功为标志,世界范围内石油产量出现相对过剩,资源稀缺性和"石油权力"集中度降低。

2018年12月,卡塔尔宣布脱离"欧佩克",以及面对石油价格下跌"欧佩克"的数次"减产协议",都显示出"欧佩克"的"石油权力"已经在新一轮的能源变革进程中逐渐势弱。而作为买方组织的国际能源署则在成立之后致力于建立联合的石油储备体系,以最大限度地削弱石油供给问题对成员国经济社会发展的影响。同时,为了减少各成员国对石油地依赖,国际能源署也一直致力于鼓励促进发展可再生能源和新能源、提高能源效率和生态性,为新一轮能源转型提供了有力支持。

全球能源供需结构深度调整,随着"供给重心西移、消费重心东移"趋势明显;随着世界格局"东升西降",亚太经济增速较快、更有活力,同时大型油气管道的建成投产,使得全球能源消费重心"东移"。由此产生的新的博弈需要新兴能源组织产生以协调维护亚太新兴市场国家的共同利益。因而,从国际能源卖方、买方组织实力此消彼长,可再生能源国际组织的形成发展,以及新兴国际能源组织的产生中也可窥见能源变革的趋势和脉络。

(二)协议基于人类共同命运而生,顺势发力

气候变化问题是21世纪人类面临的最严峻挑战之一,事关人类生存和各国发展,需要国际社会携手努力、合作应对。正如联合国秘书长古特雷斯说的那样,如果国际社会不在2020年之前改变方向——包括制止致命的温室气体

---

[1] 崔守军."欧佩克"生存的前景与挑战[N].中国石油报,2019-01-22(006).

排放并推动气候行动以及迅速摆脱对化石燃料的依赖，将错失扭转气候变化的时机，并将给地球上的人类以及其赖以生存的自然系统带来灾难性后果。[①]气候变化是全球当前最大的公共产品，不同的国家对于应对气候变化的认识和所持态度不同。不同发展阶段和发展水平的国家对于气候变化所持的态度迥然不同，"搭便车"情况难以避免。气候变化从1990年开始谈判以来，在近30年的历程里存在众多分歧，实现有效的气候变化全球治理面对着诸多困难阻碍。从《联合国气候变化框架公约》到《京都议定书》，再到《巴黎协定》，气候治理的共识在国际范围内逐渐形成，也联合起了越来越多的国家，共同致力于能源领域的变革，应对气候变化问题。气候变化全球治理的重点不在于谁是受害者，谁应该付出代价，而是如何建立共识，通过共同的规范和标准进行合作以减缓变暖趋势。[②]各国在制定本国发展规划及实施政策过程中如果能充分考虑气候变化问题，人类就已经成功地迈出了气候变化治理的第一步。大势所趋，方向正确，可预见的是，共治之路漫且长，未来需要的是通过资金、技术、管理等进行综合立体治理。但也应看到，气候变化全球治理的特点就是每个国家并非完全平等地从应对气候变化中受害或者受益，协调各方利益异常复杂，利益多元化会最终导致气候变化谈判在温室气体减排责任分配方面难以达成共识。通过国际组织及协议协定开展全球气候治理尚不足以达到理想效果，各国及地区出于自身发展需要选择的不同能源变革路径也影响着未来全球能源变革进程。

（三）重视能源数据信息及预测，影响决策

上述各类组织都非常重视能源信息和数据的收集分析，甚至可以说，组织的建立和运行是基于能源数据开展的。要掌握组织内各成员国的能源生产能力、产量、出口量，预测世界不同区域、重点国家能源需求，根据世界经济形势和能源价格，调整安排成员国能源产品的生产。上述各个组织都有专业和权威

---

① 王震,陈永健.能源转型背景下石油公司的战略选择[J].北京石油管理干部学院学报,2019,26(02):8—13.

② 气候的敌人:谈判集团碎片化加剧[N/OL].新浪财经,(2009-12-21)[2019-01-03].https://finance.sina.com.cn/review/20091221/07327129818.shtml.

的能源信息收集、统计、分析、研究及发布平台,用于掌握、分析、研判能源生产与需求情况。随着信息收集、分析能力的不断提升,能源生产和利用将会变得更为高效、智能,能源效率的提升将会节约更多能源。未来能源变革的能源流、信息流、资金流之间将变得更加清晰和独立,能源信息与能源效能方面因互联网、大数据等技术的成熟也建立了越来越重要、越来越紧密的关系。能源供给依赖信息获取的公开、透明、及时,一方面将会使能源系统更为高效,减少能源浪费;另一方面可以使各个国家的能源决策更加符合实际,减少决策偏差产生的能源浪费和系统低效。

　　未来世界能源格局变迁,将对全球政治格局产生深远影响。在"供给西进"和"需求东移"大背景下,中国、印度等亚洲国家在需求侧的话语权也在显著增强,但同时也意味着未来发展对能源的需求将会受到"供给西进"的更多制约和影响。这将会是一场漫长且复杂的博弈。在气候变化这样一个大的背景下,发达国家能源技术、设备、管理能力等方面的共享显得更加重要。发达国家在能源转型过程中实现的技术突破应当秉持开放、共享的姿态,为发展中和落后国家及地区提供支持。一方面,中东亚地区是未来煤炭石油等传统化石能源消费量巨大的地区,因而在能源转型过程中压力更大、难度也更大。对发展中国家未来的能源增量和发展需求,发达国家应该在新能源技术、能效技术和能源管理方面对发展中国家给予有力支持, 加快各国能源转型速度。另一方面,目前世界上仍然有 10 亿人无法获得电力服务,尤其是在非洲,三分之二的人缺乏电力服务。对于能源资源匮乏的贫困国家和地区,发达国家应当提供先进低碳或零碳能源技术及设施体系,帮助其获得低碳清洁能源,改善生活和发展环境。

## 第二节　能源变革国家实例

　　当神话并未证实仅仅是神话之前, 能源目标和能源神话之间就会存在交集。当然,能源目标和能源神话之间存在着混沌地带,而人的认知也存在着局限性。在认知局限中,能源目标的制定会存在偏差,围绕能源目标制定的能源政策也会因诸多因素的影响产生政策失灵。不同发展阶段的国家和地区在能源转型过程中的基本情况千差万别,对气候治理的认识水平和所持态度都不同。基于发展的现状和能源系统的现状,未来以清洁、低碳、安全、高效为目标的能源转型过程中,各个国家和地区要选择不同的路径,其能源政策及演进路径也不尽相同。

已经完成了工业化的发达资本主义国家,从中长期看,未来有两条发展路径,一是继续延续"油气时代",稳定对传统化石能源的消耗,加大天然气的开发利用,满足能源需求,提供更为便捷、舒适的生活条件,同时发展低碳技术,应对碳减排和气候变化问题;二是转向"可再生能源时代",部分发达国家以零碳能源和碳中和为目标,从自身做起,主动节约能源、减少化石能源消耗,大力发展可再生能源和新能源。这两条路径分别以美国和德国最具代表性。与德国弃核、弃煤、全力发展可再生能源和新能源转型模式不同,美国能源转型主要方向是发展清洁能源,包括化石能源的清洁利用、利用核能、发展可再生能源、新能源等。以德国为代表的欧洲国家加速从"油气时代"向"可再生能源时代"转型;而基于页岩油气革命胜利成果,美国拥有大量廉价油气资源,从目前看,其将长期处于基本实现了"能源独立"的"油气时代"。

## 一、美国

美国本土丰富的能源资源是支撑美国经济崛起和发展的重要支柱。目前,美国已经拥有了涵盖传统化石能源、可再生能源和核能等在内的丰富多元的能源资源。美国能源部(United States Department of Energy)是美国联邦政府的一个下属部门,主要负责美国联邦政府能源政策制定、能源行业管理、能源相关技术研发等。

20世纪70年代,第一次石油危机爆发后,国际原油价格从2美元/桶上涨到11美元/桶以上,对依赖石油进口的消费大国造成了严重影响。也正是此次石油危机的爆发,美国提出了"能源独立"的口号和目标,并一直向着"能源独立"的目标迈进。页岩油气革命之后,美国真正实现了这一目标,正如美国能源部原部长里克·佩里所说的那样,"能源独立对美国来说已经不是一个响亮的口号,而是一个已经实现的事实"。2018年,里克·佩里提出了"能源新现实主义",并在 2019 年进一步提出美国步入了"能源新时代"。无论是"能源新现实主义",还是"能源新时代",都包含了两个重要内容:一是创新,二是继续利用化石能源。"能源新现实主义"的核心是坚持创新优先,同时,特别强调应当对本土丰富的化石能源进行"务实"的利用。以此为标志新一轮美国能源转型实际上依然是继续着"油气时代"的特点,即稳油、增气、减煤、稳核、大力发展可再生能源。① 甚至可以说,目前美国实际上迎来的是油气的"黄金时代"。数据显示,2000 年到 2017 年间,美国天然气消费占一次能源消费的比重从26% 增加到 28.7%;石油消费基本保持平稳态势,份额从 38.2% 略降至 37%;核能份额从 7.8% 增加到 8.6%;可再生能源份额从 0.76% 快速增长至 8.4%,增加接近 8 个百分点;煤炭份额则从 24.6% 下降到 14.3%,同比降低接近 10 个百分点。② 美国能源领域的充分独立自主,势必对全球能源格局以及气候治理带来深刻影响。

(一)煤炭式微,历史重任渐退

煤炭作为替代薪柴的重要能源,在开启和推动工业化加速过程中发挥了极为重要的作用。可以说,美国的崛起与其境内赋存丰沛的煤炭资源有着紧密的关系。煤炭的大规模开发利用强力支撑了美国经济的腾飞。1900 年,美国的煤炭产量超过了英国,成为世界第一产煤大国。20 世纪 20 年代到 50 年代,美国煤炭产量占到了全世界煤炭产量的 50% 以上,并将煤炭第一大国的地位一直保持到 20 世纪 80 年代初。③ 在 20 世纪前半叶,美国煤炭产量一直居于世界首位,也从能源的角度印证了美国经济高速发展的历程。直到 1984 年,中国才超越美国成为煤炭生产第一大国。2010 年,美国煤炭产量在全世界占比14.8%,仅次于中国的 48.3%,排名第三的澳大利亚占比为 6.3%;从 2011 年到2015 年,美国市场上冶金煤和动力煤的价格分别下跌了 72% 和 44%。美国煤炭生产重地阿拉巴契亚中部的煤炭产量从 2011 年到 2015 年下降了 37%。④2007 年以来,美国煤炭发电量减少了 40% 左右。这一方面与应对气候变化有

---

①② 林益楷. 美国进入"能源新时代"背后的喜与忧[J]. 能源,2019(05):60—63.

③ 吴剑奴. 美国能源结构演进[J]. 生产力研究,2012(07):178—180.

④ 王佐发. 美国煤炭业如何化解产能过剩[N]. 经济参考报,2017-07-25(008).

关,但更主要的是随着天然气和可再生能源比例的提升,煤炭公司经营愈加困难,燃煤电厂式微,煤炭产能过剩,煤价下跌。2015年至2019年5月,美国排名前四的老牌煤炭生产商相继申请破产,包括:排名第一的博地能源(Peabody Energy)、排名第二的阿奇煤炭(Arch Coal)、排名第三的云峰能源(Cloud Peak Energy)和排名第四的阿尔法自然资源公司(Alpha Natural)。美国产煤巨头退出历史舞台是美国此次能源转型的一个缩影,也是美国能源历史上煤炭角色起伏变化的一个过程。在可预见的未来,美国煤炭因成本、清洁性、灵活性、高碳等原因等将逐渐让位于油气,占比会持续走低。

(二)革命成功,油气重回巅峰

1859年,美国开始对石油进行商业化开采,并用了64年时间成为主导能源,在1923年实现了对煤炭的替代,同时使得美国石油产量占到世界石油总产量的60%以上。整个20世纪50年代中期以前,美国石油产量占比均在50%以上。美国基于石油资源的开发利用,助推了第二次工业革命,走在了世界各国的前列,并一直保持着优势和霸主地位。1960年,"欧佩克"组织成立后,因"欧佩克"石油产量迅速增加,导致此后美国石油产量在全球占比逐渐降低。2010年,美国石油产量占全世界石油产量的8.7%,排全球第三,仅次于俄罗斯和沙特。2013年,因页岩油气革命技术取得突破,美国油气产量显著提升,日均原油产量高达744万桶,较2008年产量提升49%。[①]2018年,美国原油产量1096万桶/日,2019年1230万桶/日,2021年1120万桶/日。美国原油进口量从2005年的1010万桶/日下降至2018年的770万桶/日,而2017年原油出口量则增至200万桶/日。2018年,美国油品净进口降至230万桶/日,是自1967年以来的历史最低值。美国在石油方面已经彻底实现所谓的"能源独立"。美国能源信息署(EIA)表示,2023年美国原油产量将超过疫情前水平,原因是页岩油产量飙升,将使平均日产量达到1240万桶。

天然气方面,美国作为天然气生产大国,一直在全球天然气产运销方面占据前列。1950年,美国天然气的产量就占到了世界天然气产量的90%;到1960年,这一占比达到了75%。1960年左右,美国成为世界上唯一生产、运输和消

---

① 华闻.美国能源结构发生三大转变[N].中国石化报,2014-08-29(005).

费大量天然气的国家。1960年之后，随着苏联天然气产量迅速增加，美国天然气在国际总产量中占比下降，但依然居于前列。1970年，美国和苏联天然气产量之和占到全世界总产量的75%以上。1983年，苏联天然气产量超过美国。截止到2010年，全球前五大天然气生产国依次是：美国19.3%、俄罗斯18.4%、加拿大5%、伊朗4.3%和卡塔尔3.6%，五国天然气产量之和占到全球天然气总产量的一半以上。2018年，美国液化天然气日均出口量30亿立方英尺（1立方英尺=0.028317立方米），日均产量达到1013亿立方英尺，比2017年增长11%。2019年1月，美国液化天然气日均出口量攀升至41亿立方英尺，比上一年增加了36.7%。可以说2019年，美国实现了"能源独立"。页岩油气革命在非常规油气领域取得的突破使得美国一方面不再受制于"欧佩克"产油国的石油供给制衡，另一方面其国内天然气产量激增，使得天然气对煤炭的替代作用显著，导致了美国煤矿企业的相继破产，天然气以其产量、清洁性和灵活性优势快速替代了大量燃煤电厂。

（三）关注节能，不断提升能效

1975年，美国出台了能源政策与节约法案（The Energy Policy and Conservation Act of 1975，EPCA），这是美国国会针对1973年石油危机而作出的应对。该法案制定了关于联邦能源政策的全面方针，其主要目标是增加能源生产和供应，减少能源需求，提高能源效率，并赋予行政部门更多的权力来应对能源供应中断造成的影响。该法案最突出最重要的内容是建立了战略石油储备制度、消费品节能计划和企业平均燃油经济标准。可见，能源供给的不足和风险可以显著促进节能政策与法令的颁布实施。相对较低的能源价格一方面会使美国经济在能源成本方面具有一定的优势，另一方面却也影响着节能政策的执行，因为低廉的能源价格会让消费者降低节约能源的意愿，无法有效刺激节能政策发挥实效，进而延长能源转型时间，增加转型成本。

随着美国加大了国内非常规油气资源的勘探与开发，技术突破使得油气产量重回全球前列。美国国内的石油产量持续增加，虽然充沛的油气资源使国内各类能源的价格都保持相对低廉，但能源消费却呈缓慢增长趋势。根据美国能源信息署（EIA）数据，2012年到2019年，美国石油消费量由2012年的1848.24万桶/天增加至2019年的2054.29万桶/天，年复合增长率为1.5%；

2020 年受疫情影响,各行各业开工率较低,石油消费量也有所下降,2020 年美国石油消耗量为 1812 万桶 / 天,同比下降 11.8%。这与经济低迷不振有关,但也与能效提升和可再生能源的替代有一定关系。2020 年美国石油消费中,运输领域占比 66.03%,工业领域占比 28.31%,住宅领域占比 2.87%,商业领域占比 2.32%,电力领域占比 0.46%。

美国在节能方面最具代表性的措施是制定了《公司平均燃料经济标准》(the Corporate Average Fuel Economy,CAFE)。该标准设置了两个阶段性目标:第一阶段是要在 1978 年使公司平均燃油效率达到每加仑燃油行驶 18 英里①的目标;第二阶段是要在 1985 年达到每加仑燃油行驶 27.5 英里的目标。2007年,美国议员提出修订 CAFE 标准的提案,要求提高标准,即到 2020 年,乘用车燃油经济性标准应提高到至少 36 英里 / 加仑;到 2025 年,轻型卡车的燃油经济性标准应提高到 30 英里 / 加仑。但法案在各利益集团的博弈中受到阻碍,未能通过。依据斯米尔教授的观察,上述法案在油价波动过程中并未发挥出应有的政策效果,也在现实中印证了低廉的能源价格并不能积极有效地促进能源节约。在该法案颁布之前,斯米尔教授观察认为,20 世纪 30 年代到70 年代之间的近 40 年里,虽然技术进步使得可实现的、可达的燃油效率显著提升,但小汽车的实际燃油效率并未显著提升,依然保持在每加仑 13 英里的水平。CAFE 法案颁布后,美国汽车平均燃油效率从 1975 年的每加仑 13.5 英里提高到 2006 年的每加仑 22 英里,之后到 2014 年,美国汽车平均燃油效率为每加仑 25.5 英里,比 20 世纪 70 年代的能效提升了近一倍。技术发展初期消极的节能依然会在长期科技进步过程中得到矫正,产生节能效果。但是技术进步应该带来的燃油效率的提升并未在现实中依据"摩尔定律"发挥实效,能效提升表现出显著的"惰性"和"滞后性"。即便是 20 世纪 70 年代石油危机导致的原油价格数度波动也并未能显著提升燃油效率。这种不能提高燃油效率的政策制定是非理性的,是一种失灵。即便是这样,美国也已经在节约能源和提高能效方面做出了很多积极的努力,并在节能与能效技术推广方面积累了丰富的经验。

---

① 1 加仑≈3.785 升,1 英里≈1.609 千米。

（四）发展可再生能源，注重技术研用

奥巴马政府时期，美国对于碳减排和可再生能源非常重视，技术方面有着较快的发展。在应对气候变化和碳减排方面，美国也在不断地增加对可再生能源技术的应用和补贴，积极发展可再生能源相关技术，提高可再生能源在能源结构中的比例。美国核电和水电基本上稳定在现在的水平，对于提高低碳、零碳能源占比，发展可再生能源是一个重要的方向。美国具体的可再生能源支持政策包括联邦层面和州层面，联邦层面包括投资税减免、生产税减免、清洁电力计划、修正的加速成本回收制度、折旧细则、可再生能源税收政策、能源局贷款项目；州层面政策包括可再生能源组合标准、可再生能源认证或基于绩效的激励、网计量（虚拟网络计量）、碳市场、国家税收抵免、资产评估清洁能源计划、财产税免税、州销售税豁免、政府补贴、清洁能源融资计划、补贴贷款、账单融资等。2015年，美国还出台了《清洁电力计划》最终法案，旨在实现从目前排放量较大的化石燃料发电机组转型至低排放或零排放机组的目标。《清洁电力计划》根据美国《空气清洁法案》中第111条(d)款明确了现有化石燃料，即煤炭、天然气、石油电厂和天然气联合循环发电机组的碳减排指导方针，并为每个州设定减排速率和目标，到2030年电力部门在2005年的基础上减排碳32%。可再生能源已经占到了美国新增电力容量的大部分，美国能源信息署（EIA）预计到2050年可再生能源发电在美国电力中的份额将增加到44%。

根据美国联邦能源管理委员会公布的月度报告数据显示，2019年4月美国可再生能源发电量首次创纪录地超越煤电，提供了23%的电量，煤炭发电量占比为20%。但是基于"能源新时代"的核心坚持，美国依然将发展和利用化石能源作为"务实"的选择。美国国内拥有大量廉价油气资源，使其将会长期处于"油气时代"。而根据美国能源信息署发布的《能源展望报告2019》预测，美国石油和天然气到2050年仍将会是主体能源并贡献绝大部分碳排放。对于气候变化和碳减排，美国认为应当更主要地依靠技术创新，依靠对化石能源的清洁化利用，通过发展碳捕集和封存技术、小型核电技术等技术，以此来实现整体碳排放量的减少，甚至于可以完全实现电力系统的近零碳排放。因此，美国发展可再生能源是以对化石能源的"务实"利用为基础的，是对能源体系进行的多元化补充。

美国自其早期崛起之时,就对能源一直保持着较高追求,在能源自给能力方面,受几次石油危机影响后坚定坚持了"能源独立"原则。美国在能源转型过程中的政策制定都是基于本国发展对能源的需求,极具对策性和目标性。美国能源结构从煤炭到石油、天然气以及可再生能源的比重变化符合了能源变革大趋势的特征。但基于其国内的资源禀赋和能源创新,美国目前的能源转型依然坚持沿"油气"为主线进行,碳减排和可再生能源方面则通过科技创新予以推进。

## 二、英国

作为工业革命的发源地,英国的能源开发利用历史值得被关注。可以说工业革命就是建立在煤炭基础上的革命,工业文明是建立在化石能源基础上的文明。而在能源变革历史进程中,英国新一轮能源转型也体现出了多元化趋势。总的来说,英国的能源转型也经历了"倚重煤""转向油气",再到向着"可再生"方向发展这三个阶段。在能源转型过程中,英国能源主管部门及出台的政策法令发挥着重要作用。最初的能源转型,或者说对能源开始进行规制始于《1956年清洁空气法案》。此后,《1989年控制煤烟污染法案》《1989年污染控制(补充)法案》《1989年天然气法案》《1990年环境保护法案》等一系列与保护环境、防止污染、使用清洁能源有关的法案都不同程度地加速推进了英国的能源转型。21世纪以来,英国将能源发展的重点放在了可再生能源上,先后出台了包括《英国生物能源战略》《海上风电产业战略规划》《零排放之路》等在内的多项战略和规划,以提高生物能源、风能、太阳能等低碳能源在生产生活中的应用。

(一)煤炭行业,落日余晖

2015年12月18日,英国位于约克郡的全国最后一个深层煤矿——有300年历史的、仍可开采20年的老煤矿——凯灵利煤矿(Kellingley)关闭了。在此之前,英国曾经年产1亿吨的Maltby煤矿也于2013年关闭。这意味着始于300年前的工业革命的光辉历史将彻底结束,煤炭的大时代在英国已走向终结。此外,英国政府还表示,计划到2025年关闭燃煤电厂,并且,该计划在2021年6月30日宣布禁令将提前一年实行,即到2024年10月1日燃煤电厂将全部关闭。

英国作为工业革命的发源地，基于蒸汽机技术的经济社会快速发展持续到 19 世纪末，开始逐渐放缓。虽然此时其仍凭借煤矿产业的发展牢牢占据着世界霸主地位，但煤炭作为主导能源的角色已经走向下坡。第一次世界大战爆发给英国煤矿业带来了沉重影响。当时英国煤炭产量虽居世界前列，但是规模小、经营分散、工业技术水平较低，煤炭行业整体生产水平较为落后，发展也日渐没落。当时英国有 3289 个矿井，分属 1589 个企业主体所有，采煤业仍然以人力为主，依靠铁镐和铁锹等落后的生产工具，新技术推广应用存在困难。第二次世界大战结束后，英国工人要求将煤炭行业国有化。英国工党理论家柯尔认为，"煤炭工业明显地应当社会主义化，因为在私人管理下，它既不能给消费者提供公道的廉价的煤，也不能维持矿工的工作和付给雇佣的人适当的工资"。煤炭开发利用所造成的负外部成本在没有相应规定和要求下，从理性经济人视角考虑，经济人是没有将负外部性成本内部化的自觉性和积极性的。1947 年，英国政府对煤炭行业实行了国有化，成立了国家煤矿管理总局，将1000 多个私营煤矿企业收归管理总局管辖，确保以适当的价格提供煤炭。英国煤炭国有化初期煤炭产业的确得到了发展，加之战后西欧各国处于经济恢复期，对能源需求很大，使得这一时期英国煤炭行业再次进入了黄金时期。

1952 年伦敦烟雾事件发生后，英国政府针对燃煤带来的环境危害，出台了《清洁空气法案》予以规制。这一事件使能源与环境之间的关系凸显，法案的出台对煤炭使用进行了管制，导致煤炭消费量降低，但煤炭产量并未削减。1956 年到 1959 年间，英国煤炭消费量减少了 2800 万吨，全国积存的煤炭高达3.6 亿吨，为此后的能源转型埋下了产量过剩以及大量从业人员失业的隐患。

20 世纪 70 年代之后，北海油田的发现使得英国政府具备了调整能源结构的资源基础和保障。1980 年初，英国北海油田储量达到 154 亿桶，英国成为全球主要产油国之一。与此同时，英国煤炭行业管理效率低下，生产动力不足，政府为确保国内生产厂商的利益，需要给予大量补贴。1974 年到 1975 年，英国政府对煤炭工业的补贴高达 1.406 亿英镑，还强制电力部门和煤炭企业签订合约，保证煤炭供应。此外，煤炭行业从业人员健康方面的补贴也越来越高，政府在此方面的负担日渐沉重，为之后煤炭行业再度私有化埋下了伏笔。

20 世纪 80 年代，以撒切尔夫人为首相的保守党政府上台之后推行新自由主义经济政策，奉行"自由市场"，希望对煤炭行业进行私有化改革，并鼓励国营煤矿业关闭效益低下的煤矿，减少补贴支出。1981 年初，英国全国煤炭委员会控制的煤矿有 211 座，到 1982 年初关闭了 11 座矿井，1983 年到 1984 年关闭了 21 座，1985 年到 1986 年关闭了 36 个。1989 年，英国进行第一次电力改革，私有化之后的电力公司无需再强制购买国内高价煤，英国国内的煤炭与低廉的进口煤炭相比彻底失去优势。到 1992 年，英国煤矿矿井数只剩下 50 个，矿工人数减少到 5.83 万人。1994 年，英国煤炭工业正式告别国营进入私营化。1998 年，英国煤炭公司建议再关闭 31 对矿井。从 1990 年开始，英国的煤炭产量持续下降，一直跌至 2017 年的最低点。根据英国煤炭管理局的资料显示，英国深层煤矿开采总量从 2009 年的 749.6 万吨下降到 2014 年的 368.5 万吨，近乎减少了一半。但煤矿负担的人工成本、开采成本越来越高，加之不时发生的安全生产问题等都影响着煤矿的持续发展，煤炭行业步履维艰。

而作为与煤炭联系极为密切的燃煤电厂未来的命运则使煤炭将彻底退出英国能源的历史舞台。以碳排放为约束，倒逼煤电机组陆续关停。英国政府制定了新的煤电厂碳排放强度标准，不得超过 450 克/千瓦时，这一排放指标比较接近天然气电厂碳排放强度。按照英国政府的计划和安排，2025 年 10 月 1 日起，任何电厂在任意时点碳排放都不得超过该标准。但鉴于目前和未来煤电厂采取碳捕捉与贮存技术（CCS）成本仍很高，届时将没有煤电厂能在确保经济性的基础上满足该标准，则可确保 2025 年全部煤电厂停运。2025 年之前，英国在运的煤电机组容量仅剩 1.5 吉瓦，年运行时间不超过 1500 小时，将在2025 年 10 月 1 日以后全部停运。英国煤炭在煤炭行业私有、国有、再到私有的分分合合历史中结束了其主导能源的角色，并随着老牌煤矿及其矿井的关闭完成了支撑英国工业革命的历史使命。但俄乌冲突爆发后，天然气危机和通胀压力使得英国政府不得不重启批准开设煤矿计划。2022 年 12 月底，英国在时隔三十年之后，重新批准在英格兰西北部坎布里亚郡开设一个新的煤矿——怀特黑文煤矿。这使得英国煤炭及燃煤电厂退出历史舞台的进程放缓，进而影响减碳及应对气候变化工作的推进。

（二）转型油气，承接煤炭

20 世纪 50 年代，英国开始走上能源转型之路。20 世纪 70 年代，北海油田的发现给英国能源从煤炭转向石油转变提供了资源基础和保障。英国能源转型的契机是 1952 年的"伦敦烟雾"事件。这一事件使能源与环境之间的关系凸显，英国政府也意识到了燃煤的环境危害，就此拉开了煤炭转型的序幕。

1956 年，英国出台了《清洁空气法案》规定禁止黑烟排放，采取了升高烟囱高度，建立无烟区，在无烟区对家庭壁炉进行改造、更换煤炭燃料等措施。法案加强了对煤炭的管制，提高了使用煤炭的门槛和成本。以至于 1956 年到 1959 年间，英国煤炭消费量减少了 2.8 千万吨，到 1959 年底，英国全国积存的过剩煤炭已高达 36 千万吨。[①]煤炭过剩使行业萧条，产量低、效益不好的煤矿不得不关闭、裁员。这一轮煤炭产量削减导致十二万矿工被解雇。此后几十年里，英国政府积极调整能源结构，大量增加石油天然气使用量，减少煤炭使用量。

2017 年，英国能源生产结构中石油原油（包括原油和天然气液体）占能源总产量的 40%，天然气占 32%，初级电力（包括核能、风能、太阳能和水力发电）占 17%，生物能源和废弃物占 10%，煤炭占比只有 1.5%。同年，英国能源消费结构仍然以化石能源为主，石油和天然气消费分别占总量的 35.85% 和 39.02%，煤炭消费只占 5.26%，三者总和占比超 80%。2020 年，石油的消费主要用于交通运输，而天然气的消费主要用于家庭的燃气供应上。新能源类包括生物能源和废弃物以及核能等占比不到 20%。根据下图（图 5-3、图 5-4、图 5-5）可以看出，在英国能源变革过程中，从 1990 年到 2017 年间，煤炭的比例显著下降，石油和天然气成为新一代的主导能源，石油与天然气之间的占比也在发生着变化。在油气替代煤炭成为主导能源的过程中，石油与天然气之间又存在着一个先油后气的结构变化过程。目前，天然气呈现强劲的发展趋势，石油消费量有所减少。自此，石油天然气成为英国的主体能源品种。

---

① 靠煤起家的英国，为啥要关闭所有煤矿？［N/OL］．环球网，（2015-12-23）［2022-03-27］，http://world.chinadaily.com.cn/guoji/2015-12/23/content_22782363.htm.

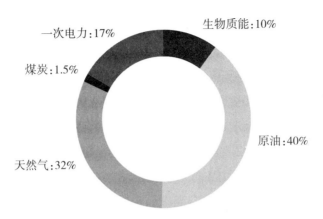

**图5-3　2017年英国能源生产结构**

资料来源:UK ENERGY IN BRIEF 2018。

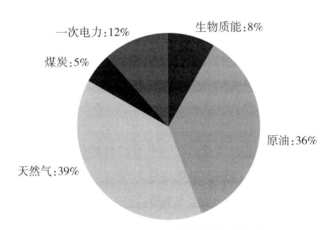

**图5-4　2017年英国能源消费结构**

资料来源:UK ENERGY IN BRIEF 2018。

(三)关注低碳,多元化转型

英国新一轮能源转型向着低碳方向前行,而低碳更多体现在提升一次电力结构中低碳电力的占比。现阶段,英国能源的低碳转型呈现低碳化、多元化趋势,可再生能源占比不断提升,生物能源和海上风能的涨幅最为明显,成为英国能源转型较为显著的方向。21世纪以来,英国将能源发展的重点放在了可再生能源上。英国政府先后发布了包括《英国生物能源战略》《海上风电产业战略规划》《零排放之路》等在内的多项战略和规划,以提高生物能源、风能、太阳

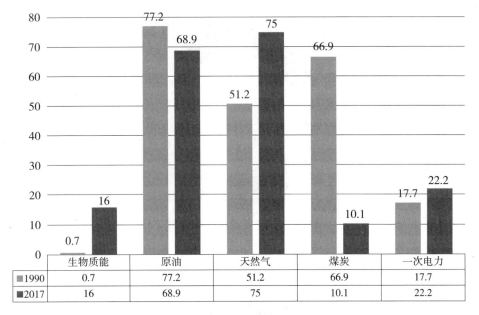

| | 生物质能 | 原油 | 天然气 | 煤炭 | 一次电力 |
|---|---|---|---|---|---|
| ■1990 | 0.7 | 77.2 | 51.2 | 66.9 | 17.7 |
| ■2017 | 16 | 68.9 | 75 | 10.1 | 22.2 |

图 5-5   英国 1990 年和 2017 年内陆能源的消费情况（单位:%）

资料来源:UK ENERGY IN BRIEF 2018。

能等低碳能源在工业和生活中的应用。

在发电侧,英国主要以石油、天然气、核能、可再生能源发电为主,燃煤发电量在整体发电量中几乎可以忽略不计(图 5-6)。1990 年到 2017 年,从英国不同能源类型的发电量变化来看,尽管天然气一直是最主要的电力来源,但发电量从 2010 年来逐年下降。受限于核技术缺乏自主能力以及廉价天然气的冲击, 英国核电发展几乎停滞, 发电量维持在 60 亿—80 亿千瓦时, 提供大约 20% 的电力供应。[①] 太阳能、风能以及其他可再生能源发电从 2000 年以来增幅明显。随着技术进步、成本下降,可再生能源发电将会是以后的发展方向。2016

--------

① 2015 年 12 月,服役时间 44 年的 Wylfa 核电站关闭,标志着英国第一代核电站全部退役。英国现在在运的核电机组以第二代气冷堆和一座压水堆为主,共 16 台机组,总装机容量约为 940 万千瓦。目前,英国唯一一个在建核电项目——欣克利角 C 核电站项目,如果建设过程顺利,将在 2025 年启动。基于上述考虑,核电未来在英国一次能源的占比变动不会太大。

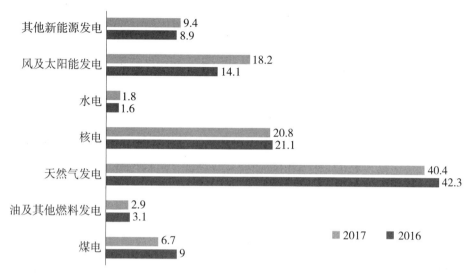

图 5-6　2016 年和 2017 年英国的电力结构 ( 单位 : % )

资料来源 : UK ENERGY IN BRIEF 2018。

年, 英国太阳能和风能发电比例是 14.1%, 其他可再生能源发电比例从 8.9% 提高至 2017 年的 9.4%, 其中天然气发电、核能发电以及燃煤发电比例均有下降 ( 图 5-7 )。2017 年, 英国电力结构中 40.4% 的电力来自天然气, 20.8% 的电力来自核能, 18.2% 的电力来自风能和太阳能, 燃煤发电只占总发电量的 6.7%。根

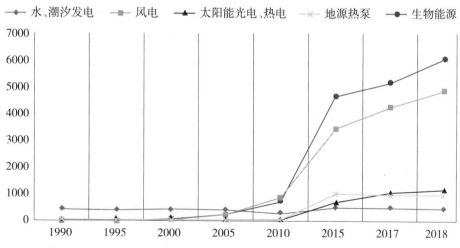

图 5-7　1990—2018 年英国主要可再生能源发电量走势 ( 单位 : 当量吨油 )

资料来源 : UK ENERGY IN BRIEF 2019。

据英国能源统计摘要（DUKES），2020 年英国来自可再生能源的发电量水平再次创下新纪录——全国电力的 43% 来自包括风能、太阳能和沼气在内的可再生资源，高于 2019 年的 37%，已经增加到了当前的历史最高水平。尽管新能源的消费量占总消费量的比例不高，但与 1990 年相比，英国在天然气、生物能源以及核能等低碳能源的消费上均有大幅增加。

英国能源转型多元化还体现在生物质能源的多样性，既包括动物来源的生物质，又包括植物来源的生物质；既包括沼气，又包括垃圾填埋气；既包括垃圾焚烧发电，又包括混合燃烧。生物质能已经成为当前英国可再生能源中最为重要和突出的内容。2012 年 4 月 26 日，英国发布了《生物能源战略》，该战略的首要原则是生物质能源必须是可持续生产的，英国政府需引导生物质能源可持续发展。英国气候变化委员会预测，2050 年，生物质能源在英国主要能源供应中的比例将翻一番。现阶段，英国可再生能源领域大概三分之二是生物质能源。2018 年，英国的可再生能源来源中，生物质能源占比 66%（图 5-8）。

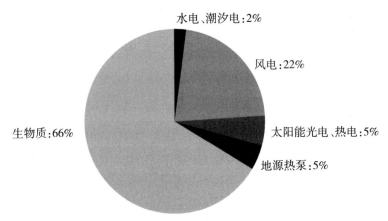

**图 5-8    2018 年英国主要可再生能源占比情况**

资料来源：UK ENERGY IN BRIEF 2019。

英国有丰富的海上风力资源，风电将成为英国未来可再生能源发展的着力点。海上风电的优势在于：一是不占用土地资源，二是远离城镇及居民生活区，三是对环境及景观影响小，四是转速和风机利用效率均高于陆上风机。2017 年，英国可再生能源来源中，风电占比 21%，仅次于生物质能源。2019 年，英国发布《海上风电产业战略规划》，明确提出海上风电将在 2030 年前装机容量达到 3000 万千瓦,为英国提供 30% 以上的电力;每个海上风电项目在英国本土采购的设备和服务最低比例从目前的 48% 提高到 60%;此外,英国政府将拨付 2.5 亿英镑来补贴英国本土海上风电供应链企业,使其在未来的国际海上风电创新中保持竞争力和领导地位。

总的来说,英国在能源转型路径上选择了"两步走",即"煤—油气""油气—可再生能源"。在能源生产和消费上,英国仍然以石油和天然气为主,煤炭即将退出英国能源的历史舞台。在电力结构上,英国以低碳能源为主,电力来源低碳化、多元化趋势明显。英国煤炭向石油的转型之路较为波折,并经历了较为激烈的利益调整和矛盾冲突。煤炭行业从小散乱,到国有化,再到私有化后行业走向没落。在能源变革过程中,每个国家的路径和进程都不同。但不可否认,未来的能源转型需要提前布局,才能够站在转型前沿,也才能在新旧能源替代过程中减少替代的"阵痛",实现能源平稳转型。

### 三、德国

德国是世界第七大能源消费国[①],能源消费结构以油气为主。但与其能源消费量不相适应的是德国石油、天然气资源的匮乏。因此,煤炭资源是德国发展可以依凭的保障性能源资源,并具有悠久的历史。德国能源转型始于 20 世纪 70 年代,石油危机爆发后,德国开始着手制定能源转型战略。德国能源转型是目标导向型的,正如德国能源署前总裁斯蒂芬·科勒在其《能源转型 2.0:德国面临的机遇挑战及对中国的启示》的演讲中讲的那样,"能源转型一定是要以二氧化碳减排为目标的转型,转型不要谈方法,而是要目标管理"[②]。德国能源署是德国国内致力于提高能源使用效率,专注于可再生能源和智能型能源系统的专业机构。

政策因素在德国能源转型中发挥了重要作用。德国正处于能源转型之中,

① 世界十大能源消费国 [N/OL]. 搜狐网,(2018-02-27)[2019-04-06]. https://www. sohu. com/a/224218002_500192.

② 德国能源转型经验对中国的启示 [J/OL]. 能源杂志,(2018-05-17)[2019-08-04]. https://www. sohu. com/a/231934509_240923.

其能源转型不是从化石能源退出、减排二氧化碳开始的，而是源于反核的诉求，以及《巴黎协定》中德国所做出的承诺。即以 1990 年为基准，德国到 2050 年要将二氧化碳排放量减少 80% 至 95%。当然，德国能源转型在最初是以确保能源安全为目标的，之后随着气候变化、碳减排压力以及对核电安全性方面的担忧，德国选择了向着可再生能源和以氢能为代表的新能源方向发力转型。德国能源转型政策经历了上网电价制度（1990）、可再生能源法案（EEG-2000，2014 年最新修订）、第一次核电逐步淘汰的决定（2000）、排放交易（2002）、节能条例、能量概念 / 延长核电站的寿命（2010）、福岛核事故 / 第二次核电逐步淘汰的决定（2011）、"气候保护计划 2030"（2019）等阶段。[①]进入 21 世纪，德国联邦政府在其《2010 能源规划》中提出，到 2020 年前降低 40% 的温室气体排放。为实现这一目标，德国联邦政府于 2007 年决定从 2018 年后不再补贴硬煤煤矿，并于 2014 年通过了《2020 年气候保护行动计划》。德国还希望到 2050 年在全国范围内彻底实现环保型能源的供给。2021 年 1 月 1 日生效的新修订的《可再生能源法》（EEG-2021）调整了可再生能源 2030 年的总量目标，由原来的可再生能源占能源供应总量的 50% 提高到 65%。

（一）硬煤退出，但煤依然发挥作用

煤炭资源是德国发展可以依凭的重要能源资源。正如历史学家弗兰兹·约瑟夫·布鲁格梅在研究鲁尔矿业历史所说的，"一百五十年来，煤炭是国家主要的能源资源和最重要的原材料"。早在 19 世纪，德国西部北莱茵－威斯特伐利亚州鲁尔山谷的煤矿、工厂和钢铁厂就一直是德国工业的心脏，为第二次世界大战后经济复苏提供了动力，创造了德国战后的"经济奇迹"。

1951 年前后，德国开始加强对煤炭及钢铁行业的管控，其在硬煤市场的主导地位开始减弱。到 20 世纪 60 年代，外国竞争对手降低了煤炭价格，使得进口煤炭比国内煤炭在价格方面更具有竞争优势。德国国内的煤矿业以及数以万计的就业岗位多年来一直依靠政府补贴维持经营。仅 2017 年，德国政府在

① 德国煤炭退出报告 ［R/OL］. https://mmbiz. qpic. cn/mmbiz_png/THty56L4pmK3z5rQr AGTMRzk2A9TlyqMHW6ibZFd0OEHzbwauQtLn3cxD0TbpNhH8ZSYMY9XSkQZsFtkSibEiapjQ/ 640?wx_fmt=png&wxfrom=5&wx_lazy=1&wx_co=1.

硬煤开采方面就支付了超过 10 亿欧元的补贴。如今，德国现役燃煤电厂使用的大部分硬煤都进口自俄罗斯、美国、哥伦比亚等国家，而德国国内也仍有许多露天煤矿开采褐煤直接用于坑口电厂发电。2016 年，德国尚有 40% 左右的电力由煤炭资源提供，这一比例在 2017 年降至 37%。[①]煤电占全部电力供应的 40%。2017 年至 2018 年，德国减少了 1.7 吉瓦的煤电装机容量，目前仍有 44.4 吉瓦的煤电装机，境内有 84 座燃煤发电厂。德国依然是欧洲最大的煤炭使用国（图 5-9）。

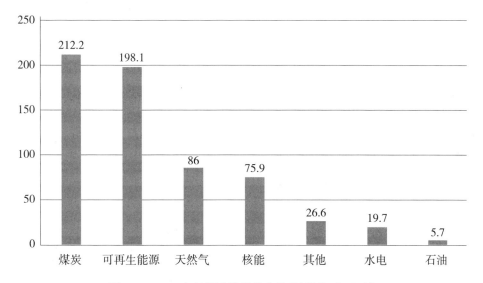

图 5-9　2017 年德国分燃料发电情况（单位：太瓦时）

资料来源：UK ENERGY IN BRIEF 2018。

　　实际上，德国总理安格拉·默克尔领导的政府早在 2007 年就已经决定逐步取消补贴，并在 2018 年之前关闭最后一个硬煤煤矿。因而，早在 15 年前位于德国北威州鲁尔区的哈尼尔煤矿的工人就已经知道了煤矿将要关闭的时限。2018 年 5 月，德国总理默克尔任命并宣布组建"煤炭退出委员会"，由联邦经济和能源部监管，探索如何减少煤炭用量，最终实现整体煤电转型，其成员包括来自工业、发电企业、工会、科学界、受影响地区的人士及公民组织。同时，

---

① 李佳慧. 德国能源结构的"清洁转型"[N]. 中国环境报，2015-04-23(004).

该委员会也将为煤电主导地区和煤炭工人寻找出路。

2017年,褐煤发电总量约占德国电力供给的14.4%,而硬煤发电则占德国发电总量的22.6%。2018年12月底,德国境内最后一座硬煤矿,位于北威州鲁尔区的哈尼尔煤矿正式关闭。德国禁煤并关停了煤矿并不意味着其不再使用煤炭,燃煤电厂目前以及未来一段时间在德国的能源供给体系中仍会发挥一定作用。原因在于:一是虽然德国国内停止了开采硬煤,但其褐煤开采和使用量仍然较高,在一些地区,褐煤开采仍是当地经济支柱,开采出的煤炭大部分用于附近的坑口电站,露天开采褐煤仍具有盈利性。① 二是虽然德国电力结构中可再生能源发电的比例不断提高,但风光电不稳定及强波动性,也需要传统能源配合调峰,维持电网运行的稳定和安全,煤电作为维护电力稳定供给的力量,仍不可或缺。② 三是虽然已经确定核电退出时限,但为弥补核电缺口、保证电力供应,无烟煤与褐煤电厂仍继续运行,褐煤开采还将继续。2011年,日本福岛核电站发生核泄漏事故后,德国民众反核情绪高涨。由于担心核能的危害,从2012年开始,德国停止了所有的核电站工作,决定到2022年放弃核电,未来核电退出后的电力缺口仍有待其他能源进行补充,彻底告别煤电依然任重道远。

2019年1月26日,德国"煤炭退出委员会"在历经艰难谈判后宣布,到2038年,德国将关闭所有燃煤电厂。德国波茨坦气候影响研究所推荐的"淘汰煤炭路线图"具体为:到2022年前关闭12.5吉瓦的煤电装机,到2030年再关闭13吉瓦,到2038年全面淘汰煤电。同时,政府将给予受影响区域的企业及消费者连续20年、每年20亿欧元、总计400亿欧元的补偿。同时,规定了德国政府应在2032年对路线图的完成情况进行评估,已确定届时的减煤成效可否在2035年提前完成电力"脱煤"的目标。③

---

① 德国能源转型并不轻松 [N/OL]. 经济日报,(2019-01-09)[2019-09-05]. https://baijiahao. baidu. com/s?id=1622144378710603990&wfr=spider&for=pc.

② 德国最后一个煤矿关闭不是为了保护环境 [N/OL]. 搜狐网,(2018-12-21)[2019-05-03]. http://www. sohu. com/a/283507639_505211.

③ 2038年德国煤电退出:激进的路线图 [N/OL]. 能源杂志,(2019-03-23)[2019-6-06]. https://www. xianjichina. com/news/details_105084. html.

（二）电力体制改革，加大电网改造

1998 年之前，德国的电力属于垄断行业。之后，欧洲电力市场进行了市场化改革，发电和输配电分离，防止电网企业对其他市场参与者实施不当限制手段，阻碍能源领域改革。这也为之后德国能源转型、大力发展可再生能源电力奠定了基础。在确立能源转型方向后，德国大力发展智能电网，不断加强电网柔性和灵活性。政府加大投入，建设大规模输电通道，兴建新一代可再生能源国家电网。未来配电网不再是传统的辐射式结构，而是拥有大量用户和众多分布式电源、供需互动的新格局，电力市场需求侧能够有效响应电力系统的技术和市场价格信号。发电环节，德国通过技术改造等增加火电机组调峰深度和灵活度，通过增加储热设施等方式提高热电联产电厂的调峰能力；电网环节，德国加强电网建设，扩大电网互联范围，发挥互联电网间接储能系统的作用；用电环节，综合运用储能、热泵、电动汽车、智能电表等技术手段，提高负荷的可调节性。2016 年，德国发布"哥白尼计划"，研究重点分别集中于电网开发、富余电力储存、适应能源供给变动的工业生产流程、加强能源系统有关各方相互协作等的能源转型关键领域。[①]

目前，德国电网的可靠性程度很高，可接纳 50% 的不稳定电源入网。电网可靠性高的保障一方面是基于德国对风电和光电的预测较为准确，即使不能达到 100% 的准确，但经过预测可以明确在什么时段大致会有多少风能和太阳能输入；另一方面是依靠灵活性强的机组更好更快地发挥调节作用，确保电网整体的稳定性。德国可再生能源电站以分布式为主，90% 以上使用屋顶光伏系统，用户达到 100 多万户，且全部并网，足见其电网良好的可靠性、智能性和柔性。德国电价整体水平为欧洲最高，根据欧盟委员会发布的数据，2018 年德国非居民用电电价为 0.15 欧元 / 千瓦时，在欧洲价格最高；居民用电电价为 0.295 欧元 / 千瓦时，仅次于丹麦。虽然高电价造成了德国能源转型的高昂成本，但却在推动可再生能源发展、提升节能意识和提高能效方面发挥了重要

---

① 德国煤炭退出报告 ［R/OL］. https://mmbiz. qpic. cn/mmbiz_png/THty56L4pmK3z5rQr AGTMRzk2A9TlyqMHW6ibZFd0OEHzbwauQtLn3cxD0TbpNhH8ZSYMY9XSkQZsFtkSibEiapjQ/ 640?wx_fmt=png&wxfrom=5&wx_lazy=1&wx_co=1.

作用。

(三)注重提高全领域能源效率

德国的能源转型是从两个维度推进的:一是在节流方面,坚持优先提高能效,提高能源的综合利用效率,努力让同样多的能源做更多的事情;二是在替代方面,努力在更多领域和情境下积极引入可再生能源替代化石能源,降低化石能源消耗、降低碳排放。在提高能效方面,设计合理的激励机制是关键。德国是世界上能效最高的国家,其中尤以建筑节能标准最高。德国很早就出台了建筑的"保温规范"和"供暖设备规范"。2002年,德国又出台了《节能条例》(EnEV)取代了上述两个规范。《节能条例》第一版于2002年2月1日生效,第二版生效时间为2004年,并在2007年依据欧盟节能建筑的指导方针(2002/91/EG)进行了修订。《节能条例》最新版是2009年生效的,在2012年进行了修订,有了更严格的规定和要求,包括一次能源的使用必须减少25%,可通过改善隔热措施,或使用可再生加热技术来满足;房屋的隔热性能必须提高约20%;违反EnEV2016,将处以最高50000欧元的罚款。德国在交通领域大力发展电动汽车等新能源汽车,通过费税制度调整,减少化石燃料在交通领域的使用。此外,根据"煤炭退出委员会"的工作计划,未来在2030年要将80%的德国列车系统转换为电力系统,以此替代交通领域的化石燃料消耗。在工业领域,通过完善能源管理体系及为节能先进企业减税等方法,刺激企业为提高经济效益而主动采取节能措施。可以看出,德国在节能领域的政策法令是一个积极修订完善、与时俱进、不断向前推进的动态调整体系。

(四)可再生能源的崛起

高度工业化的德国在能源变革过程中选择了可再生能源这条路径,且可再生能源将主要用于发电,提高电力中可再生能源的比例,是实现转型的重要目标。这一路径的确立和选择是通过市场化方式遴选出来的。德国政府在坚定的能源转型决心、足够的耐心和坚持下,从无法判断哪种可再生能源更具优势的情形下,创新制度和政策设计,建立了可再生能源的市场遴选机制,等待市场通过成本和价格机制甄选出具有优势和竞争力的可再生能源品种,而不具备发展潜力和竞争优势的可再生能源,如地热能、生物质能等被渐次淘汰出局。这一过程用了十几年的时间。在此过程中,坚持市场化选择,基于能源的供应成本或者边际成本,通过企业自行报价,淘汰成本高的,留下成本低的,同时也促使技术更加有革新的积极性。

按照德国政府最新的"能源转型"计划,到2030年,德国可再生能源发电比例需达到65%,碳排放量较1990年需减少55%。正如斯蒂芬·科勒说的,"转型没那么简单。德国确实还需要一点时间",提高可再生能源发电供热比例是未来德国实现能源转型目标的重点领域,逐步通过以电代气、以电代油,利用可再生能源发电逐步替代热力行业的油气煤炭等化石燃料。

德国自20世纪80年代初在能源和气候政策辩论中首次开始使用能源转型这一提法。目前,德国能源转型的重点已经转移到提高能源效率和加大可再生能源的投资。德国制定了"可再生能源计划",目标是将德国能源结构由煤炭和核能转向可再生能源,发展低碳经济。① 德国颁布《可再生能源法》,使可再生能源领域的投资成为无风险、高利润的投资领域,为可再生能源份额的提高提供了法律保障。德国联邦政府制定的可再生能源总体目标是,到2020年可再生能源达到总能源消耗的18%,2030年达到30%,2040年达到45%,2050年达到60%。其中,2050年可再生能源占总电力消耗要达到80%。在2000年时,德国可再生能源比例仅有5%,而在《可再生能源法》颁布后,2017年德国可再生能源发电占到发电总量的33.1%;2018年德国的可再生能源比例已高达33%,其中光伏表现尤为强势。2020年,德国可再生能源发电量不断增长,达246太瓦时,占比达50.5%,其中光伏发电发展最为迅猛。2021年《可再生能源法》又进行了新的修订,《可再生能源法》(EEG-2021)调整了可再生能源2030年的总量目标,由原来的可再生能源占能源供应总量的50%提高到65%。

德国目标导向的可再生能源发展经历了爆发式增长、大力补贴、补贴紧缩、理性回归、稳步发展这样一个过程。自20世纪90年代开始通过立法和政策颁布推动可再生能源发展。1991年,《电力入网法》是推动可再生能源发展的政策开端,但由于初期激励力度不大、激励效果不明显。2000年,德国又出台了《可再生能源法》取代《电力入网法》,成功启动并打开了德国国内光伏市

---

① 德国能源结构升级困难重重[N/OL].搜狐网,(2018—08—25)[2019-09-01]. http://www.sohu.com/a/249987860_488177.

场,为德国光伏发展打开了快速通道。《可再生能源法》分别在 2003 年、2008 年、2011 年、2014 年、2016 年和 2017 年进行了修订。2008 年,光伏发展过快、补贴成本过高等问题开始显现, 德国开始通过光伏补贴动态下调等政策调整控制光伏发展速度。《可再生能源法(2011)》通过修订进一步对补贴、光伏电网消纳等政策进行调整。《可再生能源法(2014)》首次提出针对光伏电站的招标制度试点,分阶段推动光伏融入电力市场、调减并最终退出补贴。同时,通过调整对用电密集型企业、自发自用电量等的电费附加分摊减免政策,严格控制可再生能源电费附加。《可再生能源法(2016)》体现了德国对欧盟关于各国可再生能源支持政策要求的响应, 也体现了德国政府实现高比例可再生能源发展目标、降低可再生能源发展成本的决心。《可再生能源法(2017)》最重要的新规定是采用招投标模式来确定对可再生电力的津贴, 新法案还为租户用电模式和本地用电模式等分散式电力供应商提供了机会。2019 年,德国对可再生能源的补贴已经开始紧缩,回归了理性发展的轨道。

德国光伏发展最辉煌的时期是 21 世纪前 20 年。2009 年,德国光伏风电新增装机 4.5 吉瓦,2010 年到 2012 年,连续三年新增装机超过 7 吉瓦。此后,受德国光伏补贴政策的调整,2013 年作为缓冲,2014 年开始,德国光伏装机量出现断崖式下跌。之后, 德国政府为新增光伏设立了 2.5 吉瓦的目标, 但是 2014 年到 2017 年,连续四年新增装机均低于 2 吉瓦。2018 年对德国光伏有着重要的意义,因为自 2014 年以来这是首年光伏装机超过 2 吉瓦,达到 2.4 吉瓦。在风电方面,德国风电设备制造业居全球领先地位。根据德国风能协会下属的弗劳恩霍夫风能及能源系统技术研究所的最新研究,德国仅有 2% 的土地可以用于发展风电,经过 20 多年的发展,风电已经有了长足发展,且风电发展方向也从陆上风电转向了海上风电。海上风电已逐渐成为德国能源转型的支柱型产业,陆上风电新装机量则快速下滑。

此外,在发展氢能方面,德国高度重视"绿色氢能源",将氢视为德国能源转型成功的关键原材料,发布了《国家氢能战略》,总投资 90 亿欧元,推出 38 项具体措施,涵盖氢的生产制造和应用等多个方面。为了配合德国氢能战略,新修订的《可再生能源法》部分免除绿氢生产商必须支付的可再生能源附加费。使用可再生能源生产氢气的公司,以及确保其设施和产品有助于电网稳定和能源供应的整体可持续发展的公司，可以完全免除征收可再生能源附加费。

德国在选择了可再生能源这条转型之路后，考虑的不再是哪种电更便宜的问题，而是坚定地开始系统性地考虑如何构建一个能源体系，以及如何通过市场化方式使可再生能源比重快速提升，使以可再生能源为主的能源体系在未来更加可靠稳定高效。这种经历市场洗礼选择出来的可再生能源品种对于全球可再生能源发展极具借鉴意义。

# 结　语

从美国、英国和德国的能源变革历程来看，到目前为止，化石能源在能源体系和结构中依然保持着主导地位。以至于有学者研究认为，"过去的 200 年来，虽然可再生能源的使用有所增加，煤炭、石油、天然气等传统能源的使用比例有所下降，但其使用总量还是呈上升趋势，可选择的能源种类有所增加，但全球从未有过能源转型"。面对未来的能源需求，能源自给能力将会成为一个国家安全稳定发展的压舱石、定盘星。在此基础上的能源多元化、能源国际合作则是基于能源自给能力基础之上的、对能源结构的调整和优化，是提高能源开发利用水平、更好地应对气候变化的路径选择。纵观已经完成工业化的国家所经历的能源变化轨迹，人类已经深刻认识到传统工业化的老路将无法负担起人类的发展需要，西方新自由主义的弊端显露无遗。无论是怎样的负外部成本内部化，都无法根除理性经济人追求利益最大化的本性。人类需要寻找新的发展方式和路径，摒弃或避免资本主义经济及制度中形成的"经济效益最大化"的价值标准，摒弃资本主义工业化进程中形成的根深蒂固的"人类中心主义"，摒弃以最大限度改变世界来彰显文明进步的狭隘思想。能源变革的未来及趋势是能源视角下人类社会对新的文明的期盼，从高碳到低碳、从污染到清洁、从采掘破坏到环境友好、从大规模集中利用到分布式、多元化对新的发展模式、发展路径、发展理念的探寻。

# 参考文献

1. 中国石油经济技术研究院. 2050 年世界与中国能源展望［M］. 北京：石油工业出版社，2017.

2. 何盛明. 财经大辞典［M］. 北京：中国财政经济出版社，1990.

3. 诺斯. 经济史中的结构与变迁［M］. 上海：三联书店，1994.

4. 邓宏图. 组织与制度［M］. 北京：经济科学出版社，2011.

5. Ammann Daniel. The King of Oil：The Secret Lives of Marc Rich ［M］. New York：St. Martin's Press，2009.

6. 于立. 现行经济学学科设置问题与法律经济学的兴起 ［J］. 改革，2011 （04）：144—151.

7. 吉喆，丁吉林，刘奎. 石油：对中国经济影响有多大——访全国人大代表、全国人大财经委委员、原中石油总经理党组书记陈耕 ［J］. 财经界，2011 （05）：38—41.

8. 张庸萍，刘建江，刘兵权，莫崇立. 国际产业转移与危机冲击的关系研究 ［J］. 经济地理，2011，31（02）：254—258.

9. 韩永红. 特殊与差别待遇：超越世界贸易组织的改革路径［J］. 政治与法律，2019（11）：136—144.

10. 胡静宜，杨檬. 国内外碳排放领域工作研究 ［J］. 信息技术与标准化，2011（Z1）：60—64.

11. 姚强，朱晨. 面向价值回归本源［J］. 施工企业管理，2018（12）：38—40.

12. 王震，陈永健. 能源转型背景下石油公司的战略选择［J］. 北京石油管理干部学院学报，2019，26（02）：8—13.

13. 林益楷. 美国进入"能源新时代"背后的喜与忧［J］. 能源，2019（05）：60—63.

14. 吴剑奴. 美国能源结构演进［J］. 生产力研究，2012（07）：178—180.

15. 王卓宇. 德国能源转型：政策及成效［J］. 国际论坛，2016，18（02）：74—

78+81.

16. 范姗姗.2038年德国去煤:任重道远[J].能源,2019(03):43—45.

17. 王佐发.美国煤炭业如何化解产能过剩[N].经济参考报,2017-07-25(008).

18. 朱彤,从博云.美国、日本和德国能效管理的经验与启示[J].中国发展观察,2018(Z2):110—114.

19. 崔守军."欧佩克"生存的前景与挑战[N].中国石油报,2019-01-22(006).

20. 华闻.美国能源结构发生三大转变[N].中国石化报,2014-08-29(005).

21. 李佳慧.德国能源结构的"清洁转型"[N].中国环境报,2015-04-23(004).

22. 孙肖阳.中国能源转型及政策研究[D].北京:中国石油大学(北京),2017.

23. 陈绪学.中土油气合作管理模式研究[D].成都:西南石油大学,2011.

24. 刘乾.能源俱乐部:对中国意味着什么?[N/OL].和讯网,(2013-08-06)[2019-03-05].http://news.hexun.com/2013-08-06/156846460.html.

25. 胡琛.美国能源转型的代价:全美第三大煤炭生产商申请破产[N/OL].新浪财经,(2019-05-13)[2019-09-10].http://finance.sina.com.cn/stock/usstock/c/2019-05-13/docihvhiews1591434.shtml.

26. 气候的敌人:谈判集团碎片化加剧[N/OL].新浪财经,(2009-12-21)[2019-01-03].https://finance.sina.com.cn/review/20091221/07327129818.shtml.

27. 服务"一带一路":推动基础设施互联互通[N/OL].国家电网报社,(2017-10-19)[2019-10-10].http://www.cec.org.cn/zdlhuiyuandongtai/dianwang/2017-10-19/174118.html.

28. 世界十大能源消费国[N/OL].搜狐网,(2018-02-27)[2019-04-06].https://www.sohu.com/a/224218002_500192.

29. 德国能源转型经验对中国的启示[J/OL].能源杂志,(2018-05-17)[2019-08-04].https://www.sohu.com/a/231934509_240923.

30. 德国煤炭退出报告［R/OL］. https：//mmbiz.qpic.cn/mmbiz_png/THty56L4
pmK3z5rQrAGTMRzk2A9TlyqMHW6ibZFd0OEHzbwauQtLn3cxD0TbpNhH8ZSYM
Y9XSkQZsFtkSibEiapjQ/640?wx_fmt=png&wxfrom=5&wx_lazy=1&wx_co=1.

31. 德国能源转型并不轻松［N/OL］. 经济日报，(2019-01-09)［2019-09-
05］. https：//baijiahao.baidu.com/s?id=1622144378710603990&wfr=spider&for=pc.

32. 德国最后一个煤矿关闭不是为了保护环境［N/OL］. 搜狐网，(2018-
12-21)［2019-05-03］. http：//www.sohu.com/a/283507639_505211.

33. 德国能源结构升级困难重重［N/OL］. 搜狐网，(2018-08-25)
［2019-09-01］. http：//www.sohu.com/a/249987860_488177.

34. 2018 年德国可再生能源发电量占比超过 40% 光伏装机容量超过 2GW
［N/OL］.(2019-01-08)［2019-09-03］. https：//www.energytrend.cn/news/20190108-
61586.html.

35. 卡塔尔将于 2019 年 1 月退出"欧佩克"［N/OL］. 凤凰网，(2018-12-03)
［2019-05-09］. http：//www.chinanews.com/gj/2018/12-03/8691287.shtml.

36. 国际油价涨涨涨 OPEC 暗示可能延长减产［N/OL］. 新浪网
(2019-05-23)［2019-11-03］. http：// finance.sina.com.cn/roll/2019-05- 21/doc-
ihvhiews3434916.shtml.

37. Vaclav Smil. Examining Energy Transitions：A Dozen Insights Based on
Performance［J］. Energy Research & Social Science，Vol. 22，2016，pp：194—197.

38. UK ENERGY IN BRIEF 2018 ［R/OL］. https：//www.gov.uk/government
/statistics/uk-energy-in-brief-2018.

39. UK ENERGY IN BRIEF 2019 ［R/OL］. https：//www.gov.uk/government
/statistics/uk-energy-in-brief-2019.

40. 靠煤起家的英国，为啥要关闭所有煤矿？［N/OL］. 环球网，(2015-
12-23)［2022-03-27］,http：//world.chinadaily.com.cn/guoji/2015-12-23/ content_
22782363. htm.

下编

# 第六章　生态文明与能源变革

> 美索不达米亚、希腊、小亚细亚以及其他各地的居民,为了得
> 到耕地,毁灭了森林,但是他们做梦也想不到,这些地方今天竟因
> 此而成为不毛之地。
>
> ——恩格斯,《马克思恩格斯选集》第 3 卷

"文明"一词一般认为最早出现在 18 世纪中叶的法语语系。La civilisation 起源于法国启蒙运动, 其基本含义是指一种人类在各个活动领域都同时自发地取得进展、取得普遍进步的过程和状态。与"文明"同时出现的还有另外一个词,即"进步",因此"文明"也间接具有"进步"的含义。La civilisation 一词的词根为"civil-",该词根源于拉丁文的 civitas,是有组织的社会或城市国家的意思。所以,"文明"还与当时兴起的"民主化"思潮有关。人类文明经历了原始社会,再从农耕文明到工业文明,一方面在物质领域取得了长足的进步与发展,物质生活得到了极大丰富;另一方面在精神领域创造出了先进的思想,形成了悠久的历史文化,人类精神世界的疆域得到不断的延展。

人类社会发展到现阶段,能源早已不再是简单的经济问题,随着重要程度的不断提升,能源已经演变成了自带政治属性的敏感问题。同时,能源与气候变化问题的凸显,使得能源亦演变成了道德及伦理问题。所以,从价值观的层面和高度,我们需要重新认识人与自然、人与能源的关系,将人与能源都作为自然生态系统的构成者,人的价值与自然的价值都应当得到充分尊重,在人与自然的相互善待中,真正实现人类社会的可持续发展。这种新的能源伦理基础和核心是人与能源的协同进化,其实质是尊重能源,将人与能源的有机整体论作为一种新的世界观和价值观。这样人类才会从内心深处尊重和热爱大自然,

能源危机和生态失调问题才能从根本上解决。<sup>①</sup>在满目疮痍的地球上,人类迫切需要新的文明,以影响未来的能源变革。而生态文明将为我们展开一幅人类文明的新画卷和能源变革的新篇章。

## 第一节　生态与环境

生态文明作为新的社会发展形态和新的文明形态,尚处于形成期,其与生态、环境、能源、发展之间的关系也在不断发展变化着。与生态文明有关的"生态"及相关内容无疑成为关注的重点。

### 一、生态及生态系统

#### (一)生态

"生态"一词源于古希腊,是指一切生物的生存状态,以及它们之间和它与环境之间的关系。"生态"一词的英语词根"Eco-"源于古希腊语,意指"家"或我们所处的"环境"。因而,从词义上来讲,"生态"归根结底是一种关系。"生态"最早是从研究生物个体开始的,是对植物、动物的生态分布、生态习性、适应性等的生态观察。1869 年,德国生物学家海克尔提出了"生态学"的概念,认为它是研究动物与植物之间、动植物及环境之间相互影响的一门学科。<sup>②</sup>之后,"生态"一词涉及的范畴越来越广,与生态紧密相连的生态系统成为生态学关注的主要内容。从系统论的角度看,生态系统是一个复杂的系统体系,人作为生态系统的一部分,在不同文明阶段,随着人类改造利用自然能力的变化,随着人口规模和人口密度的增大,人对生态系统的影响不断扩大和深化。目前,英文中只有 Ecology(生态学)和 Ecological(生态的或生态学的)这两个单词,并没有作为名词的"生态"一词。

"生态"一词自 20 世纪初引进中国以来,其天生的整体论学科性质很快就

---

① 胡森林. 能源的进化:变革与文明同行[M]. 北京:电子工业出版社,2019.

② 陈百明. 何谓生态环境? [N]. 中国环境报,2012-10-31(002).

与中国传统的"天人合一"思想产生共鸣,在生态农业、生态工程、自然保护等领域得到广泛的应用。生态是一个更为宏观的概念体系,虽然生态系统在客观上可大可小,小可以小到一个池塘,大可以大到整个地球,甚至可以扩展到整个太阳系(图6-1)。但有一点是明确的,生态并不以人类或者某一种生物为中心,"生态"所照拂的是一切生物。中国生态学会在《生态学未来之展望》报告中给出的"生态"定义是:"生态是生物与环境、生命个体与整体间的一种相互作用关系,在生物世界和人类社会中无处不在,无时不有。"著名生态学家 H.T.奥德姆教授在 1988 年访问中科院生态环境研究中心时曾建议,应像经济(Economy)和经济学(Economics)的区别一样,将 Ecology 解释为"生态",而另为"生态学"创造一个新词,如用 Ecologics 代替 Ecology,以避免汉语释义中存在的歧义。在汉语语境中,"生态"一词本身是中性的,可一旦用其作形容词修饰名词时,就常会变成一个褒义词,如生态旅游、生态城市、生态产业等①,使其带有了生态友好的属性。

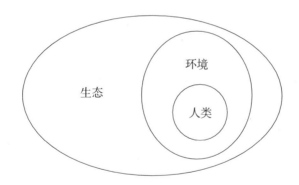

**图 6-1　生态与环境关系示意**

资料来源:自行绘制。

(二)生态系统

1935 年,英国生态学家亚瑟·乔治·坦斯利爵士受丹麦植物学家尤金纽斯·瓦尔明的影响,提出了"生态系统"概念,其认为"基础概念是整个系统(从物理学的意义来说),包括了有机体的复杂组成,以及我们称之为环境的物理

---

① 陈百明.何谓生态环境?[N].中国环境报,2012-10-31(002).

要素的复杂组成,以这些复杂组成共同形成一个物理的系统。……我们可以称其为生态系统,这些生态系统具有最为多种的种类和大小。他们形成了宇宙中多种多样的物理系统中的一种类型, 而物理系统则是从宇宙整体到原子的范围"[①]。生态系统的概念非常繁杂,不同学科从不同角度对生态系统有不同的界定。如,生物地理学中将"生态系统"定义为:"由生物群落和与之相互作用的自然环境以及其中的能量流过程构成的系统";生态学对"生态系统"的定义是:"在一定空间范围内,植物、动物、真菌、微生物群落与其非生命环境,通过能量流动和物质循环而形成的相互作用、相互依存的动态复合体"。

中国大百科全书总委员会《环境科学》委员会编制的《中国大百科全书》中给出的"生态系统"定义是:"生态系统是由生物群落及其生存环境共同组成的动态平衡系统。"[②]生物群落同其生存环境之间以及生物群落内不同种群生物之间不断进行着物质交换和能量流动, 并处于互相作用和互相影响的动态平衡之中,这样的动态平衡系统就是生态系统,是生态学研究的基本单位,也是环境生物学研究的核心问题。生态系统中的"林德曼定律"[③]是指生态系统中的能量传递是不可逆转的, 能量在传递过程中是逐级递减的, 递减率为10%—20%,因此又称之为"十分之一定律",是从生态系统能量传递角度观察到的能量转换的关系。

生态系统具有生态功能,这是生态系统最重要的存在价值。在一定的时间

---

① Tansley A. G. The use and abuse of vegetational concepts and terms. Ecology，1935，16（3）：299. 英文原文：But the fundmental conception is，as it seems to me，the whole system（in the sense of physics），including not only the organism-complex，but also the while complex of physical factors forming what we call the environment，with which they form one physical system... These ecosystems，as we may call them，are of the most various kinds and sizes. They form one category of the multitudinous physical systems of the universe，which range from the universe as a whole down to the atom.

② 中国大百科全书总委员会《环境科学》委员会. 中国大百科全书:环境科学[M]. 北京:中国大百科全书出版社, 2002.

③ 1940 年,美国生态学家 R. L. 林德曼在对赛达伯格湖进行定量分析后发现了生态系统在能量流动上的基本特点,后被称之为林德曼定律。

和空间范围内，生物群落与非生物环境通过能量流动和物质循环形成了一个相互影响、相互作用并具有自我调节功能的自然整体。所以，作为一个独立运转的开放系统，生态系统有一定的稳定性，即生态系统基于自我调节能力所具有的保持或恢复自身结构和功能相对稳定的能力。生态系统处于稳定状态时就被称为达到了生态平衡。生态系统越大越复杂，其生态系统的自我调节能力就越强，稳定性也就越强。生态系统的自我调节功能和动态机理，对人类活动及生态系统恢复重建具有重要指导意义。生态系统的调节功能和调节能力就是人类活动对生态系统影响的上限，而受损生态系统的恢复重建也要基于对生态系统调节功能的认识与了解。同时，生态系统生态功能的破坏和恢复都存在滞后的特性，因此也导致环境损害后果显现具有滞后性，使人类在最初污染和破坏生态系统时，想当然地认为生态系统的接纳能力是无限的，是可以被恣意挥霍和使用的。而当影响和破坏后果开始显现时，往往生态功能已经受到了严重破坏，而生态功能的损害又会加剧污染和影响的程度，形成恶性循环。

此外，生态系统的能量流动推动着各种物质在生物群落与无机环境间循环。这一循环因气态循环和水体循环具有全球性而覆盖了整个生物圈，参与循环的物质包括组成生物体的基础元素，如碳、氮、硫、磷等，以及以 DDT、塑料等为代表、能长期稳定存在且无法分解的有毒有害物质。物质的全球循环意味着生态环境保护是一项需要全人类共同为之努力的事业，需要在世界范围内达成共识，需要人类建立起新的价值观并付诸实践。所以，从这个意义上来看，生态文明中的"生态"是指对于整个生态系统来说，人类的活动应当与生态系统相融合，在生态系统的调节能力范围内进行生产生活。

### 二、生态与环境

工业文明倡导的大规模机械化生产，需要人类无休止地开发利用各种自然资源，同时又通过各种化学工艺合成新材料，制造自然从未有过的新产品和无法降解消纳的废弃物。世界八大污染公害事件在 20 世纪 50 年代开始接连不断地发生，造成极大社会影响和危害后，人类开始关注环境问题。所以，在人类中心主义兴盛的工业文明时期，在人类为能够主宰世界而兴奋不已的同时，环境污染问题接连不断发生使环境问题成为社会热点问题。由于环境污染问题导致的污染事实和损害结果更为显著,所以环境问题先于生态问题被关注。

(一)环境与生态环境

"环境"是指"人类生存的空间及其中可以直接或间接影响人类生活和发展的各种自然因素"。①《资本主义大辞典》对"环境"的定义是:"环境是相对于中心事物而言的,与某一中心事物有关的周围事物。"②"环境"是由若干独立的环境要素以其特定方式构成的完整的有机系统,具有独特的结构,并在不同时期呈现出不同的状态,从而表现出显著的区域性。在自然和人为活动的共同作用下,环境系统的各个组成部分、结构、状态始终处于动态变化过程中。当外界作用引起的环境结构与状态改变不超过一定限度时,环境系统的自我调节功能可以消纳这些改变,使环境系统恢复原有的结构与状态;但当外界引起的改变超过环境系统本身可接纳的调节限度时,就会引起环境破坏。

"环境"是相对于某一中心事物而言的。起初人类以自我为中心,认为"环境"是人类生活的外在载体或围绕着人类的外部世界。实际上,人类赖以生存和发展的物质条件的综合体就是人类环境。人类环境一般可以分为自然环境和社会环境。自然环境又称为地理环境,即人类周围的自然界。社会环境指人类在自然环境的基础上,为不断提高物质和精神文明水平,在生存和发展的基础上逐步形成的人工环境,如城市、乡村、工矿区等。

2014 年我国新修订的《环境保护法》则进一步给出了"环境"的定义,即"本法所称环境,是指影响人类生存和发展的各种天然的和经过人工改造的自然因素的总体,包括大气、水、海洋、土地、矿藏、森林、草原、湿地、野生生物、自然遗迹、人文遗迹、自然保护区、风景名胜区、城市和乡村等"。从上述"环境"概念可以看出,环境是以人为中心的自然环境和社会环境。环境包含各种环境要素,而环境污染等问题在最初就是针对各种环境要素分而治之,如针对大气的大气污染防治、针对水环境的水污染防治和水资源环境保护等。

"生态环境"在我国作为正式提法始见于 1982 年第四部宪法及当年的政

---

① 陈德第,李轴,库桂生.国防经济大辞典[M].北京:军事科学出版社,2001.

② 罗肇鸿,王怀宁.资本主义大辞典[M].北京:人民出版社,1995.

府工作报告中。1982年《宪法》第26条规定："国家保护和改善生活环境和生态环境,防治污染和其他公害。"同年政府工作报告也采用了相似表述,但都没有明确的解释,致使"生态环境"一词一直沿用至今,其涵义也一直争议至今。

（二）生态与环境的关系

"生态"与"环境"之间既有区别又有联系。一方面,"生态"和"环境"实际上是两个可以相互独立和区别的概念;另一方面,随着关注度日渐提高,"生态"与"环境"之间千丝万缕的联系使得人们开始将两个词连用,出现了"生态环境"这样的用法,并逐渐得到公众认可与接纳。

"生态"与"环境"的联系主要表现在:一是生态包含环境在内,生态问题借由环境问题凸显而逐渐被世人所关注。1962年,美国海洋生物学家蕾切尔·卡逊发表生态学著作《寂静的春天》,提出了农药DDT造成的生态公害与环境保护问题,唤起了公众对环境保护事业的关注。1972年,瑞典斯德哥尔摩召开了"人类环境大会"并签订了《斯德哥尔摩人类环境宣言》,这是人类保护环境的一个划时代文献,是世界上第一个维护和改善环境的纲领性文件。此外,会议还通过了将每年的6月5日作为"世界环境日"的建议。环境污染问题的凸显使人类开始关注环境问题,但是随着科学研究的深入,环境和环境要素被发现具有整体性和系统性。环境问题应当被置于生态系统中予以考虑。二是生态与环境密不可分,生态功能的修复、生态系统的恢复需要通过环境要素污染治理达成。生态系统具有一定的负荷性也直接表现为与生态系统紧密联系的环境具有一定的环境容量。环境与生态系统之间存在千丝万缕的联系,单纯地对某一种或几种环境污染进行单一或复杂治理,以及对某一地区或区域进行治理,治理效果有时候并不显著。而生态功能的恢复也能在一定程度上增加环境容量,减缓环境污染的范围和程度。所以,人类将关注范围扩大,将环境置于生态系统中去考虑,进而保护生态环境逐渐成为共识和共同行动,可以有效减少对生态环境的破坏和影响。

"生态"与"环境"的区别主要在于:一是环境以人类为中心,生态以生态系统为中心,人只是生态系统中的一个部分。"生态"偏重于生物与其周边环境的相互关系,更多地体现出系统性、整体性、关联性;而"环境"更强调以人类生存发展为中心的外部因素,更多地体现为为人类社会生产生活提供广泛空间、充裕资源和必要条件。生态比环境的范围要大得多、复杂得多。二是从"环境保护"到"生态环境保护"的转变,体现了人类认知从"人类中心主义"向"生态中心主义"的转化,是人类对固有认知局限性的突破,是对客观规律的重新认识。"环境保护"内涵的演进过程体现了从环境污染治理到生态环境系统保护的理念强化和升级。陈百明认为"生态环境"是"不包括污染和其他重大问题的、较符合人类理念的环境,或者说是适宜人类生存和发展的物质条件的综合体",并认为要表达"生态与环境""生态或环境",应当加上"与"和"或",避免产生不同的理解。所以,现阶段把"生态环境"简单地等同于"环境"已不适宜,也无法反映生态文明阶段保护"生态环境"所蕴含的新思想、新理念。

## 第二节　生态文明的概念及特征

生态文明是基于人类对生态及生态系统客观规律,以及对人与生态系统关系的客观认识基础上产生的新的文明形态。显然,作为生态文明的生态与生态学、环境科学等自然学科涉及的生态之间存在着显著差别。生态文明是一个更宏观的概念,是一整套新的理念和理论体系,覆盖经济社会发展全领域、全层次,涉及对世界观、价值观的修正和构建。生态文明作为一种新的文明,与之有关的理论在 21 世纪初提出,经不断补充完善和反复修正,现阶段已经形成了较为系统的理论体系,并已在中国展开实践。新的文明理念在未来能源变革、社会进步、人类发展过程中将会发挥重要的引领作用。

### 一、生态文明产生的背景

人类对于文明的认识是一个长期的历史过程。按照马克思主义的观点,文明是相对于野蛮而言的。文明具有发展阶段,不同发展阶段的文明展现出不同的人与自然的关系。生态文明产生有着浓重的时代背景,凝结着中华文化和当代马克思主义中国化理论和理论传承者对于世界未来的深刻思考。这一新的文明形态具有历史传承,随着人类社会的发展也在不断吸收新的、先进的思想理念,不断修正、融合发展,是逐渐形成并日渐清晰的一种新的文明形态。

（一）文明之缘起

人类文明可以通过精神和物质来传承，而作为精神的传承需要文字。作为一种书面交流和记载方式，文字是人类历史上最重要的发明，是记录人类经验与文明的重要手段。所以，学界一般将文字的出现作为界定文明的重要标志，并将文字出现以后的历史称为人类文明史，将文字出现以前的历史称为史前史。到目前为止，已经发现的人类史上最古老的自创文字有：公元前31世纪前后出现的古埃及圣书铭刻文字、公元前32世纪出现的苏美尔楔形文字、公元前14世纪出现的中国甲骨文字，以及公元300年的玛雅圣体文字。[①]按照文明发展的程度，学术界将中国、印度、埃及、巴比伦称为"四大文明古国"，而中国是"四大文明古国"中唯一一个历史上没有断档的文明。在产生文明的土地上，人类世代生息、繁衍发展，文明的内涵外延随着人类改造世界的能力，以及人与自然关系的变化不断拓展，向前发展（图6-2）。实际上，人类文明的发展可以从人与自然关系的角度去解析。

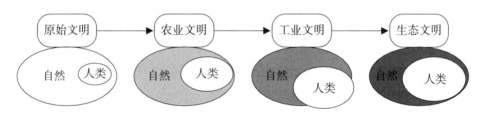

**图6-2　各文明时期人与自然关系示意**

资料来源：自行绘制。

1. 原始文明时代：人类依附自然，听天由命

人类经历了数百万年的原始社会，数百万年间人类高度依附于自然，以采摘、狩猎、捕鱼为生，在自然界中与其他动物猛禽一起接受自然的馈赠，经受雨雪风霜、寒来暑往。原始文明时代，人类生产能力极低，为了维持生存而四处游走寻找食物，没有固定的栖身之处。原始文明时代人类对自然的认识极为有

---

[①] 戴文颖. 文字起源新说——"由陶筹而文字"评《文字起源》[N/OL]. 中国社会科学报，（2015-10-27）[2019-07-18]. http://www.cssn.cn/yyx/yyx_slqh/201510/t20151029_2549483_1. shtml.

限,于人类而言,自然是神秘的、不可控的,人类依附于自然,更多的是被动接受和顺应自然的力量。人类为了自身生存需要,通过群居、协作、发明工具等获取更多的食物。原始文明时代人类学会人工取火、制造使用石器和简单的工具等,打开了人类认识和改造自然的大门。正如恩格斯所说:"摩擦生火第一次使人支配了一种自然力,从而最终把人同动物界分开。"从这一角度来看,人类文明始于能源的利用,文明与能源之间的关系也异常紧密。

2. 农业文明时代:人类利用自然,为我所用

从原始文明转向农业文明约发生在一万年以前。在观察自然和自然规律的基础上,人类开始通过使用工具、方法获取能够为人类所取用的资源,开启了人类开发利用自然资源的序幕。农业文明使人类不再完全依赖自然界的给予,人类通过发现和创造条件,获取所需的植物,驯化动物为自己所用。当生产力因生产工具的产生和改良得到提高后,人类逐渐结束了游走的不定居生活,逐渐形成了村落城邦,通过耕种获得维持生计的粮食。但不可否认,农业文明时代的人类社会生产力水平依然比较低,仅仅是在原始文明时代食不果腹、衣不蔽体基础上进步到了能够在固定的居所吃得饱、穿得暖,人类之于自然而言依然弱势,无论从人口规模,还是从改造自然的能力方面。虽然这一过程中的人类活动会对生态环境产生一定的影响,却在相当程度上维持了自然的生态平衡。

3. 工业文明时代:人类开发自然,生态失衡

人类文明从农业转向工业文明发生在三百年前。随着资本主义生产方式的产生,在农业向工业文明演进的过程中,工业化大生产对自然资源进行掠夺式开发,人类与自然的关系开始剧烈恶化,人类想要征服大自然,但却导致矛盾不断。工业文明时代人类运用科学技术,借以控制和改造自然、无休止大规模地开发和利用自然资源,更创造出自然界中没有过的且无法降解的新物质肆意排放到自然。人类想当然地认为改变世界、掌控自然就是人类的进步与发展。与之相伴随的是各种"公害"事件频发,生态环境遭到破坏。正如恩格斯曾经警告人类的那样,"不要过分陶醉于我们对自然界的胜利。对于每一次这样的胜利,自然界都报复了我们"。人类不断拓展对自然的认识,并强化对自然的改造和利用,学会了借助各种工具对抗自然界的严酷,在此过程中,人与自然

的关系开始充满矛盾和失衡,工业文明改变了人类与自然之间的关系。

4.生态文明新时代:人类保护自然,和谐共生

三百年的工业文明给地球带来了满目疮痍, 人与自然之间的关系不断恶化,人类也渐渐地从征服自然的辉煌"胜利"中意识到传统工业化、工业文明对自然的不友好,以及已经带来的深刻危机。生态环境问题、全球气候变暖问题成为摆在人类面前极为严峻的挑战。我们需要新的文明以及由此带来的新发展理念、新发展模式,扭转人与自然的关系。21世纪初期,新的文明理念初见成型,并开始形成理论体系。对新的文明的研究,有学者从生态价值标准出发,称之为生态文明,即人与自然协调共生的新文明。

生态文明是以人与自然、人与人、人与社会和谐共生、良性循环、全面发展、持续繁荣为基本宗旨的社会形态。学者们先后提出新的文明诸如"后工业文明""信息社会""第三次浪潮"等观点,都仅反映了未来社会某些方面的新特征,个人认为都不足以称为新的文明形态。只有"生态文明"才能反映未来人类社会的本质要求和特征。工业文明具有的痼疾并不是通过改良就能根治的,不是"新"与"旧"的变化就能扭转发展理念和发展模式的巨大惯性的。人类社会可持续发展的根本出路,就在于实现传统工业文明向生态文明的转型。所以,工业文明一定会是一个"过去式"的文明形态,而全新的生态文明将会开启未来新的文明时代,在这个新的文明时代,人类不再自视为自然的统治者和征服者,人与自然的关系也将会逐步进入和谐发展的新时代。

(二)产生的必然

各个文明都有其产生的基础和必然性, 如农业文明大都集中产生于世界各大流域地区,因土壤肥沃、水源充足、地势开阔,适于农耕和聚居。工业文明的产生还依凭以煤炭和石油为主要能源的自然资源, 在能源资源赋存充足的地区,以先进技术和设备创新为引领,支撑了工业文明的兴起与繁荣。但自20世纪60年代起,西方学者开始呼吁人类关注日益严重的生态环境问题,工业文明的顽疾显露无遗,新的文明形态从萌芽到形成也有其历史的必然。

1.支离破碎的生态环境需要生态文明照拂

人类对生态环境的影响一方面表现在影响和破坏的范围越来越广, 另一方面表现为影响和破坏的速度越来越快。人类对地球生态环境破坏速度之快、

影响范围之广是超乎想象的,甚至当代许多环境问题涉及高空甚至外层空间,其影响的空间范围已远非农业社会和工业化初期的一般环境问题可比,具有大尺度、全球性的特点。如果将地球的生态史历程简化为1年,即假设最早的原核生物出现在1月1日,则人类种群出现在12月31日傍晚7时,而城市文明的诞生则是12月31日深夜11时59分13秒才发生的事,即只有短短的47秒。但就是在这短短的47秒里,人类赖以生存的地球生态景观却已发生了翻天覆地的变化。①

所以,从现在回望过去,西方资本主义国家率先开启并已经走过的工业化过程是一个非常糟糕的发展过程,在工业化推进的百余年,地球承受了人类历史上最多的影响与破坏,人类对物质丰富的过度追求,给地球带来了灾难,这场灾难无可避免地将人类也卷入了危机之中。预计2050到2100年,世界人口将达到80亿到100亿,地球要维持如此庞大规模的人口生存将变得十分困难,人类消耗资源的总量和速度将远远超过地球的供给能力。为解决这一问题,德国施米特·布雷克教授研究建立了一种衡量生态效应大小的尺度——MIPS(单位服务的物质消耗),使人类有可能建立非物质化目标,推行环境污染小的生活方式,从而有可能在宏观尺度上改善生态环境。人类社会的发展如同生物进化一样不会停歇,唯有改变旧有的价值观,改变发展的模式、方向和路径,用新的文明指引未来社会的全面生态化,才能减缓并给予已经遭到破坏的生态环境以修复的时间,才能实现人类的可持续发展。

2. 工业文明痼疾亟待生态文明修正和克服

在过去近百年的时间里,资本主义极速发展,资本无限扩张,新自由主义思潮蔓延,市场的作用被无限夸大,工业文明的弊端日渐显露,主要表现在:

一是外部性问题突出。在市场经济条件下,生态环境问题是典型的外部性问题,良好的生态环境也成为最大的公共物品。同时,全球化和对外开放过程中,资本及其所附加的生态环境负外部效应也已经或正在入侵相对落后国家(地区)的自然生态环境领域,以此满足资本主义唯利是图的本质。工业文明推

---

① 生态学未来之展望[R/OL]. 中国生态学会,(2009-10-070[2019-04-09]. http://www.esc.org.cn/module/download/downfile.jsp?classid=−1&filename=1901031109100763875.pdf.

动了人类社会的飞速发展,但同时不可避免地产生了各种生态环境问题,将人类和地球置于两难的境地。西方科学在追寻无穷多、无限发展的过程中,新自由主义经济思潮使得人类认为似乎发展就是要不断地投入,才能有更多的产出,他们更多的是关注产出,而对于投入以及投入的负外部性选择视而不见。虽然从 20 世纪 60 年代,西方国家在亲历工业文明并付出惨痛代价后,开始关注生态与社会和谐发展的道路,但纵观世界,工业文明时代的传统的发展模式和发展路径依然存在着巨大的惯性。

二是无节制地扩张生产。基于资本主义制度形成和建立起的工业文明,追求经济效益最大化、大规模生产、大规模消费,使低产出、资源过度消耗和浪费等问题依然在全球范围内以不同的方式呈现着。资本的无限扩张本质与自然资源有限性之间的矛盾无法调和,亚当·斯密、边沁、穆勒等对功利主义的推崇甚至于已经把功利主义作为社会进步和发展的动力源泉。功利主义已渗透到社会的每个角落。世界亟待出现一种可以克服工业文明痼疾的新的先进的发展模式与路径选择。当人类开始意识到工业化是大生产、大制造、大投入、大浪费、大破坏的一种不可持续的发展模式后,新的发展模式、发展路径和文明形态才会在此基础上逐渐酝酿、萌芽,并应运而生。

三是帝国主义式生活方式和消费观根深蒂固。在资本主义工业文明的繁荣背后,是“萨伊定律”供给产生需求思想指导下的发展模式。这种发展模式催生了“虚假”的需求,催生了帝国式生活方式,而这些是造成资源浪费、环境污染和生态破坏的根源。正如施米特·布雷克教授所认为的,“这是由人类社会生活的误区造成的, 即片面地追求物质财富,而没有认清我们所享受的服务背后, 物质消耗已经到了何等不堪重负的地步。我们从环境中索取兆吨级的物质,通过某个工程、某种产品、某项服务的活动,再以废弃物的形式排放回去,这是一种不同于传统污染物质造成的环境破坏, 是生态灾难总是无法避免的主要原因”。而根据《Nature》杂志上发表的一篇论文,2020 年人类历史上第一次人造物质总量超过了地球上所有生物的生物总量, 也从一个侧面反映出人类对于自然的影响程度。

3. 人类命运共同体需要新的文明引领未来

人类社会发展历史上, 不同国家地区之间发展不平衡的问题一直长期存在。发达国家及地区与贫困国家及地区之间的差距显著,发展中国家不断努力谋求崛起。也因此,发展目标、发展阶段因国别和地区不同而不同。当生态环境与气候变化挑战全人类的未来,需要新的文明引领人类结成命运共同体,共同应对上述挑战。自《寂静的春天》发表之后,环境保护运动对全球的影响从生物学不断向经济学、哲学以及日常生活蔓延,使得人类在行为和决策之前都已习惯于将生态环境因素加以考量。生态环境保护和全球气候治理已经超越了学术领域,成为全人类共同关注的现实主题。在生态文明的指引下,通过限制和规避资本逻辑的无限扩张,致力于建立人类命运共同体,推动人类绿色理性消费,促进人类社会持续健康发展,促进实现人的全面自由发展,是解决当前及未来相当长历史时期内全球生态危机的必然选择。人类社会的正常运转要以健康良好的生态系统的正常运转作为保证。可持续发展问题的实质是以人为主体的生命与其所依赖的劳作环境、物质生产环境及社会文化环境间关系的协调发展,而生态文明是可持续发展观的完善和升华,是一个可以覆盖人类社会未来发展的新的全面的文明。而其中最为重要的就是能源的可持续问题。

4. 生态文明思想产生于中国的必然性

生态文明的产生需要有必要的制度环境和价值观基础。生态文明思想在西方文化和资本主义制度,以及已经形成的固有的工业文明基石上没有生长和发展的土壤。就如同马克思主义诞生于资本主义国家和工业文明时代,但其开花结果却并不在资本主义制度及其文化之中。中国特色社会主义进行社会主义生态文明建设具有天然的制度优势。习近平总书记在党的十九大上庄严提出:"中国共产党始终把为人类作出新的更大贡献作为自己的使命",彰显了中国共产党领导下的中国特色社会主义制度所要传达的价值观。因而,生态文明理念产生于中国有其必然性。

一是"天人合一"思想历史久远。早在古代,中国的哲学家就阐述了"天地与我并生,而万物与我为一"的重要生态哲学思想,其中以老子和庄子为代表的道家学派对人与自然的关系进行了深入探讨。而孟子则指出应顺应自然规律,"不违农时,谷不可胜食也,数罟不入洿池,鱼鳖不可胜食也。斧斤以时入山林,材木不可胜用也。"三千多年前,中华民族就形成了一套"观乎天文以察时变,观乎人文以化成天下"的人类生态思想体系。中华民族尊重自然、热爱自然,绵延五千多年的中华文明孕育着丰富的生态文化。在中华文明历经千年而不断的进程中,马克思主义传入中国并被继承发扬,生态文明的形成有着厚实的文化和思想土壤。马克思、恩格斯在以唯物史观考察人类时,就将人看作是大自然的组成部分,认为人首先是自然人,人比其他一切动物强是因为人能认识和正确运用自然规律,按自然规律办事。这也正是构造生态文明的世界观和方法论。

二是社会主义制度具有制度优越性。资本主义制度下财富为少数人所掌控,并为极少数人利益服务。而社会主义制度是为全体人民谋福利的制度,可以全面考虑发展内涵而不受资本逐利性左右。正如坚持生态马克思主义的学者所强调的:"走向社会主义是消除生态危机的最佳选择"①,真正的社会主义之所以能有效地保护生态环境,主要原因就在于它不是以资本为中心,不把资本逻辑作为社会的主要组织原则,②不以"效益最大化"衡量执政目标,也不以"增值原则"使一切付出都为着获取最多的利润,这样就切断了资本引发的人与自然界的对立,自然不再是工具,而成为满足人真正的需求、实现人的解放、成为人与自然和谐共生的基础。社会主义制度的优越性还在于及时认识到了传统工业化的不可持续性和对生态环境的不友好,并开始着力扭转和改变过去盲从的发展模式,以生态文明为指引,为人类命运共同体的未来作出有益的尝试和努力。

三是执政党有强有力的执行力。当有生态文明思想所指引的执政党坚定不移地在决策、政策制定和执行中开始运用生态文明理念,并贯彻于具体实践,生态文明就有了坚实的生根发芽的土壤。中国共产党作为执政党,不仅将生态文明建设看作是经济问题,更将其视为政治问题,是事关民生、事关人类共同命运的重大问题。这就确保了社会主义制度下,在面对发展与生态环境保护的矛盾冲突时,经济发展"不能以牺牲生态环境为代价","生态兴则文明兴,生态衰则文明衰"。在中国共产党领导的各级党组织、党员战斗堡垒的有力保

---

① 陈学明.社会主义是解决生态危机的唯一出路[J].求是,2013(07):63—64.
② 贾丙青,吴家华.资本逻辑视域中的生态困境及其出路[J].长春理工大学学报(社会科学版),2019(05):57—61+72.

障下,生态文明从顶层设计开始着力,并与建成小康社会、实现第二个百年奋斗目标、全面推进高质量发展和中国式现代化紧密相连,使生态文明建设有坚强的组织做保障和引领,自上而下深入地践行,并能够得以不断发展和完善。

四是生态文明的价值基础值得期待。应对生态环境保护和全球变暖需要全社会各级各类组织、个人的广泛参与与支持。生态文明建设过程中要影响的就是大多数人的微小的行为。所以,在制定相关政策时需要考虑到人们在兼顾自我安逸和舒适同时,要更多考虑对气候和环境造成的影响。这一价值基础不可能在资本主义造就的"虚假"需求和帝国主义消费模式中形成和产生。中国目前所倡导的生态文明作为一种新的文明形态,倡导的绿色发展理念,以及中华文化中源远流长的"节俭""适度"的文化基因正是应对生态环境问题和气候变化所需要的价值基础。

### 二、生态文明的内涵

"生态文明"(Ecocivilization)一词出现于 21 世纪初,其被认为是新的社会发展形态和新的人类文明形态,以尊重和维护生态环境为主旨,以可持续发展为根据,以未来人类的继续发展为着眼点,是人类文明发展的一个新的阶段。生态文明是继工业文明之后的文明形态,是人类遵循人、自然、社会和谐发展这一客观规律而取得的物质与精神成果的总和,是贯穿于经济建设、政治建设、文化建设、社会建设全过程和各方面的系统工程,反映了一个社会的文明进步状态。生态文明理念的提出是一个渐进的发展过程,其从萌芽到发展、从初步发展到初具雏形、再到形成理论体系的历史过程,是一个基于历史文化精髓不断完善、螺旋式提升和升华的过程。从马克思主义生态思想到可持续发展观、再从可持续发展观到生态文明理念,其间吸收借鉴了各种有益的思想。同时,生态文明是生态哲学、生态伦理学、生态经济学、生态现代化理论等生态思想的升华与发展,是人类文明与文化发展的重要成果。

生态文明思想具有丰富的内涵,全面覆盖了人类社会面向未来发展的各个层次和领域,是对马克思主义生态文明理论的继承和发展,是人类命运共同体在未来实现真正地可持续发展所应坚持的思想指引。目前,生态文明理论体系已经形成了以绿色为导向的生态发展观,包括绿色发展观、绿色政绩观、绿色生产方式、绿色生活方式等内涵,以及包括文明兴衰生态决定论、生态环境生产力论、生态环境财富论、生态环境民生论、生命共同体理念、生态文明建设系统工程论、生态文明建设制度化理念、生态文化观、生态文明教育观、生态环境全球治理观等主要观点在内的一系列理念和科学论断,为构建"人类命运共同体"提供了宝贵启示。生态文明具有丰富的内涵,其核心要旨主要包括以下几方面的内容。

(一)生态文明视域下的发展

随着资本主义制度的建立和发展,人类社会步入工业文明和工业化时代。在资本主义制度下,资本家追逐剩余价值,追求更多的财富,追求奢靡的消费,追求成本效益原则下的效益最大化,这些都是不可持续的发展。包括"萨伊定律"所认为的"供给产生需求",本质上来说是一种仅考虑人类自身,并未将生态环境视为重要内容的发展理念。也就是说,在以追求经济利益最大化为发展指引和方向的制度之下,在以所谓理性"经济人"假设为基础的西方经济学理论之上,发展必然是不可持续的。

人类社会步入 21 世纪后,资本主义制度引发的全球性经济危机和生态危机越发突出。中国特色社会主义建设和发展过程中,中国共产党人不断汲取马克思主义先进思想,并在新的时期、新的时代不断创新与发展新的思想,提出了"生态文明"理念。在吸收可持续发展、生态马克思主义思想精髓,探索形成科学发展观、形成人与自然和谐共生思想,以及在更广阔的视野中形成"人类命运共同体"理念,为发展注入了新的内容。基于对马克思主义的坚持,未来生态文明时代的发展应当是"人的全面而自由的发展"。人的全面而自由的发展是在厘清发展本质后,在深刻领悟、坚持和发扬马克思主义思想基础上形成的新的发展内涵。良好的生态将会成为未来的极大财富和生产力源泉。生态文明阶段的发展模式将取代过去的工业化模式,综合考虑经济增长与环境保护,要求发展模式从先污染后治理向全生命周期的环境友好型转变,走可持续发展之路、发展循环经济。生态文明理念下保护环境、优化生态与人的关系的全面发展实现了高度统一,显示出人类社会经济与自然可持续发展之间的高度一致。从人类社会未来发展趋势看,生态文明必将取代资本主义工业文明。

生态文明视域下的发展需要形成新的世界观、价值观。生态文明这一新的文明、新的价值衡量和追求,在构建人类命运共同体的倡导下,可以克服单纯经济发展带来的生态危机,最终实现人与自然和谐发展。虽然这一思想初步建立,尚有进一步探究、完善和提升的空间,但无疑这是一个不以经济利益为单一追求目标,是一个将全人类的共同福祉考虑在内的价值追求。生态文明所包含的"适度"理念是对"萨伊定律"的否定,提倡在人与自然和谐共处过程中,取用有度,不多取、不浪费,物尽其用。同时,随着科学技术的进步,以及大数据时代的到来,从信息技术层面对生态文明"需供平衡"的支撑也有了坚实基础。从电力系统未来的变革趋势也可以窥视其中一二。作为未来能源变革重要的承载系统,电力系统未来的变革趋势之一就是通过智能电网及相关监测设备和数据信息对需求侧进行积极灵活响应,按需发电供电。另一个商业领域的例子是,基于互联网的电商平台的建立也已经对市场的供需关系产生了实质性影响,从以前的"有什么、卖什么"到"需要什么、卖什么",以及新近出现的产品"定制"模式,完全按照订单加工生产,一定程度上实现了"按需定产",避免了浪费,节约了大量的资源和能源。这样一种转变也印证了"需供"关系以及未来"需"与"供"的发展趋势。在中国,这一文明的伟大实践已经开始,以习近平同志为核心的党中央提出全面推进"生态文明"建设后,在中国大地上,发展不再以单一的经济目标为指引,生态环境、人与自然和谐共生、人类命运共同体的构建已经全面纳入到高质量发展中,将发展的格局打开和提升到了一个新高度。

(二)生态文明要求形成新的意识形态

意识形态是人们关于世界观的认识,它提供给人们一种价值观念。当人们违反社会规则获得的收益大于成本时,社会也需要依靠有关伦理和道德的力量,使其行为与环境达到协调。诺斯认为:"社会强有力的道德和伦理法则是使经济体制可行的社会稳定的要素。更一般地说,如果没有一种明确的意识形态或知识社会学理论,那么,我们在说明无论是资源的现代配置还是历史变迁的能力上就存在着无数的困境。"[①]诺斯将意识形态看作是一种用于克服"搭便

---

① 魏崇辉. 意识形态理论的契合、互补与超越——马克思主义与新制度经济学[J]. 理论与改革,2011,179(03):14—19.

车"、道德危机和偷懒行为的社会工具,是节约制度运行成本的一种有效的机制。① 生态文明理念要求秉承有节制的"适度"理念,无论是社会发展,还是人的生活消费。

墨迪在《人类中心主义:一种现代观》中提出,生态危机实质上是文化危机,即当人类具有的那些决定我们开发自然能力的知识,超过了我们所拥有的如何用来服务于我们自己生存和生活质量改善的知识时,就发生了生态危机。人类对未来的可预测性和认知能力的无限性,决定了人类能够主动摆脱生态危机的现实性和可能性。② 后现代主义也认为人类中心主义夸大了人改造世界的能力,颠倒了人与自然界的关系,必须反对,反对其主体性及把主体与客体即人与自然界对立的观点。③ 亚当·斯密以及后来的边沁和穆勒,已经从理论上把自利心或者说对功利主义的追求认定为社会繁荣进步的源泉。虽然人类对物质生活的追求总是第一位的,是生存的第一需要。但伴随着生产力的巨大发展,人类物质生活水平得到了极大提高,可与之相伴的是工业文明造成的环境污染、生态破碎、气候变暖等全球性问题日渐严峻,进而危胁到了人类生存。

人类越来越深刻地认识到,物质生活的提高是必要的,也是发展的必然,但物质生活不能也不应该是人类发展的终极追求。由于发展历史阶段不同,生态文明与农业文明和工业文明之间存在显著的差别。农业文明和工业文明在改造自然的过程中都以人类为中心、以人的需求为中心,不断追求提高生产力,提高人的物质生活水平。而生态文明与之不同之处在于:一是生态文明要求人类在把握自然规律的基础上积极地、能动地、适度有节制地利用和改造自然;二是生态文明突出强调了生态和环境的重要性,强调要建立人与自然的和谐关系,而不是对立关系,强调人与自然环境相互依存、相互促进、共处共融,

① 王亮. 西方制度经济学对我国供给侧结构性改革的理论启示[J]. 财会学习,2019, 231(22):192—193.

② 吴永忠. 人类中心主义:一种现代观[J]. 哈尔滨师专学报,1994(04):7—11.

③ 冯契,徐孝通,尹大贻,刘放桐,范明生,黄颂杰. 外国哲学大辞典[M]. 上海:上海辞书出版社,2008.

强调了人类在改造自然的同时必须尊重和爱护自然；三是生态文明还强调了要提高人类的精神文明，因为人类的终极需求是精神层面的满足，强调物质文明与精神文明之间应当有一种联系和平衡，而不是一味追求物质生活的极大满足。在人类逐渐摆脱饥饿、实现物质极大丰富的过程中，无节制的消费观实际上造成并放大了资源和能源的浪费。未来经济的非物质化将是趋势，同时也需要技术的进步来推动实现经济的非物质化。当经济中的物质内容减少和降低后，人类从自然界索取的资源也会随之减少，进而对生态环境的影响也会逐渐减少，将使人类迈入新的发展阶段。

（三）生态文明要求人与自然和谐共生

生态文明彰显的"以人为本"理念与过去工业文明时代的"人类中心主义"有着根本的区别。在生态文明时代，新的文明更加强调并要求实现人的全面自由发展。作为生态问题核心关系问题——人与自然的关系问题，是生态文明阶段所要解决的重要矛盾。马克思在描绘共产主义时指出："这种共产主义，作为完成了的自然主义，等于人道主义，而作为完成了的人道主义，等于自然主义，它是人和自然之间、人和人之间的矛盾的真正解决，是存在和本质、对象化和自我确证、自由和必然、个体和类之间的斗争的真正解决。它是历史之谜的解答，而且知道自己就是这种解答。"[1]中国共产党对马克思主义进行了坚持和发展，提出的生态文明从根本上契合了马克思主义的要旨。[2]

人与自然和谐共生是生态文明的核心思想。这一核心思想主要表现在：一是人与自然之间的整体性以及与环境不可分割的特点要求生态文明观必须是整体的，并要求形成有益于人与自然和谐共生的绿色发展方式、绿色生产方式和绿色消费理念及模式。二是生态文明的实践基础和现实条件要求建立起生态化的技术体系和绿色低碳的能源系统作为未来文明发展的支撑。三是由物质成果、制度成果、精神成果等内容构成的生态文明推动着物质文明、政治文

---

① 马克思. 1844 年经济学哲学手稿[M]. 北京：人民出版社，2000.

② 马克思共产主义思想是"自然主义"和"人道主义"的辩证统一[J]. 中国社会科学网，（2016－08－22）［2019－06－05］. http://www.cssn.cn/zt/zt_xkzt/12746/makesigsijvuyisixl/lojigvji/201608/t20160822_3171435.shtml.

明、精神文明的生态化转型。生态文明要求人与自然和谐共生也意味着应当实现人口、社会、经济与环境资源相协调的永续发展。这种永续发展所关照到的是更为广义上的社会公平,既关注当代人的利益,又关注后代人的利益;既涵盖发达国家及地区,也涵盖不发达国家及不发达地区。四是同时赋予现代人以生态责任和生态义务。生态文明时代也需要生存和发展,但必须把生态的再生产和生态效益作为重要考量。生态文明建设是一个世界性课题,事关人类共同命运与未来,要求合作发展的全球化。生态文明理念在构建人类命运共同体的过程中需要更多的宣传,需要得到全球更多国家的认同。毕竟生态危机是全球性的,没有一个国家能独善其身。①

生态文明有着与工业文明不同的特点,生态文明更为直接地关系到每一个人的切身利益。因此,"生态文明建设不仅需要顶层设计,更是普罗大众的行为,需要每一个人的参与,每一个人也都应当承担一份责任,每一个人也都会成为生态建设的主体"②。当然,生态文明理念作为新兴理念,也存在理论上的不足,需要坚持马克思主义唯物辩证法,坚持实事求是,坚持科学发展观,立足实际,通过螺旋式上升的方式得到发展和完善。生态文明建设是一个无止境的实践过程,生态文明是需要践行的行动哲学,"坐而论道不如起而行之",在参与生态文明建设的实践过程中自我决定、自我创造、自我构建,在与自然和谐共融的关系中进而实现人的自由全面发展。

## 第三节　生态文明视域下的能源变革

文明形态与能源系统之间有着千丝万缕的联系,新文明的形成和成熟都伴随着能源变革。如同农耕文明与薪材、工业文明与化石能源大规模开发利用之间的关系一样,未来生态文明与新的能源系统之间也将存在着相互影响和

---

① 廖才茂.论生态文明的基本特征[J].当代财经,2004(09):10—14.

② 徐克飞.关于生态文明建设主体的哲学思考[M].北京:人民论坛,2015.

彼此成就的紧密关系。①生态文明作为一种新的意识形态,在未来能源变革过程中将发挥重要的指引和引领作用。发展的内涵已然改变,发展的理念和模式也需要进行根本转变。新的发展理念及模式也将影响能源变革的路径选择。能源变革与生态文明之间存在着互相促进和相互制约的关系,未来需要坚持人与自然和谐共生,坚持能源绿色、清洁、低碳、高效利用,并以能源的安全稳定可持续供给推动生态文明发展。

## 一、生态文明建设影响能源变革

能源变革是一个自人类社会产生就开启了的历史进程,是一个贯穿于人类文明各个阶段的动力脉络,其有过去,也会有未来。人类文明演进与能源变革之间有着紧密联系。化石能源,特别是煤炭、石油的大规模开发利用,对生态环境造成严重影响和破坏。化石能源的开采对地表和生态造成了直接和间接的破坏,开采过程显著影响地下水资源并造成地表沉陷;化石能源的大规模利用导致全球气候变暖。当能源变革进入到生态文明阶段,两者之间将会发生较显著的联系和互动。能源变革在应对全球气候变暖和人类生态环境保护意识觉醒的双重压力下,以能源安全为基础,变革方向朝着清洁低碳高效可持续发展,一是要加大碳减排力度,减缓气候变化;二是要向着可再生能源和新能源发展,以减少化石能源开发利用对生态环境影响和破坏;三是能源变革要向着高效节能发展,提高能源利用和转化效率,减少能源资源的浪费和无效损耗。

生态文明理念以克服"外部性"为着力点,建设生态文明就是为了实现可持续发展和高质量发展。生态文明以人与自然和谐共生为主旨,天然地从文明和理念根源上根除了工业文明所谓的"外部性"缺陷,自觉地将生态环境问题纳入到治理和保护范畴,通过制度的力量,将外部成本内部化,化解提供诸如生态环境、气候治理等"公共物品"所面临的失灵问题。这与新一轮的能源转型所要达成的主要目标是一致的。

---

① 张宪昌. 文明演进视阈下的中国能源革命 [J]. 中共云南省委党校学报,2016(03):39—43.

生态文明所倡导的理念,是推动能源变革的重要力量。转变观念,确立科学的生态思维方式、生产生活方式,能够为能源变革创造制度环境和意识氛围。实际上,能源变革最艰难的部分一方面是技术发展,另一方面是观念行为的改变。而生态文明所倡导的理念和价值观将能够在更深层次上形成统一共识,进而影响大众的决策和行为。在人类生存发展需要能源的客观需求不改变的前提下,生态文明将使能源品种、能源结构、能源生产、运输、消费的全生命周期都遵循"人与自然和谐共生"原则进行变革。

## 二、能源变革助力生态文明建设

我们提出生态文明建设中要"建立健全绿色低碳循环发展的经济体系",能源变革直接影响着生态文明经济社会体系的建设。目前世界范围内形成的有关未来能源变革的共识是清洁低碳、安全高效。而所有这些都与生态文明建设丝丝相扣。

能源清洁低碳、安全高效是生态文明题中应有之意。新一轮能源转型要求能源清洁低碳发展,即为了减少能源利用过程中对环境的污染破坏、减少二氧化碳排放以应对气候变化;能源安全高效发展,即要统筹能源安全与生态环保、气候变化之间的协同治理关系,要坚持节约资源和保护环境,提高能源利用效率,减少能源消耗,促进形成绿色发展方式和生活方式,促进人与自然和谐共生。在此过程中,能源领域的科技创新发展发挥着重要作用。人类社会发展过程中,科学技术发挥了非常重要的作用,是推动社会变化的关键力量。能源变革的关键也在于技术的突破。重视能源技术的跟踪、创新与突破,可以有效推动生态文明建设。不可否认,生态马克思主义者的局限在于,其认为生态危机是因为"科技"发展导致的。科学技术是客观工具,是推动生产力发展、增强人类对自然改造能力的重要力量,并没有积极和消极之分。但技术通过人类的主观运用产生了异化,产生了对人的控制,产生了破坏生态环境和气候变化问题,这与技术发展本身无关,而是与运用技术的主体和运用过程有关,且相关问题的解决也无法离开对技术的科学运用。正是这样的能源变革过程,才能助力生态文明建设,成为构建生态文明的重要内容。

生态文明作为一种新的文明,现阶段已经在中国特色社会主义现代化建设过程中上升到了意识形态的高度。这样一种文明理念将在未来能源变革、社会进步发展中发挥重要的指引作用。

# 结　语

就像《人类简史》的作者尤瓦尔·赫拉利教授在瑞士达沃斯举行的第48届世界经济论坛上讲的那样，"未来几代人都会在信息科技和生物科技基础上改造人体、大脑和思维。21世纪经济的产物将不再是工厂、车辆、武器，而是人体、大脑和思维"。这预示着，工业文明作为人类社会发展的一个阶段，在满足了人类长久以来物质匮乏后物质极大丰富的物欲享受后，在"虚伪的需求"被揭开纱幔后，这种不可持续的发展模式将会被真正理性的、新的模式和文明所取代，而这样一种新的理念和文明已经诞生，那就是绿色发展和生态文明。雷·库兹韦尔在其著作《奇点临近》中提出，"西方科学本质的发散性极有可能令G（触动物种的遗传）、N（复制物质的纳米）、R（改变智慧和灵魂的机器）失控；而东方哲学的宇宙观本质是收敛的，注重与自然、宇宙的和谐共存，科技的发展亟须东方哲学的收敛性作为制动系统，保证天地人的共生"。西方已经有很多学者开始研究并认同东方哲学，生态文明作为新的、先进的、仍处在演进中的思想和理念，基于构建人类命运共同体这一宏大价值观基础，将会深刻地影响未来。

# 参考文献

1. 胡森林. 能源的进化：变革与文明同行［M］. 北京：电子工业出版社，2019.

2. 习近平关于社会主义生态文明建设论述摘编［M］. 北京：中央文献出版社，2017.

3. 习近平总书记系列重要讲话读本［M］北京：学习出版社、人民出版社，2016.

4. 中国大百科全书总委员会《环境科学》委员会. 中国大百科全书环境科学［M］. 北京：中国大百科全书出版社，2002.

5. 陈德第，李轴，库桂生. 国防经济大辞典［M］. 北京：军事科学出版社. 2001.

6. 罗肇鸿，王怀宁. 资本主义大辞典［M］. 北京：人民出版社. 1995.

7. 马克思. 1844 年经济学哲学手稿［M］. 北京：人民出版社，2000.

8. 冯契，徐孝通，尹大贻，刘放桐，范明生，黄颂杰. 外国哲学大辞典［M］. 上海：上海辞书出版社，2008.

9. 王志伟. 现代西方经济学主要思潮及流派［M］. 北京：高等教育出版社，2004.

10. 廖盖隆，孙连成，陈有进，等. 马克思主义百科要览（下卷）［M］. 北京：人民日报出版社，1993.

11. Tansley A. G. The use and abuse of vegetational concepts and terms［J］. Ecology，1935，16（3）：284—307.

12. 王贵学，周黎明，李华荣，扬国才. 生态全息论初探［J］. 西南师范大学学报（自然科学版），1989（02）：137—142.

13. 陈百明. 何谓生态环境？［N］. 中国环境报，2012-10-31.

14. 廖才茂. 论生态文明的基本特征［J］. 当代财经，2004（09）：10—14.

15. 俞海，刘越，王勇，赵子君，李海英，张燕. 习近平生态文明思想：发展历程、内涵实质与重大意义[J].环境与可持续发展,2018,43(04):12—16.

16. 曹莉萍,周冯琦.能源革命背景下中国能源系统转型的挑战与对策研究[J].中国环境管理,2017,9(05):84—89.

17. 朱彤.能源革命的概念内涵国际经验及应注意的问题[J].煤炭经济研究,2014,34(11):10—16+24.

18. 吴永忠.人类中心主义:一种现代观[J].哈尔滨师专学报,1994(04):7—11.

19. 陈学明.社会主义是解决生态危机的唯一出路[J].求是,2013(07):63—64.

20. 张宪昌.文明演进视阈下的中国能源革命[J].中共云南省委党校学报,2016,17(03):39—43.

21. 杜祥琬,呼和涛力,田智宇,袁浩然,赵丹丹,陈勇.生态文明背景下我国能源发展与变革分析[J].中国工程科学,2015,17(08):46—53.

22. 何建坤.新型能源体系革命是通向生态文明的必由之路——兼评杰里米·里夫金《第三次工业革命》一书[J].中国地质大学学报(社会科学版),2014,14(02):1—10.

23. 刘敏敏.《1844年经济学哲学手稿》中的生态思想及其现实意义[J].求知,2019(10):55—57.

24. 罗志勇.生态文明建设中的生态公正问题研究[D].苏州大学,2018.

25. 狄博·拉孔德.能源的进化[J/OL].秦捷,译.(2017—11—04)[2019—09—07].https://max.book118.com/html/2017/1104/138805952.shtml.

26. 周宏春.准确把握习近平生态文明思想的深刻内涵[N/OL].央视网,(2018—05—22)[2019—02—04].http://opinion.people.com.cn/n1/2018/0521/c1003—30003700.html.

27. 马克思共产主义思想是"自然主义"和"人道主义"的辩证统一[J/OL].中国社会科学网,(2016—08—22)[2019—06—05].http://www.cssn.cn/zt/zt_xkzt/12746/makesigsijvuyisixl/lojigvji/201608/t20160822_3171435.shtml.

28. 戴文颖.文字起源新说——"由陶筹而文字"评《文字起源》[N/OL].中国社会科学报,(2015—10—27)[2019—07—18].http://www.cssn.cn/yyx/yyx_slqh/

201510/t20151029_2549483_1.shtml.

29. 生态学未来之展望［R/OL］. 中国生态学会,（2009-10-07）［2019-04-09］. http：//www.esc.org.cn/module/download/downfile.jsp？classid=-1&filename=1901031109100763875.pdf.

# 第七章　中国能源变革面临的
# "形"与"势"

　　"道生之,德畜之,物形之,势成之。"

——老子,《道德经》

　　势,古字作"埶",字形从"坴"从"丸","坴"为高土墩,"丸"为圆球,字面意象是圆球处于土墩的斜面即将滚落的情形。《孙子兵法·兵势篇》有云:"转圆石于千仞之山者,势也。"在《孙子兵法》中,"形"与"势"虽连接使用,但却是分别阐释的。"形"是指军事实力,是物质的,强调积蓄的力量,是静态的;"势"是指运用军事实力造成的态势,是一种打击过程,是动态的。同理,我国能源变革也有"形"与"势"之区分,面临着国际能源变革的大局势和国内能源革命的力量积蓄。

　　新中国成立后,尤其改革开放后,我国形成了支撑经济社会快速发展需要的高碳能源系统,以满足特定历史时期快速工业化和城市化的发展目标。随着综合国力的不断提升,中国共产党领导全国各族人民为之努力的中国特色社会主义现代化建设步入了新时期、开启了新时代。在生态文明理念指引下,为了人类共同的未来,我国能源系统将在未来向着清洁低碳、安全高效方向转型。中国在这一阶段的能源变革中使用了"能源革命"一词,并没有采用惯常的"改革"二字,也表明了新一轮能源转型将会是艰难、坎坷、紧迫的。而艰难坎坷和紧迫都表现在"形"与"势"中。

　　不可否认,在面临诸多困难的同时,我们也愈加明显感受到中国特色社会主义制度的优越性和理论创新的强大生命力,这是我们可以自信开展能源变革的重要保障和内生动力源泉。

## 第一节　中国能源变革的"形"与"势"

世事多变幻，不同的发展阶段、不同的历史背景、不同的国情、不同的文化、不同的地缘政治和局势，以及当前人类命运共同体面临的挑战和危机都发生着深刻变化，也意味着我国新一轮的能源转型将面临更为复杂的国际国内环境，需要应对更为严峻的局势。

### 一、中国能源变革面临的国际形势

改革开放之后，我国经历了四十年快速赶超发展后，步入了中国特色社会主义建设新的历史阶段。中国共产党对此有着清醒的认识和客观研判，并做出了中国特色社会主义发展步入了新时期、新阶段的历史判断。在新时期崛起的同时，我们更要面对国际格局的分化演变和深刻调整，使中国能源变革面临着异常复杂的国际局势和严峻挑战。

#### （一）全球气候变化问题日益严峻

20 世纪 80 年代开始，气候变化问题开始为专家学者及西方政要关注。世界银行的一份报告指出，到 2030 年或有超过 1 亿人口因气候变化步入贫困行列。英国一项最新研究表明如果不加强应对气候变化，未来热带、亚热带地区以及美国、欧洲等地因热浪死亡的人数都会持续上升。德国慕尼黑再保险集团的评估也指出，2017 年全球气候变化相关灾害造成的总损失高达 3300 亿美元，且愈加频发的极端天气可能将成为"新常态"。[①]气候治理是一个全球性的公共物品，大气资源也不再是可以不加约束而无限共享的公共资源。气候变化问题已经跨越国界和国别，由国家问题转变成全球问题，成为一项亟待全人类共同联合应对的挑战，成为全人类的共同责任与义务。截至目前，全球已经有超过 130 个国家和地区宣布了碳中和目标。

---

① 德公司数据：2017 年极端天气造成严重财产损失［N/OL］. 新浪网，（2018-01-05）［2019-09-09］. http://www.sohu.com/a/214750709_123753.

气候变暖源于地球大气层二氧化碳累积过多过快，超出了自然界碳循环可消纳水平。自 18 世纪中叶开始，工业革命拉开了温室气体在大气中快速累积的序幕。老牌发达资本主义国家在当时率先从农业文明进入到以制造业为主的工业文明阶段，能源消费总量和能源密度都大幅提高。社会大众在消费主义影响下形成的生活方式会消耗更多的能源和资源，工业化大生产及汽车、轮船、飞机等高耗能交通工具的广泛使用，进一步加大了西方发达国家工业化进程中的碳排放。从时间和空间两个维度可以显著观察到，引发气候变化的碳排放问题主要是由少数国家和地区在早期特定发展阶段以及之后的持续发展过程中造成的，以现在仍处于低收入水平的非洲为例，其温室气体排放水平显著低于发达国家[①]，主要是维持基本生活所需的必要的碳排放。发达国家过去三百年碳排放引起的气候变化危害将由包括非洲在内的全世界在现在和未来一起共同承担，因此，应对气候变化需要强调共同但有区别的责任原则。

中国目前已经是碳排放量居首位的国家，作为负责任的大国，在应对气候变化过程中，中国积极承担碳减排责任与义务，在构建人类命运共同体过程中积极作为、主动担当，提出了切合中国发展实际的碳达峰和碳中和"30·60"目标。生态环境状况与经济发展之间的关系是有规律可循的。同样，考虑气候变化问题也需要考虑其与经济发展之间的关系。就像库兹涅茨倒 U 形曲线揭示的，以经济发展水平为阶段划分标准的情境下，发展起步阶段，生态环境良好，生产力低下，自然资源开发利用程度较低，居民生活水平和质量无从谈起，生存是核心关切；发展起步后，在通往富裕的发展爬坡过程中，生态环境会随着发展速度呈现快速恶化态势，自然资源开发利用程度加深，居民物质生活水平和质量得到改善提升，进而开始关切发展对生态环境的影响；而当经济发展越过倒 U 形曲线的顶点、达到富裕水平后，生态环境将随着经济发展趋稳、生态环境治理能力提升而逐渐向好。对气候变化问题的考量同样也存在倒 U 形的渐进发展和治理过程。中国在发展中深刻认识经济发展与生态环境、气候变化的关系，坚持绿色发展、能源革命，将生态环境问题和碳减排纳入发展

---

① 林毅夫.中国要以发展的眼光应对全球气候变化在国际上继续坚持共同而有区别责任的同时起到表率作用[J].财经界,2019(11):28—30.

考量,这不仅是主动承担气候变化责任义务,更是实现美丽中国可持续发展的内在要求。

（二）世界能源格局发生深刻变化

基于资源禀赋,我国能源领域除煤炭资源具备自给自足能力外,油气资源方面的对外依存度已经或马上将超过国际上所谓50%的"安全警戒线"。2001年起,我国原油进口量连涨20年,成为全球第一原油进口国和第二原油消费国。但在2021年,中国的原油进口量下降了5.4%,与此同时,天然气的进口量却在创纪录地增长,包括管道天然气和液化天然气(LNG)在内的天然气进口量达1.216亿吨,同比增长19.9%;而2020年的增幅还仅为5.3%。石油和天然气的对外依存度分别达到了72.0%和43.7%。受新冠疫情影响,2021年国际大宗物资价格上涨显著,国际能源价格随之上涨。2022年2月,俄乌冲突爆发,造成能源价格进一步上涨,并引发了各国基于抵御能源供应风险而对能源战略进行的重新调整。俄乌冲突也深度影响了未来世界能源格局和供需关系,我国将要面临全球能源格局深刻变化的局势,需沉着应对。

一是国际化石能源供需态势发生变化。早期国际能源格局表现为"西重东轻",并延续多年。东部亚太地区国家经济社会发展滞后,能源需求不足,全球能源框架以乌拉尔为界,以俄罗斯到中亚为轴线,左侧是能源消费区,包括西欧及美国;右侧是能源生产区,能源资源产地包括俄罗斯、中亚和中东地区。随着消费区国家逐渐完成工业化,经济发展进入平稳期,旧的消费区对能源需求量趋稳,不会再有较大需求。而东亚地区发展中国家经济社会发展开始发力后,尤以中国和印度为最,对能源需求量激增,造成了全球能源消费重心东移,新的买方市场力量已经形成。中国、印度等东亚国家作为买方,也已经拥有了一定的买方话语权,并将会以此平衡石油卖方市场力量。但同时也意味着,未来东亚地区在传统化石能源领域依然会存在对西方能源生产区的依赖。

二是煤炭惯性持续保持,需求增幅持续走低。虽然在碳减排方面,煤炭依然饱受诟病,但不可否认,煤炭在世界范围内来看,依然发挥着基础能源的作用。2020年,世界能源消费结构中煤炭依然占据着27%的份额,煤炭的能源惯性仍将在未来一段时期内保持。2018年到2019年前后,经历了产能恢复和新产能投放之后,全球煤炭产能又有所增加,以印尼、蒙古、俄罗斯为代表的国家煤炭产量都创新高,全球煤炭产量、煤炭进出口贸易量继续保持小幅增长态势。同时,燃煤电厂受天然气、可再生能源发电替代显著,世界范围内能源领域对煤炭的需求增幅持续走低也是不争的事实。尤其 2020 年,受新冠疫情全球蔓延影响,以及自 2019 年开始的世界经济发展放缓、中美贸易摩擦影响持续、应对气候变化的压力与挑战增加、能源转型加快推进等多种因素影响,世界范围内煤炭市场不确定性增加,变化更趋复杂,下行压力明显加大[1],并将持续。此外,在价格方面,国际煤炭价格在 2019 年前三季度接近了 2016 年煤炭价格的最低水平,也从一个侧面反映出世界煤炭市场供过于求的现状及未来。

三是国际石油供给持续博弈,地缘政治影响持续。当前世界石油市场严重供大于求,未来并不排除因全球经济低迷导致的更加严峻的态势出现。美国长期坚持"能源自足"战略,并通过"页岩油气革命"成功实现了油气资源自给自足,一举成为油气生产和出口大国,一方面为本国经济发展提供了低成本能源,另一方面也为国家能源安全提供了坚实保障。美国"页岩油气革命"显著削弱了以"欧佩克"为代表的石油输出国组织在全球石油市场的话语权。[2] 为了影响石油价格,自 2018 年开始,俄罗斯、墨西哥等非"欧佩克"国家联合沙特政府形成"欧佩克 +"组织,并积极推动"欧佩克"集体限产,以求提振石油价格,但效果不佳。[3] 国际石油市场自 2018 年开始表现出需求增长乏力,供给大幅增加,价格总的来说处于下行态势。2020 年,新冠疫情全球蔓延使得国际石油价格更是跌倒了历史最低点,成为自 1861 年有记录以来的首个石油期货价格负值。2020 年 4 月 20 日,美国原油期货石油期货 5 月合约收跌 171.7%,报 -13.1 美元 / 桶,盘中跌幅一度超 300%,最低报 -40.32 美元 / 桶。2021 年国际大宗物资纷纷涨价,传统化石能源价格也随之上涨;2022 年 2 月俄乌冲突爆

---

① 梁敦仕. 煤炭市场向上动力减弱下行压力仍然突出 [N]. 中国煤炭报,2019–11–26(007).

② 世界能源发展趋势与格局 [N/OL]. 搜狐网,(2018–04–15)[2019–01–02]. https://www.sohu.com/a/228334305_505855.

③ 杨瑛. 国际能源格局生变[N]. 解放日报,2019–07–04(007).

发直接将石油天然气价格再次推上了历史高位。

四是国际天然气独立市场已经形成。长期以来,欧洲天然气供应与油价挂钩,与石油以及石油衍生产品在发电用途进行竞争,使得油气价格存在联动。但是经过过去 10 年天然气枢纽、天然气交易和液化天然气进口及贸易的发展,目前全球天然气市场已经形成,石油市场及石油价格已经无法再操纵和影响天然气价格。俄罗斯管道天然气、北非管道天然气、卡塔尔和尼日利亚的 LNG,以及美国的 LNG 已经共处于同一市场,展开了竞争。正如埃森哲战略能源部门董事总经理兼全球主管阿什拉夫所指出的那样,"天然气已成为自己的市场,其驱动力与石油截然不同","天然气世界正在朝着更加全球化的方向发展,在那里天然气可以更容易地运输,但与石油的替代联系已经切断,因此石油和天然气不会相互竞争"①。在从传统化石能源向清洁低碳能源转型过程中,天然气将会在此过渡阶段发挥重要作用。如欧洲公用事业曾经更倾向于使用清洁的天然气发电取代燃煤发电,因而对天然气需求增加。《世界能源统计年鉴 2021》显示,2020 年天然气在一次能源中的占比持续上升,达到 24.7%,创历史新高。但同时,全球天然气消费增速趋缓,供应持续增加,市场供应过剩也进一步显现。2019 年,受宏观经济、国际油价走势、区域供需状况、替代能源发展和气候变化等因素影响,主要市场天然气价格出现不同程度下跌,欧亚天然气市场价格跌至 10 年来最低。2022 年 2 月俄乌冲突爆发之后,天然气价格迅速上涨,显著影响了居民生活和经济发展。

五是世界能源结构不断变化,可再生能源正在崛起。在世界传统能源供需格局发生深刻变化的同时,世界能源结构也在悄然发生着变化,可再生能源加速发展,形成了崭露头角的新能源势力,改变着世界能源结构。可再生能源的资源特质带来的用能方式、能源供给方式变革将会对未来国际能源格局产生深刻影响。过去人类将能源资源集中利用,提高了能源利用密度,而能源的集中式供给模式也造就了城市的基础供能和用能系统。尤其 2022 年初俄乌冲突引发欧洲对天然气供应中断的担忧,不得不对能源战略进行重新思考和调整,

① 欧洲天然气定价摆脱石油影响［N/OL］. 中国石化新闻网,(2018-08-29)［2019-09-02］. http://news.sinopecnews. cn/news/content/2018-08/29/content_1716508.htm.

这使得可再生能源将成为未来欧洲更为倚重的能源品种。可再生能源崛起引致的能源分布式供应,一改往昔能源集中生产统一供应模式,使得能源民主得到了更为深刻和广泛的普及,在突破储能和稳定性等技术瓶颈后,能够在一定程度上支撑"能源独立"。当能源供给越来越趋向于低碳绿色,趋向于不再受资源赋存限制,无论是基于国内能源供给自足的"能源独立",还是基于能源国际合作供给充足的"能源独立",都将会使一个国家或地区享受真正的能源自由,而这也正是人类社会所期待的能源的未来。

(三)国际局势地缘政治复杂多变

国际形势复杂多变,大国间关系出现了许多新情况,地缘政治有了许多新变数,世界经济面临许多新问题,国际形势的不确定性和风险点呈增加态势,影响着未来的国际能源形势。

一是中美关系复杂多变。美对华战略定位出现了新的转变,需要对我国的能源国际合作重新进行考量和布局。随着贸易摩擦持续和升级,美国势必会对中国军事、经贸、金融、科技、人权等领域进行全面打压,也会对事关中国发展"血脉"的能源资源领域进行影响。页岩油气革命成功后,美国实现了"能源独立",并积极谋求全球能源主导权。这将对全球地缘政治格局、大国关系、世界油气市场以及国际能源合作等诸多方面产生深远影响。石油美元仍然是目前国际石油市场的主要结算工具,美国还拥有遍布全球的同盟体系,以美国为首的西方大国仍是当今国际能源秩序的制定者和主导者。[①]应当看到,美国不仅有霸权动机,且其军事力量控制着全球主要油气运输线,有制约中国能源海外供给的能力,中美博弈或将具有长期性、复杂性和不确定性。特别是特朗普上台后,美国贸易保护主义、单边主义、孤立主义重新抬头,将会对我国能源国际合作与保障能源安全带来不利影响。

二是欧盟对华关系有了新取向。中国和欧盟的经济总量之和占全球三分之一,未来中欧合作走向将会显著拉动世界经济复苏。疫情之前,以德法为首的欧盟对华立场出现大转变迹象,欧盟委员会也发布新的《欧中战略展望》报

---

① 从"一带一路"能源合作看国家能源安全[N]搜狐网,(2019-10-11)[2019-12-20].
http://www.sohu.com/a/346366019_611338.

告。这份报告显示了欧盟对所谓"中国竞争"的忌惮,将中国视为战略竞争对手,反映了在国际形势面临深刻变局的大背景下,欧洲对于中国发展的担忧和焦虑有所上升,并提出了要实现更加平衡、对等的中欧经贸关系,这传达了欧盟方面在中国不断上升的实力和巨大开放机遇面前的复杂心态。①中国国际问题研究院欧洲所学者张蓓认为欧盟对于中国的担忧来自两点:"一是中国科技和产业发展有损欧洲全球竞争力;二是中国发展成功使欧盟'制度'优势黯淡无光。"但疫情暴发后,中欧关系步入了新的发展阶段,未来将会在合作中扩大共同利益。

三是能源重点供应地局势存在不确定性。中国油气进口来源虽已多元化,但仍集中在中东等少数地缘政治不稳定区域,主要包括俄罗斯、安哥拉、沙特、伊拉克、阿曼和伊朗等国家。从来源国地理分布来看,主要集中在北非、中东和亚太地区,这将有可能使未来我国能源安全面临新的不稳定因素。受美国因素影响,中东、非洲、中亚—俄罗斯、拉美等能源重点供应地局势都有出现新变数的风险。"一带一路"沿线国家及地区地缘政治不确定因素明显增加,商业和法律风险日渐突出,开展对外合作的软实力不足,推进"一带一路"建设的舆情环境欠佳。作为"一带一路"核心区的中亚地区,各国内部问题日渐突出,内政不稳。哈萨克斯坦、吉尔吉斯斯坦、土库曼斯坦等国家动荡、局势不稳等问题突出,对我国与这些国家开展稳定的油气贸易合作带来了新隐忧。②

正如德国《商报》分析认为,20世纪是一个由美欧关系塑造的"大西洋世纪",而21世纪将会是"太平洋世纪",美国和中国将会是主要的参与者。中国对世界而言曾经是一个有利可图的销售市场和廉价商品供应地,但这个时代正如"大西洋世纪"一样已经走向结束。正如新冠疫情影响全球经济衰退的国际大环境里中国亮眼的表现一样,未来的中国是发展的机遇而不是威胁,是合作的伙伴而不是对手。综上,对中国来说,上述国际形势既有利又有弊,且利弊

① 欧盟发布对华"新战略",真是"狼来了"吗?[N/OL].参考消息,(2019-03-19)[2019-09-02]. https://baijiahao.baidu.com/s?id=1628359686278392722&wfr=spider&for=pc.

② 朱跃中.全球能源格局新变化对我国能源安全的影响及应对[J].经济导刊,2019(10):38—40.

之间存在着各种变化与平衡,需积极应对,沉着面对。

## 二、国内能源革命面临的现实

在建设能源强国的过程中,我国现阶段生态文明引领下的能源革命面临着多重压力与考验。推动能源生产和消费革命是长期战略,我国能源转型更加困难表现在:一是能源消费总量将持续增长,二是以煤为主的能源结构调整存在诸多困难,三是气候变化的不利后果将会抵消部分发展成果。

(一)能源安全是革命的基石

能源安全是国家安全的重要内容,抓住能源就抓住了国家发展和安全战略的关键。作为现阶段世界最大的能源消费国,有力保障国家经济社会发展、有效保障国家能源安全,始终是我国需要关注的核心问题。习近平总书记对能源问题高度重视,作出一系列重要论述和指示,结构调整不可能一蹴而就。要以保障国家能源安全和经济发展为底线,推动能源低碳转型平稳过渡,稳妥有序、循序渐进推进碳达峰行动,确保安全降碳。煤炭在我国能源消费中处于主导位置这一大的格局在未来相当一段时期内不会改变,这是庞大的能源需求与消费量和煤炭在我国能源结构中占绝对比重所决定的。我国形成“以煤为主”的能源结构有两个主要原因:一是资源禀赋决定的;二是因煤炭具有的低成本优势决定的。未来,我国以煤为主的能源结构调整面临着如下困难:

1. 煤炭是确保稳定与发展的压舱石

国际能源署在北京发布的《全球煤炭市场报告(2018—2023)》称,正处于经济结构转型期的中国是全球煤炭市场的主要参与者,未来对煤炭的需求将逐渐下降。在真正的能源转型没有完成和实现之前,在可再生能源和新能源没能克服技术阻碍、真正融入或者形成能源供给系统之前,煤炭作为我国能源安全和能源独立的基础保障资源,必须发挥出战略保障作用(图7-1、图7-2、图7-3)。正如习近平总书记提出的“能源的饭碗必须端在自己手里”,“煤炭作为我国主体能源,要按照绿色低碳的发展方向,对标实现碳达峰、碳中和目标任务,立足国情、控制总量、兜住底线,有序减量替代,推进煤炭消费转型升级”。我国能源变革的关键就在于煤炭的变革,而能源转型的关键也在于不抛弃煤,而是要对煤进行清洁高效利用,促进煤的低碳化利用。虽然我国对煤炭的产量和消费量进行了"双控",但煤炭依然是能源结构中的重要部分,煤炭和煤电的兜底保障作用尚无可替代。

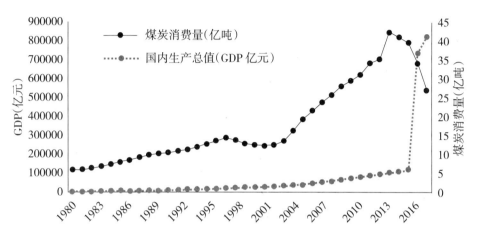

图 7-1　1980—2017 年全国 GDP 与煤炭消费总量走势

数据来源:国家统计局网站。

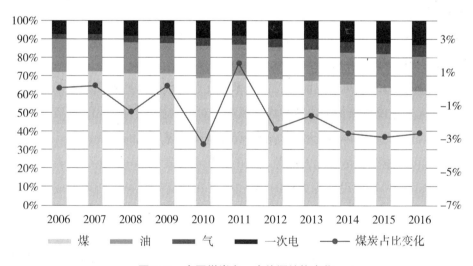

图 7-2　全国煤炭占一次能源结构变化

### 2. 可再生能源消纳存在障碍

我国发展可再生能源和新能源最直接的目的就是要改善当前日益恶化的环境和空气质量,实现应对气候变化问题所承诺的碳减排目标。同时,我国发展可再生能源和新能源也有基于提升国家安全和能源独立的考虑。2017 年,

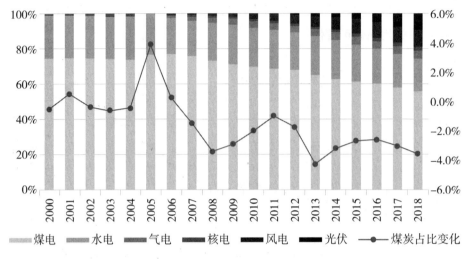

**图 7-3    全国煤电占电力结构变化**

我国非化石电力在总电力中的比例大致为 30%,其中风电光伏占 7%。《能源生产与消费革命 2016—2030》规定,到 2030 年非化石电力比例需要上升到50%,即未来要提升 20 个百分点。这意味着,在核电与水电不可避免地面临越来越多的困难且经济性降低的条件下,风电与光伏发电需要上升到整个电力结构的 20%—25%。[①]

中国大力发展可再生能源,但技术存在瓶颈使得这些替代能源的效率都很低,无法实现对煤炭的快速替代。风光电对电网稳定性的冲击、不成熟的储能技术都制约着可再生能源和新能源高效替代燃煤发电的进程。

可再生能源和传统化石能源之间的连接点在发电和电网上,两者需要通过技术、设备、基础设施等方面的创新联合,实现高效互补进而耦合成为有机的能源供给体系,确保清洁低碳的可再生能源和新能源实现稳定可靠地供给。而传统化石能源柔性灵活调峰作用是可再生能源和新能源可靠性和稳定供给的保证。目前,丹麦的燃煤电站可以在低至额定功率 10% 以下运行,但这也从一个侧面反映了传统燃煤电厂的调峰和能源安全保障作用。所以,在可再生能源相关技术尚未成熟之前,传统化石燃料电厂是不可能退出历史舞台的,其仍

---

① 论能源转型时应当谈论什么?〔N/OL〕. 能源新闻网,(2019-01-08)〔2019-06-09〕.
http://dy.163.com/v2/article/detail/E50V272R0514B8GO.html.

将发挥保稳定、抗风险作用,只不过作用和角色较之于从前有所转变调整。

3. 生态环境压力骤增

新时代人民群众改善生活质量的内容和形式改变了。过去我们的主要矛盾是人民群众日益增长的物质文化需求与落后的社会生产力之间的矛盾。中国特色社会主义建设步入新时代后,主要矛盾发生了变化,转化为人民日益增长的对美好生活的需要和发展的不平衡、不充分之间的矛盾。我国煤炭资源丰富,但高碳低效的使用方式导致以二氧化硫、氮氧化物、粉尘、PM2.5 等为主的大气污染问题突出。每到采暖季,燃煤型大气污染更是遮天蔽日,呼吸间更是二氧化硫刺鼻的味道。

美国经济学家库兹涅茨在 20 世纪 50 年代提出经济发展过程中存在着环境倒 U 形曲线,即环境库兹涅茨曲线。当一个国家经济发展水平较低时,环境污染程度也较轻;随着人均收入的增加,环境污染由低趋高,环境恶化程度随经济的增长而加剧;当经济发展达到一定水平后,到达某个临界点或称"拐点"以后,随着人均收入的进一步增加,环境污染又由高趋低,其环境污染程度逐渐减缓,环境质量逐渐得到控制和改善。特别是当人均收入步入高水平阶段,主导产业转为服务业,产业发展以人力投入为主,对电力、交通等需求下降,单位产值的能源密度和排放浓度显著下降,环境在发展中得到改善。且随着收入水平和科技水平的提高,人类也拥有更多的资源和手段来治理环境。2016 年,中国人均国内生产总值已经达到 8000 美元,中国已经具备了环境治理的基本收入水平条件,人民对于美好生活的需要也已经不仅仅是物质建设,而是需要物质文明、精神文明、政治文明和生态文明协同发展。应对新形势下主要矛盾的变化,中国需要转变以往能源生产和消费模式。①中国开展能源转型的决心从《能源生产与消费革命 2016—2030》的出台可见一斑。习近平总书记指出,人类是命运共同体,建设绿色家园是人类的共同梦想,保护生态环境是全球面临的共同挑战,任何一国都无法置身事外。国际社会应该携手同行,共谋全球生态文明建设之路,共建清洁美丽的世界。

---

① 林伯强.能源革命促进中国清洁低碳发展的"攻关期"和"窗口期"[J].中国工业经济,2018(06):15—23.

### (二)能源消费总量将持续增长

我国经济总量占世界经济总量的 15%，而能源消费量则占到世界能源消费量的 23%，能源需求压力巨大。2019 年我国能源消费、碳排放比 2006 年分别提高了 69.7% 和 47.2%，仍处于"双上升"阶段；工业与制造业生产结构比重高，工业能源消费占全国能源消费的 65.6%。未来我国经济依然处于爬坡阶段，经济体量大、能源消费多、碳排放总量高特征明显，实现碳达峰目标将面临多重压力与挑战。我国能源消费总量刚性增长主要体现在天然气、石油、电力消费量的持续增长。

#### 1. 天然气需求和消费量将持续增加

我国天然气市场快速发展，天然气已成为重要的能源之一，城市燃气、工业和发电用气是天然气消费增长的主要驱动力。根据中国石油天然气集团有限公司发布的 2021 版《世界与中国能源展望》报告，我国未来煤炭和石油占比会逐步降低，天然气占比将持续提升，预计 2040 年天然气消费将达到峰值 6500 亿立方米。之后我国天然气需求将进入稳步增长阶段，新增需求主要集中在民用、工业、电力等领域，其中化工用气占比最小。2018 年底，中国石油经济技术研究院副院长姜学峰在"2019 国际能源发展高峰论坛"上对全球油气格局与中国油气供需形势进行了介绍，指出"在城市人口继续增长、天然气管网设施日趋完善、分布式能源系统快速发展，以及环境污染治理等利好下，中国天然气消费将处于黄金发展期。2035 年天然气消费量将达 6200 亿立方米"①。

现阶段，天然气消费增长与我国调整煤电角色和发展清洁能源的政策有关。2017 年，国家发改委出台文件要求削减过剩煤电产能。在应对气候变化及全面推进生态文明建设过程中，在打赢"蓝天保卫战"的任务要求下，可预见的未来，我国在加强和控制燃煤污染的同时，将会强力推进清洁能源在发电和供暖领域对煤炭的替代，这也将会从政策层面助推天然气需求量的增长（图7-4）。考虑到天然气需求的季节性变化，目前对增量天然气的进口更适合选取灵活性较大的液化天然气。2019 年，上海召开的第十九届国际液化天然气会

---

① 安栋平. 中国天然气产业处于黄金发展期［N/OL］. 中国电力报,（2018–12–15）［2019–09–08］. https://baijiahao.baidu.com/s?id=1620062771430014353&wfr=spider&for=pc.

议上发布的信息显示,2018 年我国天然气消费量突破 2800 亿立方米,进口天然气超过 9000 万吨。其中,LNG 占总进口量的 60%,超过 5300 万吨,进口规模创历史新高。[①] 2021 年我国天然气产量为 2053 亿立方米,表观消费量为 3726 亿立方米;天然气进口量为 12135.6 万吨,对外依存度达 44.9%。[②] 未来在应对气候变化和实现碳减排目标的过程中,借鉴欧美碳达峰后天然气担当能源主力的经验,未来我国能源结构在传统化石能源向可再生能源和新能源转型的过程中,天然气作为过渡性的较为清洁的化石能源品种将会发挥重要作用。

图 7-4　2012—2018 年天然气产业进口情况示意

数据来源:智研咨询《2019—2025 年中国天然气行业市场供需预测及发展前景预测报告》。

2.石油消费量持续增长,但增速放缓

国际石油市场正经历着巨大转变,全球石油需求增长持续放缓。我国石油消费量虽然不断增长,但增速逐渐放缓(图 7-5),且石油消费重心随着经济发

① 2018 年中国天然气消费量突破 2800 亿方.[N/OL]新华网,(2019-04-04)[2019-09-09]. http://energy.people.com.cn/n1/2019/0404/c71661-31012711. html.

② 李永昌:2021 年我国天然气运行情况浅析[N/OL].搜狐网,(2022-02-21)[2022-04-04]. https://www.sohu.com/a/524450451_158724.

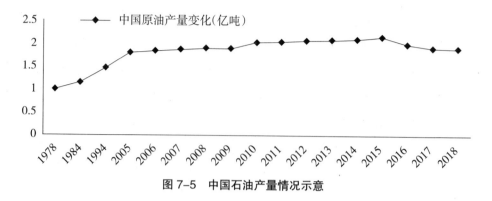

图 7-5　中国石油产量情况示意

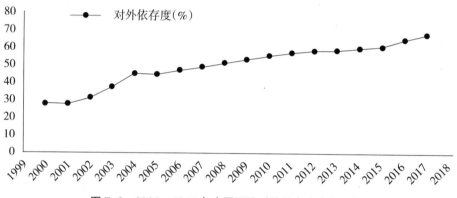

图 7-6　2000—2017 年中国石油对外依存度变化趋势

展和国内人民生活水平的提高，已经从重工业部门转向消费领域。2000 年以来，我国石油消费年均增量达到 2000 万吨。近年来，石油消费强度、弹性、增速都有所下降，但我国石油对外依存度长期超过国际公认的 50% 警戒线（图 7-6）。根据《2050 年世界与中国能源展望》(2019) 报告，在基准情景下预测我国石油需求将于 2030 年前后达峰，为 7.05 亿吨，并于此后逐步回落；到 2050 年则为 5.9 亿吨。未来，我国人均石油消费水平还有一定增长空间，2030 年将达到人均 0.5 吨左右的峰值水平。我国石油需求达峰前的增量主要来自交通用能和非燃烧领域。当前我国石油消费量增加，一方面是因为燃油汽车数量的增加而导致石油需求持续增长，另一方面是由于国内炼油行业产能大幅度提升使得成品油出口规模不断扩大。2018 年，中国原油加工量和石油表观消费量双双突破 6 亿吨。2019 年 1 月到 10 月，我国进口原油 4.416 亿吨，约合每天 995 万桶，其中 10 月份原油进口量同比增长 11.5%，创历史新高。此外，作为石油消费主导部门之一,未来交通用能将更加多元化。据摩根士丹利研究表示,随着越来越多的人出行选择高铁,加之电动汽车日渐普及,预计我国石油消费将在 2025 年达峰,比市场普遍预测的要早 5 年到 8 年。这将会是处于经济发展上升期的国家走出的一条独特的发展模式,即电动汽车和高速铁路将大幅减少汽油消耗。同时也应当注意到,2024 年前我国炼油行业将会有一大波新增产能,届时中国将成为全球炼油能力最大的国家,且新增炼油能力远超石油需求增长量,产能过剩问题将会凸显。

3. 电气化水平将持续提升

1980—2020 年,中国人均用电量、人均生活用电量年均增速分别为 7.6%、11.3%,在主要国家中增长最快。作为二次能源的电能,其之前的一次能源转换中能源品种的比例和构成直接影响碳排放水平,影响能源的清洁水平。人均能源消费量和人均耗电量在一定程度上反映一个国家或地区经济发展水平和人民生活质量。根据已公开的数据,2020 年我国人均用电量为 5317 千瓦时,远低于美国的 12215 千瓦时、加拿大的 14024 千瓦时、日本的 7517 千瓦时。[①]未来以电力为主的能源消费仍有大幅度提高的空间,建筑部门是电气化水平提升最快的部门,而长期来看,工业部门将是我国最重要的电力消费部门。[②]根据相关预测,我国电力需求将持续增长,预计 2035 年将会达到 10.9 万亿—12.1 万亿千瓦时,2050 年达到 12.4 万亿—13.9 万亿千瓦时。

未来,我国的电源结构将呈现"煤电压舱、风光领跑、多源协调"态势。虽然近 5 年来可再生能源提供了全球新增发电量的 60% 左右,但在可再生能源和新能源发电技术瓶颈没有实现突破之前,我国煤电依然会是主力电源,但煤电角色已经开始发生调整,煤电灵活性改造将为不稳定的可再生能源电力上网并网提供调峰保障。未来作为重要的清洁电源,风电和光电将成为我国发展最快的电源类型(图 7-7、图 7-8),可以降低传统化石能源燃料散烧带来的

---

①人均 5937. 5 度! 放眼全球,中国人均全社会用电量是什么水平? [N/OL]. 国际电力网,(2022—01—21)[2022—040—4]. https://power.in-en.com/html/power-2402608.shtml.

②国网能源研究院. 中国电力中长期发展趋势六大判断 [N]. 新能源经贸观察,2018(12):49.

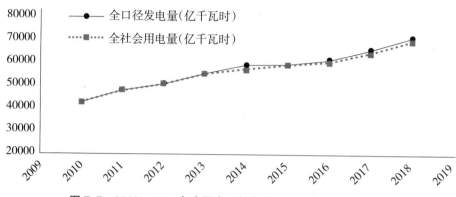

**图 7-7　2010—2018 年中国全口径发电量和全社会用电量走势**

资料来源：国家统计局网站。

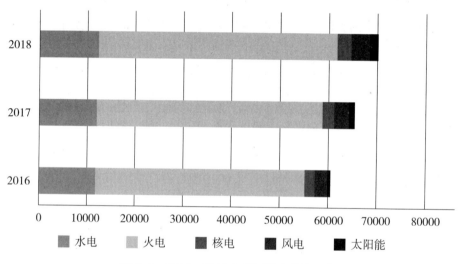

**图 7-8　2016—2018 年我国发电结构示意**

问题和碳排放问题，有利于构建层次更高、范围更广的新型电力消费的市场，提升电气化水平，在一定程度上可促进电力消费，带动相关设备制造行业发展和有效投资，拓展新的经济增长点。

　　未来高新技术产业和高端制造业将带动第二产业用电继续刚性增长，服务业快速发展则会驱动第三产业和居民生活用电保持快速增长（图 7-9）。展望 2035 年，随着我国经济迈向高质量发展阶段，特别是制造业的创新发展，大数据等战略性新兴产业快速发展，居民生活质量的持续改善，以及电动交通工具、清洁取暖等的电能替代都将为电力行业增长注入新动能。

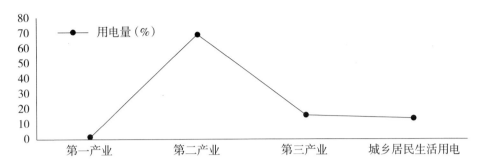

图 7-9　2018 年中国全社会用电量结构分析

数据来源：国家统计局网站。

（三）"双碳"目标加压能源革命

2020 年 9 月 22 日，习近平主席在第七十五届联大会议上发表重要讲话时宣布了我国的"30·60"双碳目标，即"我国将力争于 2030 年前二氧化碳排放达到峰值，努力争取在 2060 年前实现碳中和"。"双碳"目标的提出一方面是我国应对全球气候变化向国际社会作出的郑重承诺，但更重要的是加速了我国的能源革命进程。

国际上，2019 年全球碳排放报告提出，全球能源相关的碳排放总量达到 330 亿吨左右。欧盟引领并宣布绝对减排目标后，未来全球有 58 个国家预计将在 2030 年以前实现碳排放达峰，占全球碳排放量的 60%。随着气候变化问题日渐突出和极端灾害天气频发，来自国际社会的碳减排压力骤增。

我国当前面临的气候变化问题压力不仅来自国际舆论方面，更重要的来自我国发展的自身需要。2015 年，我国发布了《第三次气候变化国家评估报告》指出，自 1880 年到 2012 年的 132 年间，全球陆地海洋表面平均温度上升了 0.85 摄氏度，而 1909 年到 2011 年的 102 年间，中国陆地区域平均增温 0.9—1.5 摄氏度，并在近 15 年处于近百年来气温最高的阶段，气候变暖速率高于全球平均值。我国沿海海平面在 1980 年后的 30 多年间上升速率为 2.9 毫米 / 年，高于全球平均速率。

虽然从世界范围内来看，中国人均碳排放量、人均能源消耗量都较低，且碳排放总量里很大一部分是保证人民基本生活的生存排放。但作为拥有 14 亿人口的发展中国家，我国未来发展无疑需要更多的能源和资源消耗以及更多的碳排放。这无形之中使中国在当前以及未来相当一段时期内都将背负沉重的国际舆论压力。我们必须深刻认识到安全与发展仍然是关键词,不能因噎废食。但如何发展,如何实现能源、环境、经济协调发展,是当下和未来需要着力解决的问题。我们应该做的是尽快缩短达到富裕水平的发展过程和时间,即在2020年全面建成小康社会、2035年基本实现社会主义现代化、2050年建成富强民主文明和谐美丽的社会主义现代化强国,通过缩短跨越发展阶段、发展方式转变的时间,尽可能减少对生态环境和气候变化产生的影响和破坏。在应对气候变化方面,我们需要把握自己的发展节奏,不为外部情势所影响,坚定沉稳地走出一条具有中国特色的应对气候变化和能源转型的道路,承担共同但有区别的责任,发挥应有的作用,承担应尽的义务,作出积极贡献,努力实现2030年碳排放达峰的承诺。

# 第二节　中国能源变革中的能源管理体制及政策变迁

能源变革虽是客观历史过程,却也处处体现出治理的主观色彩。这其中最为重要的就是能源变革过程中与能源有关的制度和组织变迁。当某一领域的重要性凸显,就会衍生出专业的人研究和关注这一领域,进而会成立专门的组织对其进行管理和调控,同时也就意味着引起了决策层的重视和关注。能源管理组织和制度演进也能够从历史角度展示国内能源变革的进程。

## 一、中国能源管理体制变迁

能源管理体制主要包括国家能源管理机构的设置、管理权限的分配、职责范围的划分及其机构运行、协调和监管机制。"改革者经常寻求的不仅仅是改变组织正式声明的目标,还有结构。有了结构,才能有专门讨论这个问题的场所、部门,才能有话语权,才能受到重视。"[①]这说明解决问题、实现目标需要成立相应部门或组织的重要性。我国能源产业规模由小到大,生产力水平由低到

---

① H. K. 科尔巴奇. 政策[M]. 张毅,韩志明,译. 长春:吉林人民出版社,2005.

高,能源管理体制为了适应形势发展的需要经历了多次变革。每一次变革都有目标,有诉求,不同阶段的能源管理体制对促进能源行业发展,缓解能源供求关系,满足国民经济和社会发展需要,都起到了积极作用。我国能源管理机构分合拆并前后经历了数次调整,包括调整为三次电力部、三次煤炭工业部、两次石油部、两次能源委、一次燃料工业部、一次能源部、一次发改委能源局和一次国家能源局。管理机构调整频繁也足见能源领域变革之频繁,能源博弈之激烈。新中国成立到现在,我国能源管理体制发展可分为两个阶段。第一阶段是自新中国成立到改革开放前夕,特点是以能源部门为基本单位,历经多次整合,基于计划经济体制,政企高度合一,管理集中。第二阶段是改革开放后到现在,在社会主义市场经济改革和发展进程中,能源领域的市场化改革逐渐开启,政企逐步分开,能源管理职能倾向于通过市场调整,但其间伴随着各种利益博弈,过程复杂。研究我国能源变革,需要在能源改革行至当下对改革进程进行必要的梳理,以厘清历史脉络。

(一)改革开放前能源管理体制调整概况

新中国成立初期,我国设立了统一的能源管理部门"燃料工业部",下设煤炭管理总局、电业管理总局、水力发电工程局和石油管理总局。"一五"时期之后,随着经济发展缓慢起步,国内能源需求逐渐增加,煤炭、石油、电力分家的诉求越来越强烈。

1955年,为顺应国内能源需求形势的变化,全国人大一届二次会议撤销了燃料工业部,分别成立了煤炭部、石油工业部和电力工业部。

1958年,国家开始尝试下放管理权,撤销各大区煤炭管理局,撤销地质部石油地质局;将水利部与电力工业部合并,成立水利电力部,将电力工业企业全部下放省级人民政府。但此次改革出现了"一放就乱"的问题,之后煤炭、石油、电力管理权限又重新上收。

1970年,能源管理第二次权力下放,中央撤销了石油部、煤炭工业部、化学工业部,合并为燃料化学工业部。同年6月,将原煤炭工业部与地方双重领导的中央企业下放到地方。

1971年,几乎所有的生产建设单位全部下放到地方管理。

1975年开始,国家逐步上收管理权限,重塑中央部门在能源领域的垂直管理体制,撤销了燃料化学工业部,重新成立煤炭工业部,并组建了石油化学工业部。

1978年3月,全国人大五届一次会议撤销石油化学工业部,分别设立化学工业部和石油工业部。电力工业管理体制重新回归以中央管理为主、大区电业管理局分片管理的体制。[①]

改革开放前,我国国民经济处于计划经济体制下,经济社会发展全部置于高度集中的规划和计划之下,各类社会资源配置全部依靠计划安排和分配。虽然计划经济体制可以避免市场经济发展的盲目性、不确定性等问题,但实践中的低效却给社会经济发展造成极大伤害,严重制约了经济发展。计划经济时期,我国能源管理体制改革也体现出鲜明的时代烙印。这一时期,我国的能源管理体制调整主要集中在能源部门之间的分与合、中央与地方之间在能源管理权限上的放权与集权调整上。

(二)改革开放后能源管理体制调整概况

党的十一届三中全会会议中心议题是将全党的工作重点转移到社会主义现代化建设上来,党和国家的工作重心由此转向以经济建设为中心,我国开始走上了发展中国特色社会主义市场经济的道路。国家开始对"政企合一、垄断经营、高度集中"的计划体制逐步进行改革,能源管理体制也开始了不断的调整,以适应市场化改革不断推进的需要。

1979年,国务院撤销水利水电部,成立电力部和水利部,电力供应由国家统一分配。

1980年,国家成立了国家能源委员会,负责管理石油、煤炭、电力三个部门。成立之初,国家能源委和国家计委之间职能没有理顺,职责交叉,投资权、定价权实际上都归属于国家计委,国家能源委并未能发挥出实际作用。

1982年2月,石油工业部所属海洋石油业务独立,成立了中国海洋石油总公司。1982年3月,国家能源委员会被取消,水利部和电力工业部再次被合并,第二次设立水利电力部;同时组建华能国际电力开发公司,利用外资办电,加快电力建设。这一阶段,同步进行了投资体制改革,打破了独家办电的格局。

---

① 中国能源管理体制60年变革[J].电力技术,2009(12):77.

1983 年 7 月,石油工业部下设的炼油厂分离,与化工部和纺织部的部分石化、化纤企业合并,组建成立了中国石油化工总公司。

1988 年 4 月,我国进行第四次行政体制改革,撤销煤炭工业部、石油工业部、水利电力部、核工业部,组建我国第一个能源部,统管国家能源工业。

此后,国内能源企业轮廓初现,以适应市场经济发展的需要。电力工业在省级层面实现政企分开。煤炭部撤销后,成立了中国统配煤矿总公司和东北内蒙古煤炭工业联合公司;石油部取消后成立了中国石油天然气总公司;核工业部撤销后成立了中国核工业总公司。与过去成立国家能源委员会的尝试不同,此次国家能源部的组建被赋予了诸多向市场化转型的任务,核心是实现政企分开,使企业成为能源行业的主角。这种行业主管部门变化,是整个八九十年代市场经济改革的攻坚难点之一。

1993 年,因在级别上与几大国有能源企业平级,而能源项目的审批权在国家计委,能源部撤销,重新组建了煤炭工业部;同年 2 月,东北、华北、华中、西北、华东五省电网组建电力企业集团;3 月,撤销中国统配煤矿总公司,组建电力工业部。

1996 年底,组建国家电力公司,与电力部两套牌子、两个班子运行,前者负责国有电力资产经营,后者负责电力工业行政管理。

1998 年,新一届政府推进机构改革,撤销煤炭部、电力部等专业能源部门。撤销煤炭部改组为国家煤炭工业局;在国家经贸委下组建国家石油和化学工业局,重组国有石油天然气企业,组建"三桶油"。电力部撤销后,电力行政管理职能移交国家经贸委,行业管理交由中国电力企业联合会。[①]

2001 年,煤炭工业局、国家石油和化学工业局被撤销,煤炭、油气工业又分别归属国家经贸委和国家计委管理。

2002 年,国家启动新一轮电力体制改革,撤销国家电力公司,组建五大电力集团,国家电力监管委员会成立。

2003 年,国家新一轮机构改革开始,国家计委变更为国家发改委,实施对

① 郭焦锋,王婕,李继峰,赵良英. 能源改革的下一程:以能源体制革命推进能源高质量发展[J]. 能源,2018(Z1):90—94.

煤炭、电力、石油天然气等行业的管理。同期组建成立国家电监会,负责电力行业监管。

2005 年 5 月,在煤荒、油荒、电荒问题突出的背景下,国务院成立国家能源领导小组,作为能源工作最高层议事协调机构。

2008 年,国务院推动"大部制改革",国家发改委能源局、国家能源领导小组和原国防科工委的核电管理职能合并,成立了国家能源局,旨在加强能源管理职能,但是与能源紧密相关的价格、运行、市场等职能并没有进行集中统一管理。

2010 年,国务院成立国家能源委员会,负责研究拟订国家能源发展战略,审议能源安全和能源发展中的重大问题,统筹协调国内能源开发和国际能源合作的重大事项。

国家能源局和国家能源委员会这两个机构的成立,标志着我国能源管理体制改革迈出了重要的一步,也显示出我国政府加强能源管理、保障能源安全的决心。

2013 年,新的机构改革中,国家能源局、电监会的职责整合,重新组建国家能源局,完善了能源监督管理体制,不再保留电监会。机构改革后的国家能源局继续由发改委管理,其主要职能包括:研究提出能源发展战略的建议,拟订能源发展规划、产业政策并组织实施,起草有关能源法律法规草案和规章,推进能源体制改革,拟订有关改革方案,协调能源发展和改革中的重大问题;负责煤炭、石油、天然气、电力(含核电)、新能源和可再生能源等能源的行业管理,组织制定能源行业标准,监测能源发展情况,衔接能源生产建设和供需平衡,指导协调农村能源发展工作;牵头开展能源国际合作,参与制定与能源相关的资源、财税、环保及应对气候变化等政策,提出能源价格调整和进出口总量建议;同时,承担国家能源委员会具体工作,承办国务院及国家发展和改革委员会交办的其他事项。①

---

① 国家能源局主要职责. 中央政府门户网站,(2014-02-22)[2019-09-09]. http://www.gov.cn/fuwu/2014-02/22/content_2618858.htm.

（三）能源管理体制变迁述评

新中国成立后，我国能源工业管理体制随着不同时期的不同发展目标要求，经历了多次调整与变革，逐步形成了当前的能源管理体制。从历史和发展的角度看，在适应经济社会发展对能源管理不断提出新目标、新要求的过程中，我国能源管理体制实现了能源治理能力的螺旋式上升。在梳理能源管理体制变迁的过程中，可以发现我国能源管理体制变革频繁，但能源管理机构的设立、合并与撤销均与经济体制改革密切相关；尤以煤炭行业管理体制变迁最为频繁，这与其作为我国主导能源品种的角色和地位关系密切。其间，煤炭行业主管部门起起落落；电力行业管理从政企合一到政企分开起伏曲折；能源行业从综合管理到行业管理演变分分合合。从新近的变革目标和需求来看，能源部门的大一统，将会以能源革命、能源转型为方向和目标，再次走向综合管理模式，以实现能源品种之间的综合协调发展。

现阶段的能源安全，已经从单纯保障煤炭、石油和天然气稳定供给，向着构建多元综合能源体系转变。单一意味着风险和波动大，多元意味着能源品种之间的互补性可以分散风险、降低单一品种能源波动对能源系统的影响。因而，能源已不单单指煤炭、石油、天然气等传统能源，还包括了风能、光能等可再生能源，以及氢能等新能源。能源领域也需要更为多元和灵活的结构安排，实现能源按效能、按比例协调发展，同时实现不同能源品种之间合理地相互补充、替代、转换。我们面临的能源变革大势要求我们站在"大能源"的战略角度上思考能源管理体制问题，要求国家必须有一个强有力的综合能源管理机构，统筹协调各种能源之间的发展关系，将能源战略与规划、能源开发、能源消费、能源储备、可再生能源和新能源发展等宏观管理职能整合在一起，以此应对复杂多变的国内外形势，才能具备变被动为主动的能力。所以，着力构建适应经济社会发展需要、构建适应未来能源变革需要、构建适应国家能源安全需要的能源管理体制，是提高国家能源治理能力的关键和基础。

## 二、中国能源战略及政策演进

任何能源政策的制定和实施归根结底要受到现实能源约束以及世界环境

与能源思潮的影响。[①]"能源政策的制定是一个非常复杂的过程,主要是因为能源政策的社会影响广泛、行业(部门)之间协调困难、利益集团的诉求不同以及相关市场信息的不对称性。"能源政策是国家政策体系的重要组成部分。自新中国成立之后,不同时期、不同阶段的能源战略和能源政策与我国经济社会发展情况有着紧密的相关性。梳理我国能源战略及政策演进,厘清新中国成立后我国能源政策的演进历程,可为未来能源政策制定的思想基础及变化趋向做好研究准备。

(一)改革开放前的恢复和动荡期

新中国成立后,我国能源行业面临着恢复重建和为实现四个现代化目标迫切需要快速发展的现实。起步是扎实的,开端是稳健的,但却经历了曲折和动荡,导致我国能源战略和能源发展走了不少弯路,也一定程度上造成人力、物力、财力等资源的浪费。

1.新中国成立后的能源建设恢复期和起步期(1949—1957)

新中国贫穷困苦,这是时代的烙印。刚刚成立的中华人民共和国百废待兴,面临着恢复生产与重建的巨大挑战和艰巨任务。1949—1952年,是新中国国民经济恢复期,这三年中的能源政策主要目标是恢复既有能源工业的生产能力。1950年,中国能源生产总量仅为0.3亿吨标准煤,其中煤炭产量约占96.7%,原油约占0.9%。1952年,原煤产量0.6亿吨,原油43.6万吨,发电量72.6亿度。三年恢复期,发电设备容量仅增加了6.2%,但年发电量却增长了68.5%。电力供应不足在主要城市地区、老工业基地较为突出。通过三年恢复期建设,我国能源工业开始步入"一五"计划期。

1953—1957年是我国的第一个五年计划期。第一个五年计划对我国来说是依靠苏联援助拉开社会主义工业化建设的开端。新中国成立之初,我国奉行"一面倒"的外交政策,向苏联阵营靠拢。1950年,中苏签订了《中苏友好同盟互助条约》,苏联开始对中国提供大量技术援助。当时复杂又敏感的国际形势下,资本主义国家和社会主义国家两大阵营矛盾尖锐,西方资本主义国家在资

---

① 王衍行,汪海波,樊柳言.中国能源政策的演变及趋势[J].理论学刊,2012(09):70—73.

源方面对社会主义国家实行了各种限制和禁运。同时,薄弱的国力也使得我国在能源方面不得不坚持"自力更生""自给自足"的方针,基于我国的资源禀赋及技术条件,大规模开发利用煤炭资源成为为当时经济社会发展提供坚实能源保障的唯一可靠选择。1953年开始,我国通过制定五年发展计划,开始大规模建设和发展能源工业。1954年,我国召开第一届全国人民代表大会第一次明确提出要实现工业、农业、交通运输业和国防的四个现代化建设任务,在实现四个现代化国家战略目标指引下,能源行业开始踏上稳步发展的轨道。到1957年,我国原煤产量达到1.31亿吨,发电量达到了193亿度。经过三年恢复期及"一五"计划期,随着"一五"计划目标的提前完成,我国能源行业生产能力得到了恢复,能源工业扎实起步,有了良好的开端和发展势头。但接下来的"大跃进"和"文化大革命"却使得能源生产经历了先盲目扩张、后遭破坏,严重影响了国家经济社会的发展。

2. 能源工业"大跃进"期(1958—1965)

我国煤炭产量计划大跃进是从1958年3月开始的,在同月召开的全国煤矿司级干部会议上提出了中国煤炭产量要"赶英超美"的口号。之后各种惊人的目标层出不穷。到1956年9月,新调整后的"二五"计划中的能源目标为:发电量3000亿度,原煤9亿吨,原油5000万吨(表7-1)。1958年8月,北戴河会议后,"二五"计划中的钢铁目标任务历经数次变更,已经翻番。而炼钢需要的煤炭供给能力却明显无法支撑上述目标的达成。就此,我们走上了能源生产"大跃进"时期。[1]

表7-1　"一五""二五"计划能源生产目标对比

|  | 原煤(亿吨) | 发电量(亿度) | 原油(万吨) |
|---|---|---|---|
| 一五计划目标 | 1.1 | 159 | 43.6 |
| 二五计划目标(调整后) | 9 | 3000 | 5000 |

数据来源:《中国政治经济史论(1949—1979)》《中共中央关于一九五九年计划和第二个五年计划问题的决议》。

---

[1] 国家经济贸易委员会. 中国工业五十年——新中国工业通鉴(第三部 1949—1999)[M]. 北京:中国经济出版社,2000.

　　为了保证"大炼钢铁"需要的煤炭供给,国家不断扩大对煤矿的投资,导致建设能力不足,煤矿建设后只能简易投产,为后期煤矿安全生产埋下了隐患。而同期完成的简易洗煤厂也因选址不当、电力、水源无力支撑等原因,投产数量寥寥无几,洗精煤也无法满足炼焦需要。煤炭领域"大跃进"严重浪费了国家建设的人力、物力和财力。除了煤炭工业"大跃进"外,电力行业也存在不切实际的"大跃进",表现在忽视火电建设,大力发展水电。但"大跃进"期间我国石油工业确实取得了喜人成果。1958 年,我国在准噶尔盆地勘探发现了克拉玛依油田,成为我国石油勘探史上的一个重大突破。1958 年 2 月之后,中国石油勘探工作重心"东移"。1959 年,石油勘探技术人员在东北的大庆找到工业性油流。1960 年,在国民经济最困难的时候,中共中央决定从各方面抽调工人、干部和技术人员,集中力量进行勘探开发,仅用一年时间就探明油田面积并进行试采实验,三年就建起了中国最大的石油基地,产量达全国石油总产量的三分之二。到 1965 年,我国当时经济发展所需的石油已经全部实现自给。当然,"大跃进"期间石油工业也未能避免"浮夸风"的影响,同样也造成了一定的资源浪费和成本增加。[①]

　　3. 能源工业动荡期(1966—1977)

　　1964 年之后,"大跃进"影响后的国民经济开始逐步恢复,但由于对社会主义阶级斗争仍存在错误认识,国民经济建设领域依然存在"左"倾错误。1966 年开始的"文化大革命"又为我国能源工业的发展增添了动荡。

　　"文化大革命"期间,能源领域中央集中统一管理开始松动,出现了打破全国一盘棋的整体布局态势,各地开始积极建立独立的工业体系。但也出现了不考虑资源赋存、地理位置等客观条件,违背自然规律,造成了投资的分散,布局的不合理,破坏了能源供应体系的整体布局。此外,这一时期能源行业突出体现了管理权力的下放,主要体现在煤炭行业。煤炭工业统配局矿下放给各省人民政府管理,而省煤炭管理局直接管理矿务局和直属矿。多主体多头管理使政策不能统一执行,行业管理混乱的局面影响和制约着能源行业健康发展。

---

① 胡新民. 毛泽东与"大跃进"运动的几个问题[J]. 党史博采(上),2019-03-05.

(二)改革开放后高碳发展期和结构调整期

改革开放后,我国迎来了对外开放的历史机遇期。能源工业经历了快速起步的高碳发展期和以节能减排为重点的能源结构调整初期这两个阶段。在应对气候变化的能源低碳转型过程中,我国的能源减碳是从两个层面推进的,一方面通过节能和提升能效水平达到降低能源消耗,当然主要是降低煤炭消耗,以减少二氧化碳排放。另一方面通过积极发展可再生能源等,用以替代燃煤发电,不断降低煤炭在能源结构中的比例。

1. 能源高碳发展期(1978—1995)

1978 年,党的十一届三中全会召开后,基于对国际形势新的判断,党中央决策层研判"和平与发展"将会成为未来世界发展主题,并将经济发展摆在了首要位置,能源政策也由此进行了相应调整,开启了能源发展全面服务经济建设的时期。自此,我国步入了"六五""七五""八五"计划期,开启了能源快速发展、全力保障经济建设的发展期。

国家能源政策围绕着经济建设和为社会主义现代化建设服务的目标,逐步对能源工业管理体制、能源价格体制、能源市场建设等领域进行改革,并改变了能源生产布局的战略指导思想,从"均衡"向"倾斜"转变,开始重点在煤炭资源丰富的山西、内蒙古、新疆等地建设大型能源生产基地,通过能源基地建设确保经济发展的能源供给。这一阶段,以产量优先为目标,主要是扩大煤炭供给,满足能源需求。"六五"计划时期我国提出的《国民经济和社会发展第六个五年计划》中提出要"努力调整重工业的服务方向和产品结构,大力降低物质消耗特别是能源消耗,使生产资料生产同消费资料生产的发展保持大体协调","有计划有重点地对现有企业进行技术改造,广泛地开展以节能为主要目标的技术革新活动"。同时,还提出要"加强环境保护,制止环境污染的进一步发展,并使一些重点地区的环境状况有所改善"。这一阶段,煤炭行业特别鼓励发展乡镇集体煤矿,采取了大中小煤矿并举的发展方针,使得乡镇煤矿发展失控,造成煤炭资源破坏、煤炭产能过剩、煤矿安全事故频发、"北煤南运"交通运输压力矛盾突出。但这却也是特定时代背景下,经济快速起步期,为满足快速增长的能源需求而不得不采取的权宜之计。

之后,国家开始认识到发展电力的重要性,能源建设开始向电力倾斜,并在"七五"计划时期提出了"能源工业的发展要以电力为中心,要积极发展火电,大力开发水电,有重点有步骤地建设核电站"的政策。"七五"时期开始,电力行业的建设和发展为未来迎接电气化时代的到来奠定了基础。这一阶段也可看作是中国能源变革由煤到煤电并举的一个小的转折。"八五"计划时期我国继续强化了"七五"时期的能源战略与方针,继续加强煤炭基地建设,加强电力工业发展,石油工业继续坚持"稳定东部,发展西部"的战略。国家能源基地建设也提出了"变输煤为输电"的口号,以响应国家发展电力的号召。与此同时,国家开始关注能源资源节约问题,提出了"实行开发和节约并重的方针,争取五年内节约标准煤一亿吨"的目标要求。

2. 能源结构调整初期(1995—2010)

"九五""十五""十一五"期间,我国能源领域出现的新变化一是深入推进节能减排工作,二是开始重视可再生能源发展。这些变化紧紧围绕调整能源结构展开。节能的根本意义和作用在于减少化石能源的消耗,发展可再生能源和新能源在于实现对化石能源的替代,尤其是实现对煤炭的替代。

在节能减排方面,1994年以后,我国能源政策进一步从注重发展数量转向注重效率和质量,把提高能源供给能力、优化能源结构放在更加重要的位置。1994年国务院发布《中国21世纪议程》,确立了新能源和可再生能源在未来能源系统中的战略地位。此外,还颁布了《1996—2010年新能源和可再生能源发展纲要》《可再生能源中长期发展规划》等。1998年以后,为应对气候变化,我国更加重视中西部的基础设施和能源基地建设,重点加快了可再生能源和新能源产业发展,提出了能源发展要"因地制宜、多能互补、综合利用、讲求效益"。1998年,我国签署了《京都议定书》并通过采取转变经济增长方式、提高能源效率等措施,积极控制化石能源使用和减少温室气体排放,先后制定和修订了《中国应对气候变化国家方案》《可再生能源法》《节约能源法》和《循环经济促进法》等政策法规,将国际协议内容落实到国内政策法规中,能源工作逐步纳入法制化、规范化的轨道。在此阶段,我国还提出了"到2010年单位国内生产总值能源消耗比2005年降低20%左右,主要污染物排放总量减少10%"的具体节能减排目标。2005年,以减少全球温室气体排放为核心的《京都议定书》正式生效。2007年中国发布了《中国应对气候变化国家方案》,提出

"节约优先、效率为本"的能源战略方针。

"十五"计划时期,我国在能源领域正式确定并提出"优化能源结构"的目标。经过努力,到"十五"期末,我国能源生产能力大幅度提高,达到了 22.5 亿吨标准煤,是改革开放初期的 3.7 倍,形成了以煤炭为主要能源品种,以石油、天然气、电力、可再生能源和新能源为补充的多元化能源供给结构。在工业化、城市化加速推进过程中,我国以煤炭为主的多元化能源供给体系基本满足了日益增长的能源需求。同时,石油、天然气的消费比例呈不断上升趋势,中国石油、天然气的对外依赖度越来越高,并成为世界主要的石油消费国。"十一五"时期,随着节能工作进一步深入推进,我国新能源和可再生能源得到了初步发展。在这一时期,我国对能源战略继续进行调整,确立了"节约优先、立足国内、多元发展,加强国际互利合作,构筑稳定、经济、清洁的能源体系,以能源的可持续发展支持经济社会的可持续发展"的指导方针。可再生能源和新能源在此期间得到了初步发展。2008 年,胡锦涛主席在日本北海道举行的经济大国能源安全和气候变化领导人会议上指出,"中国已经把建设生态文明确定为一项战略任务,强调要坚持节约资源和保护环境的基本国策,努力形成节约能源资源和保护生态环境的产业结构、增长方式、消费模式"[①]。

(三)新常态新时代能源革命时期

新常态新时代我国能源革命面临着更多的新形势、新问题,需要从战略层面进行调整、适应和破解能源领域的难题。我国作为世界最大能源生产国、消费国和碳排放国,在适应经济发展新常态、步入中国特色社会主义新时代后,以生态文明理念为指引,全面系统推进能源革命,加快构建现代能源体系,着力实现"双碳"目标。

1. 能源革命引领下的结构转型期(2011—2020)

2014 年 5 月,习近平总书记提出我国经济社会发展步入新常态,经济增速放缓,经济发展从追求高速度发展向高质量发展转变。之后 2014 年 6 月 13 日,习近平总书记主持召开十八届中央财经领导小组第六次会议强调,"能源

---

① 胡锦涛. 在经济大国能源安全和气候变化领导人会议上的讲话 [N]. 人民日报海外版,2008-07-10(01).

安全是关系国家经济社会发展的全局性、战略性问题,对国家繁荣发展、人民生活改善、社会长治久安至关重要。面对能源供需格局新变化、国际能源发展新趋势,保障国家能源安全,必须推动能源生产和消费革命",由此开启了我国能源领域的"四个革命和一个合作"。2015年,中共中央、国务院公布了《关于加快推进生态文明建设的意见》,明确了生态文明建设的时间表和路线图,到2020年,我国资源节约型和环境友好型社会建设取得重大进展,国土空间开发格局进一步优化,资源利用更加高效,生态环境质量总体改善,生态文明重大制度基本确立,生态文明主流价值观在全社会推行,生态文明建设水平与全面建成小康社会目标相适应。

自此,生态文明理念指引下的能源革命拉开了帷幕。能源消费革命、能源供给革命、能源技术革命、能源体制革命,以及加强能源国际合作全面深入推进。"十三五"时期,能源系统优化煤炭煤电产能结构和布局,累计退出煤炭落后产能8.1亿吨,淘汰关停落后煤电机组2000万千瓦以上,提前两年完成"十三五"去产能目标任务。全国可再生能源发电装机突破7亿千瓦,清洁能源产业稳步壮大,发电装机比重提高到40%,清洁能源消纳难题得到有效解决。加大油气勘探开发力度,加快天然气产供储销体系建设,增强油气安全保障能力。"一带一路"能源国际合作加大了与中亚、中东、美洲、非洲等油气的合作力度,也实现了与俄罗斯、蒙古、越南、老挝、缅甸等周边国家电网连接,在电网投资、服务、装备、技术、标准等方面实现了"走出去"。"四个革命,一个合作"从战略高度为中国能源发展指明方向,对"十三五"能源规划及中长期发展战略的制定具有重要指导作用。

2."双碳"目标下的系统变革期(2021年至今)

2020年9月,我国提出"双碳"目标后,围绕碳达峰、碳中和先后出台了《中共中央国务院关于完整准确全面贯彻新发展理念做好碳达峰碳中和工作的意见》(以下简称《意见》)和《2030年前碳达峰行动方案》(以下简称《方案》)两个纲领性文件,全面系统推动该项工作,明确了我国能源转型的重要时间节点和路线图。2022年4月,我国《"十四五"现代能源体系规划》经国务院批复同意并印发实施。"十四五"时期,我国将加快构建现代能源体系,建设能源强国,全力保障国家能源安全,助力实现碳达峰碳中和目标,支撑经济社会高质量发展。

2022 年 10 月 16 日,中国共产党第二十次全国代表大会召开,习近平总书记在报告中指出,能源是经济社会发展的重要物质基础,对国家繁荣发展、人民生活改善、社会长治久安至关重要。在我国要积极稳妥推进碳达峰碳中和,立足能源资源禀赋,坚持先立后破,有计划分步骤实施碳达峰行动。完善能源消耗总量和强度调控,重点控制化石能源消费,逐步转向碳排放总量和强度"双控"制度。深入推进能源革命,加强煤炭清洁高效利用,加快规划建设新型能源体系,确保国家能源安全。

碳达峰、碳中和是一项多维、立体、系统推进工程,涉及经济社会发展方方面面,需要形成"1+N"政策体系,切实保障"双碳"目标实现。《意见》是党中央对碳达峰碳中和工作进行的系统谋划和总体部署,是"1+N"中的"1",覆盖碳达峰、碳中和两个阶段,是顶层设计。《方案》则是碳达峰阶段的总体部署,在目标、原则、方向等方面与《意见》保持有机衔接的同时,更加聚焦 2030 年前碳达峰目标,相关指标和任务更加细化、实化、具体化。《"十四五"现代能源体系规划》则是立足全国能源体系进行的系统谋划,是我国能源体系深刻系统全面变革的方向指引,努力开创能源低碳转型和高质量发展新局面。[1]

在此过程中,国家政策也再度明确,传统能源逐步退出必须建立在新能源安全可靠的替代基础上。习近平总书记强调:"必须坚持统筹发展和安全,增强机遇意识和风险意识,树立底线思维。"2022 年中央政府工作报告要求要"有序推进碳达峰碳中和工作",强调在推动能源革命过程中要确保能源供应,立足资源禀赋,坚持先立后破、通盘谋划,推进能源低碳转型。在电力方面,推进电力供给侧结构性改革,重点在充分调动需求侧响应资源、合理推动支撑性基础性电源项目规划建设、统筹优化全国电力潮流、完善电网结构上做研究;注重提升电力系统整体效率,推动电力绿色转型升级,重点在高度重视节能增效、全面推动煤电清洁高效发展、提升系统调节能力、全面加快电能替代、降低能源对外依存度上做研究;大力推进技术创新,全面深化体制革命,坚定实施国际合作,重点在切实推进电力重大装备技术创新、全面深化电力体制及市场

---

[1] 章建华. 加快构建现代能源体系[N]. 人民日报,2022-04-01(09).

化改革、加强与周边国家电力互联互通上做研究。在能耗方面,能耗强度目标在"十四五"规划期内统筹考核,并留有适当弹性,新增可再生能源和原料用能不纳入能源消费总量控制,这是新时期作出的一个新的政策调整。"十四五"时期新能源和可再生能源又将迎来一轮快速发展,新型储能、氢能等也将会在政策支持下实现规模发展。

(四)能源战略演进述评

从能源变革角度来看,新中国成立后的能源战略演进过程是一个高度浓缩版的工业化阶段的能源变革历程。当然,这个过程仍在继续。改革开放后的40多年间,我们迅速走过了发达资本主义国家耗费了百余年的能源变革历程,我们的能源变革之路总的来说是成功的、高效率的,是值得被肯定的。

1. 第一阶段:煤炭撑起经济社会起步与快速发展

我国能源变革过程中,煤炭撑起了经济社会发展的起步期和快速增长期,发挥了重要保障作用。从新中国成立后到改革开放前,我国在能源方面坚持了"自给自足"的能源政策,不断扩大能源生产,使得以煤炭为主要能源品种的能源供给基本满足了国内能源需求,支撑了计划经济时期的经济发展。新中国成立后,能源变革对于我国来说,更重要的是体现在立足当时国情和发展现实,要确保满足"有能可用"的基本目标。而正是在经济建设恢复期和起步期我国在能源方面坚持了"自己自足"战略,使得1973年发生的世界石油危机并没有影响到当时我国国内的经济建设和社会发展。在这一阶段,虽然能源建设走过弯路岔路,但总体来说恢复期重整和日后新建的能源产能,基本满足了当时发展用能需求。同时,能源行业低效、浪费却也是不争的事实。能源品种方面,犹如英、美、德等国历史的重现,我国也以煤炭为主要能源品种,掀开了经济社会快速发展的大幕。在此期间,我们在有效控制社会总需求过度增长、处理数量和质量、速度和效益关系上存在不足,在满足需求方面,对能源产量的追求更为急迫,但对提高资源利用效率缺乏有效监管。

2. 第二阶段:开启能源多元发展趋势

在经历波折的"二五"到"五五"计划时期后,我国迎来了改革开放之后的快速发展期。我国经济发展速度超过计划预计,能源供不应求矛盾突出。党中央认识到能源资源在支持国家经济发展中的重要基础作用,并基于我国"富煤贫油少气"的资源禀赋,从煤炭资源开始入手,展开了我国能源变革的新阶段。这一阶段,我国能源结构中的主导能源品种仍然是煤炭。虽然能源在这一阶段主要还是满足经济发展、工业生产、城市生活等方面的用能需求,但也出现了一个显著的变化,即我国从能源战略高度认识到了发展电力的重要性,在能源运输方式上出现了战略方针从"运煤"到"输电"的转变,这是一个显著减少环境负外部性的战略决策转变。大规模散煤运输过程中一方面产生诸多污染问题,另一方面加大交通用能需求和压力。变输煤为输电后,电力输送清洁高效,也缓解了当时铁路公路运力紧张问题。从"七五"计划开始,我国提出了变输煤为输电的战略,加大了电力行业投资,加强了电网建设力度,为全国电力供给打下了坚实的基础。2000年以来,国内能源生产已不能满足快速增长的能源需求,尤其表现在油气方面,对外依存度不断攀升。这一阶段,我国能源结构中石油、天然气消费比重不断增加。"十五"期末,中国能源政策的核心是调整能源供给和消费结构,构建一个既能够保障国民经济快速发展,又能够维护全球能源安全的多元能源供应体系。对于中国而言,立足国情,实施多元互补的能源发展战略,也是我们作出的现实选择。

3. 第三阶段:能源绿色低碳转型

"十一五"时期之后,我国的可再生能源和新能源开始呈现快速发展态势。及至"十三五"时期"双碳"目标的提出和"十四五"开局之年出台的一系列政策文件,进一步明确了未来我国能源转型的方向和路径。从未来世界能源发展趋势看,谁掌握了新能源和可再生能源关键技术,谁就能够获得未来发展的主动权。因此,在确保能源安全的基础上,要加快新能源和可再生能源技术研发、推广和使用,这将会是中国未来实现弯道超车、抢占经济持续快速健康发展的重要历史机遇期。我国在迈过"刘易斯拐点"之时,应抓紧促进人力资本累积和能源技术创新,以创新驱动实现大国崛起[1],努力推动中国从能源消费大国向能源安全稳定可持续供给大国转变。"十二五""十三五"时期,我国能源行业发展较快,供给保障能力不断增强,发展质量逐步提高,站到了转型变革的新起

---

① 李万. 能源变革:大国崛起的战略先导[N/OL]. 学习时报,(2017-03-21)[2019-08-09]. http://theory.people.com.cn/n1/2017/0321/c40531-29159188.html.

点。"十四五"时期,在"双碳"目标引领下,这一时期我国能源生产总量、电力装机规模和发电量稳居世界第一,长期以来的保供压力基本缓解。未来我国既面临由能源大国向能源强国转变的难得的历史机遇, 又面临诸多问题和挑战。风光可再生能源、核能、地热能、氢能等清洁能源要实现迅速发展,化石能源占比要在能源结构中大幅下降,我国能源清洁低碳转型的压力及趋势将更为明显。

　　能源变革的终极未来是能源问题将不再是问题, 不再会成为制约人类发展的瓶颈。当然,这是一个遥远的未来。当前以及未来相当长一段时期内,我国能源变革抑或这一阶段的能源转型是要努力实现能源安全和低碳,以及尽可能实现能源独立。

## 第三节　新时期中国应对能源变革之优势

　　经过 70 年的发展,我国能源工业从"一穷二白"已经发展成为世界上能源生产第一大国,形成了煤、电、油、气、核、新能源和可再生能源多轮驱动的多元能源供应体系。[①]中国特色社会主义建设在能源领域成绩斐然,充分证明了在过去和当前复杂的国际局势下, 中国共产党领导的中国特色社会主义建设是成功的伟大实践,中国特色社会主义制度体现了明显的制度优越性,而这也是我国未来应对能源变革的根本优势之所在。此外,中国参与应对气候变化国际治理角色的重要性不断增强,需统筹国内国际两个大局,走出一条符合中国国情、适应全球挑战的可持续发展道路。因此,我们必须从国家安全和发展的战略高度,审时度势,借势而为,凭借理论自信、制度自信和文化自信找到顺应能源变革大势之路。

---

　　① 国家能源局:中国已成为世界能源生产第一大国［N/OL］.中国网财经,(2019-09-20)［2019-12-02］. http://finance.china.com.cn/news/special/70years/20190920/5084949.shtml.

## 一、理论自信

新中国成立 70 年来,中国共产党创造、凝练并发展了博大精深的马克思主义中国化理论创新成果。中国共产党始终以高度的理论自觉,不断把马克思主义基本原理同新中国建设发展的具体实际和时代特征相结合,不断丰富和完善中国化马克思主义的理论内涵,扩充了马克思主义的理论体系。习近平总书记指出,我们"必须高度重视理论的作用,增强理论自信和战略定力"。坚持理论自信,就是坚信中国特色社会主义理论体系的科学性。"党的十八大以来,以习近平同志为核心的党中央,以当代世界格局和时代特征为背景,以发展中的中国特色社会主义为实践基础,深刻回答了党和国家发展的重大理论和现实问题,形成了习近平总书记系列重要讲话精神和治国理政新理念新思想新战略,形成了指导当代中国发展的最鲜活的马克思主义。"①因此,必须坚持以马克思主义为指导,坚持从我国国情出发,尊重历史传统,尊重科学发展规律,尊重和维护最广大人民群众的根本利益,全面推进生态文明建设,推动我国这一轮能源转型,完成好能源革命重要使命任务,努力实现中华民族的伟大复兴。

一是坚持马克思主义理论不动摇。马克思主义对生态环境的深刻理解是指导我国能源转型的思想指引。马克思理论有关生态环境方面的论述具有深刻的含义和科学性。马克思主义中国化理论创新成果,具有深度的科学真理性和强大的理论解释力。②在实现下一阶段目标过程中,我们仍然会面临能源需求方面的压力,能源供给保障能力建设有待继续加强,引领能源转型的关键核心技术亟待突破。针对上述挑战,能源领域"四个革命、一个合作"开启了中国特色社会主义能源发展理论的新阶段,为指导未来我国能源转型发展提供了理论基础和基本遵循。对于发展的内涵已经在生态文明思想指引下被重新定义了,"绿水青山就是金山银山","保护生态环境就是保护生产力,改善生态环

①梁昌新.学习贯彻习近平总书记能源革命重要论述为能源法制和体制改革工作提供思想保障[N].人民网,2017-08-24.

②中国社会科学院习近平新时代中国特色社会主义思想研究中心.坚定理论自信,筑牢事业发展思想之基[N].光明日报,2019-09-16(05).

境就是发展生产力",无论是能源变革还是人类发展,都应当向着绿色、安全、低碳、高效方向前行。当对传统化石能源需求的加速度减慢后、稳定平衡后,随着可再生能源和新能源技术瓶颈的突破,渐进式替代传统化石能源,最终会完成能源结构的调整,这是我们对能源发展的未来抱有的期盼。

二是马克思主义和马克思主义中国化理论成果指引下成绩斐然。我国能源理论根植于中华大地,因地制宜、与时俱进,支撑了中国能源产业由小到大、由弱到强的发展。中国能源发展的伟大实践展示了中国特色社会主义能源理论的生命力,实践是检验真理的唯一标准,对此我们应有充分的理论自信。从我国能源理论和能源政策的演进过程来看,这也是一场"摸着石头过河"的探索与改革,始终从中国能源发展实际出发,适时调整能源政策,循序渐进地完善并形成了具有中国特色的能源发展政策及制度体系。改革开放前,因受西方国家制裁,能源工作主要任务是为经济发展和国家安全提供能源保障,在"自力更生、自给自足"方针指引下,煤炭、电力、石油工业崛起,中国能源工业进入快速发展期。党的十一届三中全会后,发展成为第一要务,党中央提出"因地制宜、多能互补、综合利用、讲求效益"能源发展主张,提高能源供给能力,优化能源结构。"十一五"时期,针对能源安全对外依存度高、环境压力大等挑战,党中央及时调整能源战略,确立"节约优先、立足国内、多元发展、加强国际互利合作,构筑稳定、经济、清洁的能源体系,以能源的可持续发展支持经济社会的可持续发展"的能源发展方针。[①]"十二五""十三五"时期,为应对气候变化,承担减排任务目标,针对我国能源控总量、调结构、保安全面临的新挑战,党中央确立"推进能源体制机制创新和科技创新,加快能源生产和利用方式变革,强化节能优先战略,提升能源开发和利用效率,控制能源消费总量,构建安全、稳定、经济、清洁的现代能源产业体系"的能源发展指导方针。"十三五"末,我国还进一步明确提出了碳达峰碳中和目标。我国能源领域在坚持马克思主义和马克思主义中国化理论指引下,沉着应对复杂环境和局势,脚踏实地走中国特色社会主义道路,每个阶段、每一步都走出了中国节奏。

---

① 梁昌新. 学习贯彻习近平总书记能源革命重要论述为能源法制和体制改革工作提供思想保障[N/OL]. 人民网,2017-08-24.

## 二、制度自信

党的十九届四中全会通过的《中共中央关于坚持和完善中国特色社会主义制度、推进国家治理体系和治理能力现代化若干重大问题的决定》,"是我们党历史上第一个专门以制度建设为主题的决定,是新时代制度自信的郑重宣言,也是制度建设的行动指南,将为坚持和发展中国特色社会主义事业、实现中华民族伟大复兴中国梦提供强有力的保证,发挥根本性的作用"[①]。坚持和完善中国特色社会主义制度、推进国家治理体系和治理能力现代化,是全党的一项重大战略任务,也是全社会的共同任务。而国家治理体系中,能源治理是攸关国家发展命脉的重要和关键领域,建立在中国特色社会主义制度基础上的我国能源治理体系和制度也具有鲜明的中国特色。我们有能力、也有实力开展好新时代的能源治理,以能源革命为抓手,以"双碳"目标为导向,积极应对能源变革,积极推进能源转型。我们应对和迎接能源变革的制度自信和制度优势主要表现在:

一是中国特色社会主义制度下,领导干部要带头维护制度权威。新中国成立 70 年以来,我国的发展史就是中国特色社会主义制度自我变革的历史。制度的生命在于执行和遵守。美国学者兰普顿认为"中国共产党始终能根据国内和国际环境的变化调整自己"。中国共产党领导下的全体领导干部不仅有强烈的制度意识,还有执行制度、维护制度权威的能力。而这些具有执行力的领导干部就是确保我国能源变革向着清洁、低碳、绿色、高效方向推进的重要保障。任何制度、任何治理如果缺少了有执行力的人,就会影响目标的达成,甚至于无法达成既定目标。H. K. 科尔巴奇在分析全球变暖问题时指出,全球变暖的政策并非政府力所能及,更重要的是取决于"可支配人员"的行为和做法,因而需要培养出"可支配人员",即那些受全球变暖问题及生态环境问题的道德驱使,而愿意收敛自己行为的人。中国共产党及其领导下的 461 个基层党组织、9000 多万中国共产党党员正是这"可支配人员"的主体,具有确保党的路线、方

---

① 郭奔胜. 以制度自信推进制度建设［N/OL］. 新华网,(2019–11–20)［2022–03–31］. https://baijiahao.baidu.com/s?id=1650686460736456481&wfr=spider&for=pc.

针、政策得以落地的强有力的执行力、保障力。[①]我们既要充分肯定我国依靠制度优势在能源变革中所取得的成就，又要清醒认识到我国能源领域制度和治理体系还存在诸多问题，需要在未来依据形势和客观实际继续推进和深化改革。

二是中国能源转型需要制度保障。在能源转型上，我们需要树立道路自信，并在不断推动制度完善的基础上树立制度自信。在经济快速发展阶段，现有的能源体制机制虽然并不够完善，但仍然确保了能源需求。未来能源转型更加需要制度建设予以保障。中国能源发展的制度自信与能源生产和消费革命密切相关，需要通过完善能源制度来保障能源改革顺利进行和成果存续，提高能源制度自信。[②]能源绿色低碳清洁高效转型过程中，对能源开展总量控制，对过剩产能、落后产能的淘汰，不断提升对化石能源的清洁高效低碳利用等都需要相关制度做保障。中国可再生能源和新能源产业能够得到高速发展，并引领全球能源转型大潮，也得益于制度的支持和保障，同时也深刻地诠释了中国能源清洁转型的道路自信与制度自信。通过树立中国特色能源低碳转型发展的道路自信，中国可再生能源的发展已经走在了世界的前列。而通过"一带一路"合作倡议，我国加强了同其他国家的能源合作，加快了"全球能源互联网"等全球能源战略构想的落地，建立能源利益共同体，使能源生产和消费能够更好地促进人类社会发展。未来我国通过能源革命，不断完善能源体制机制保障能力，坚持我国能源发展道路和制度信心，不断推进国内清洁能源发展，参与到重塑全球能源格局和构建"人类命运共同体"中，不断发挥积极作用。

三是中国能源制度的优势还体现在应对突发状况时，可以迅速集中资源，着力攻坚克难，确保国家能源安全。习近平总书记说，"我们最大优势就是我国社会主义制度能够集中力量办大事，这是我们成就事业的重要法宝"。我国宪法规定，"我国国家机构实行民主集中制"，这不仅是中国特色社会主义的制度

---

① 中国共产党党员总数超 9000 万［N/OL］.人民日报，(2019-07-01)［2019-09-09］. http://paper.people.com.cn/rmrb/html/2019-07/01/nw.D110000renmrb_20190701_1-01.htm.

② 林伯强.能源改革推进能源生产和消费革命［N/OL］.新浪网，(2018-01-16)［2019-09-03］. http://finance.sina.com.cn/roll/2018-01-16/doc-ifyqrewi4954715.shtml.

特点,也是中国共产党的制度特点,这一制度安排能够保障在中国办大事。以 2008 年初我国南方雨雪冰冻灾害事件为例,虽然该事件在一定程度上暴露了我国当时能源管理体制方面存在的问题, 但更为重要的是在应对处理该事件过程中,充分显示了我国在应对能源领域紧急突发事件和状况时的制度优势,能够有效避免更大、更多损失的发生。再如,我国发展核电的过程中也体现出党和国家对发展核电战略的一贯坚持和支持,从无到有、从弱到强,一步步地努力成就了我国在核能领域现有的成绩, 实现了从核电大国到核电强国的跨越。2021 年初,能源价格迅速上涨引发了全国能源供应紧张,多地拉闸限电,国家迅速启动能源保供,切实稳定经济社会发展和民生需要,制度的力量彰显出制度的优势,制度的力量也将会给予能源治理更多的保障,给予能源变革更多的支撑。

### 三、文化自信

中国传统文化深植于社会之中,可以凝聚无穷力量。改革开放初期,大众曾经一度认为外国的月亮比中国圆, 选择性地遗忘和忽视了我国传统文化及其精髓。当我们的综合国力完成了提升和追赶,实现了满足人民群众基本的物质文化需求目标后,在迎来中国特色社会主义步入新常态的历史转折之时,我们也终于放慢了脚步,从一个新的高度和角度审视过去、现在与未来。从向外看"师夷长技以制夷",到向内看"自力更生,艰苦创业",绵延五千年的中华文明的深刻发展哲思逐渐展现出了光芒。正如俄罗斯科学院远东学者、历史学博士维诺格拉多夫在《中国现代化的发展模式》一书中提到的,"中国改革开放 30 年形成的中国模式的根源,就是中国民族文化传承这一特点"。文化自信对于能源变革来说非常重要, 能源变革和转型过程中需要广泛发挥文化植根于大众并能够凝聚力量的作用,推动全社会节能节约意识的形成,促进绿色消费观的形成,并为最终实现"天人合一"的生态文明作出贡献。

一是文化推动能源变革持久发力。中国的发展之路是建立在自身历史和文化基础之上的,极具生命力。在建党 95 周年庆祝大会的重要讲话中,习近平总书记指出"文化自信,是更基础、更广泛、更深厚的自信"。文化自信是一个民族、一个国家以及一个政党对自身文化价值的充分肯定和积极践行,并对其文化的生命力持有的坚定信心。"文明特别是思想文化是一个国家、一个民族的灵魂。无论哪一个国家、哪一个民族,如果不珍惜自己的思想文化,丢掉了思想文化这个灵魂,这个国家、这个民族是立不起来的。"中华优秀传统文化"可以为治国理政提供有益启示,也可以为道德建设提供有益启发","只有坚持从历史走向未来,从延续民族文化血脉中开拓前进,我们才能做好今天的事业","没有文明的继承和发展,没有文化的弘扬和繁荣,就没有中国梦的实现"①。文化自信是能源产业发展的力量源泉,生态文明背景下的能源变革离不开文化自信的引领。同时,也需要建立和增强文化自信在能源革命中的引领和传导机制,构建"生态、惠民、绿色、高效"的能源文化观,打造能源与文化共建共享互利共赢的新机制。②

二是能源变革需要与传统中华文化结合合力推进生态文明发展。我国古代先贤总结凝练出的生态环保理念和生态伦理观都是和谐共生、尊重自然、敬畏自然、顺应规律的理论和实践总结,是推进能源变革的精神财富。《礼记·礼器》中指出,"礼也者,合于天时,设于地财,顺于鬼神,合于人心,理万物者也"。古贤朱熹认为,"天即人,人即天。人之始生得于天也。既生此人,则天又在人矣,凡语言动作视听,皆天也","天人本只一理,若会得此意,则天何尝小也","天地以生物为心者也,而人物之生,又各得夫天地之心以为心者也"。他们在观察自然的基础上提出遵循自然规律以及生态环境保护的思想是值得认真学习和研究的。古代先贤对人与自然、与万物关系的描述包含的深刻思想与现在的生态文明思想遥相呼应。中华五千年的辉煌历史文化中,古人在能源发展和改善生活质量等方面的创新博大精深,他们靠着勤劳与智慧,在没有现代知识和科技的条件下,创造出数不胜数、超乎人类想象的创新发明,引领着能源从高碳走向低碳,从低效走向高效,从不清洁走向清洁,从高能耗型社会走向资源节约和环境友好型社会。在实现"双碳"目标的过程中,我们依然需要厚植传统文化,不断创新引领能源结构的系统性变革。

三是能源国际合作需要中华传统文化"走出去"发挥重要作用。中国传统

---

① 李伟. "文""儒"融合的人本性与当代文化自信[J]. 华夏文化,2019,114(03):7—12.
② 蔺勇. 以文化自信引领能源革命[N]. 山西日报,2019-10-28(011).

文化中对宇宙万物"同构、同源、同息"的一体化描述,是对世界各国开放、融合、互利、共赢发展,形成利益共同体、责任共同体、命运共同体的文化价值诠释,其互惠互通,变局中危和机同生并存,把握规律化危为机、转危为安、和谐共存的文化思维,给人类处理各种矛盾指明了方向。"一带一路"能源国际合作深刻体现了中华文化开放包容的思想精髓。习近平主席在"一带一路"国际合作高峰论坛"开辟合作新起点,谋求发展新动力"的主旨演讲强调了坚持"和平合作、开放包容、互学互鉴、互利共赢"为核心的丝路精神,彰显了中国智慧和胸怀。"欲人勿疑,必先自信",只有对自己的文化有坚定的信心,才能奋发进取,不断地创新创造活力。"文化立世,文化兴邦",要坚定文化自信,大力推动中国文化走出去,宣传我们的发展理念,为中国经济、外交和安全影响力的扩展提供更加有效的软保护、构筑更有利的软环境,为未来我国的能源国际合作打好坚实的软实力基础。①

四是革命时期和新中国建设过程中形成的革命精神和艰苦创业精神是推动能源变革的宝贵财富。能源变革非易事,其本身是一个漫长的历史过程。但在当下应对气候变化和我国经济社会发展转型的双重压力下,能源变革显得愈加艰难。党中央深刻认识到此次能源转型所面临的困难,提出了"能源革命"的口号,而无论是能源生产革命还是能源消费革命,都将面临复杂和困难的局面,需要齐心协力、共克能源转型之时艰,需要继续发扬中国共产党在新民主主义革命时期形成的优良革命作风和精神品质,以及新中国成立后一穷二白、艰苦创业的精神。煤炭行业"忠厚吃苦、敬业奉献、开拓创新、卓越至上"的吃苦耐劳精神、石油行业的"大庆精神"、核工业"事业高于一切,责任重于一切,严细融于一切,进取成就一切"的无私奉献精神、电力行业"责任、使命、服务、规范、卓越"的职业精神等,都是我国未来推动能源转型的精神力量和财富,需要坚守和传承。

---

① 蔺勇.以文化自信引领能源革命[N].山西日报,2019-10-28(011).

# 结　语

共产主义是美好的,人类社会在不断发展中愈加向着那个方向前行。未来在高度发达的信息互联和大数据共享基础上,在更具突破和创新的技术设备升级完善基础上,人类社会对物质产品终将实现按需生产、分配、回收和再利用,人类社会不再会有生产过剩导致的资源和能源浪费,人类与生态环境之间达到和谐共存。基于上述畅想,未来能源变革将会带来一个清洁、低(零)碳、高效的世界,各国人民结为人类命运共同体,致力于人类和地球共同的未来。作为发展中经济体,中国在完成第一阶段的经济赶超后,发展步入了新常态,从追求发展速度转向了追求发展质量。同时,这也意味着中国经济转型步入了关键期。这一转变反映在能源需求方面表现为能源供给结构性过剩,能源需求趋势放缓等。这就需要我们立足国际复杂态势,认真分析"形"与"势",把握中国国情和未来发展趋势,坚持理论自信、制度自信和文化自信,在世界能源变革大势中寻找到适合我国的转型路径,走出一条具有中国特色的能源转型之路。

# 参考文献

1. 中国能源统计年鉴 2018[M].北京:中国统计出版社,2019.

2. 胡鞍钢.中国政治经济史论(1949—1979)[M].北京:清华大学出版社,2008.

3. 建国以来重要文献选编(第十一册):中共中央关于一九五九年计划和第二个五年计划问题的决议[M].北京:中央文献出版社,1992.

4. H. K.科尔巴奇.政策[M].张毅,韩志明,译.长春:吉林人民出版社,2005.

5. 林伯强.中国能源政策思考[M].北京:中国财政经济出版社,2009.

6. 世界环境与发展委员会.我们共同的未来[M].长春:吉林人民出版社,1997.

7. 胡光宇.能源体制革命:中国能源政策发展概论[M].北京:清华大学出版社,2015.

8. 国家经济贸易委员会.中国工业五十年——新中国工业通鉴（第三部1949—1999)[M].北京:中国经济出版社,2000.

9. BP 世界能源展望 2019［R/OL].（2019-08-09)［2019-09-09]. http://www.china-nengyuan.com/news/135215. html.

10. 智研咨询.2019—2025 年中国天然气行业市场供需预测及发展前景预测报告[R/OL].（2019-12-17). https://www.docin.com/p-2269484152.html.

11. 林毅夫.中国要以发展的眼光应对全球气候变化在国际上继续坚持共同而有区别责任的同时起到表率作用[J].财经界,2019(11):28—30.

12. 林伯强.能源革命促进中国清洁低碳发展的"攻关期"和"窗口期"[J].中国工业经济,2018(06):15—23.

13. 林伯强.能源改革推进能源生产和消费革命［N].第一财经日报,2018-01-16.

14. 郭焦锋,王婕,李继峰,赵良英.能源改革的下一程:以能源体制革命推进能源高质量发展[J].能源,2018(Z1):90—94.

15.李伟."文""儒"融合的人本性与当代文化自信 [J].华夏文化,2019,114(03):7—12.

16.刘立力.中国石油发展战略研究 [J].石油大学学报（社科版）,2004(12).

17.王衍行,汪海波,樊柳言.中国能源政策的演变及趋势[J].理论学刊,2012(09):70—73.

18.朱跃中.全球能源格局新变化对我国能源安全的影响及应对[J].经济导刊,2019(10):38—40.

19.刘劲松.中美能源关系现状、问题与对策研究 [J].生产力研究,2016(09):90—92+100.

20.贺彦龙,呼江江,冯作雷.简述改革开放以来我国煤炭行业管理体制的变迁[J].现代经济信息,2010(02):44—45.

21.岳福斌.煤炭管理体制创新研究报告 [J].中国特色社会主义研究,2006(03):68—74.

22.潘伟尔.我国能源管理体制探讨[J].经济研究参考,2002(84):19—23.

23.叶雪松.我国煤炭行业管理体制研究[D].长春:吉林大学,2006.

24.王桢.新中国能源政策的演变与启示 [D].西安：中共陕西省委党校,2007.

25.林伯强.中国能源安全面临三大挑战[N].第一财经日报,2019-10-24（A11）.

26.梁敦仕.煤炭市场向上动力减弱下行压力仍然突出 [N].中国煤炭报,2019-11-26(007).

27.杨瑛.国际能源格局生变[N].解放日报,2019-07-04(007).

28.梁昌新.学习贯彻习近平总书记能源革命重要论述为能源法制和体制改革工作提供思想保障[N].人民网,2017-08-24.

29.王鹏."部委管理的国家能源局"存在哪些弊端？这些国际经验值得我们借鉴[N].中国能源报,2017-01-13.

30.蔺勇.以文化自信引领能源革命[N].山西日报,2019-10-28(011).

31. 胡锦涛.在经济大国能源安全和气候变化领导人会议上的讲话[N].人民日报海外版,2008-07-10(01).

32. 国网能源研究院.中国电力中长期发展趋势六大判断[N].新能源经贸观察,2018(12):49.

33. 全球能源未来发展的五个趋势——多家能源展望报告对比解读[N/OL].中国石油新闻中心,(2018-10-23)[2019-10-09].http://news.cnpc.com.cn/system/2018/10/23/001708284.shtml.

34. 中国社会科学院数量经济与技术经济研究所课题组.国家能源政策的形成过程[J].经济研究参考,2006(36).

35. 中国社会科学院习近平新时代中国特色社会主义思想研究中心.坚定理论自信,筑牢事业发展思想之基[N].光明日报,2019-09-16(05).

36. 何学彦.国际能源格局变化影响中国[N].中国能源报,2015-03-16(06).

37. 习近平.积极推动我国能源生产和消费革命[N/OL].人民网,(2014-06-14)[2019-09-09].http://cpc.people.com.cn/n/2014/0614/c64094-25147885.html.

38. 胡锦涛.在经济大国能源安全和气候变化领导人会议上的讲话[EB/OL].(2008-07-10)[2019-02-02]http://news.xinhuanet.com/news-center/2008-07/10/content_8519929.htm.

39. 胡锦涛.在2005北京国际可再生能源大会上的致辞[EB/OL].(2005-11-07)[2019-02-02].http://www.chinanews.com/news/2005/2005-11-07/8/648274.shtml.

40. 我国能源管理机构60年变迁历程[N/OL].中国泵业网,(2015-10-19)[2019-08-07].http://www.bengyechina.com/news_show-22595-1.html.

41. 国家能源局主要职责[N/OL].中央政府门户网站,(2014-02-22)[2019-09-09].http://www.gov.cn/fuwu/2014-02/22/content_2618858.htm.

42. 董秀成.中国需要建立高效统一协调的能源管理部门[R/OL].前瞻产业研究院,(2014-08-10)[2019-02-07].https://www.qianzhan.com/analyst/detail/329/140810-f70a6ee6.html.

43. 经典中国 60 年：中国能源 90% 自给率折射非凡历程［N/OL］. 新华社，（2009–08–20）［2019–08–03］. http://www.gov.cn/wszb/zhibo349/content_1425342.htm.

44. "能源部"60 年轨迹 ［N/OL］. 搜狐财经，（2008–03–12）［2019–09–02］. http://business.sohu.com/20080312/n255656400.shtml.

45. 印媒：为抗衡欧佩克中印讨论成立"买油国俱乐部"［N/OL］. 环球时报，（2018–06–15）［2019–09–20］. https://finance.sina.com.cn/stock/usstock/c/2018–06–15/doc–ihcyszrz4091263.shtml.

46. 世界能源发展趋势与格局 ［N/OL］. 搜狐网 （2018–04–15）［2019–01–02］. https://www.sohu.com/a/228334305_505855.

47. 欧洲天然气定价摆脱石油影响 ［N/OL］. 中国石化新闻网，（2018–08–29）［2019–09–02］. http://news.sinopecnews.com.cn/news/content/2018–08/29/content_1716508.htm.

48. 从"一带一路"能源合作看国家能源安全［N/OL］. 搜狐网，（2019–10–11）［2019–12–20］. http://www.sohu.com/a/346366019_611338.

49. 欧盟发布对华"新战略"，真是"狼来了"吗？［N/OL］. 参考消息，（2019–03–19）［2019–09–02］. https://baijiahao.baidu.com/s?id=1628359686278392722&wfr=spider&for=pc.

50. 2018 年中国天然气消费量突破 2800 亿方 ［N/OL］. 新华网，（2019–04–04）［2019–09–09］. http://energy.people.com.cn/n1/2019/0404/c71661–31012711.html.

51. 论能源转型时应当谈论什么？［N/OL］. 能源新闻网，（2019–01–08）［2019–06–09］. http://dy.163.com/v2/article/detail/E50V272R0514B8GO.html.

52. 李万. 能源变革：大国崛起的战略先导 ［N/OL］. 学习时报，（2017–03–21）［2019–08–09］. http://theory.people.com.cn/n1/2017/0321/c40531–29159188.html.

53. 中国共产党党员总数超 9000 万 ［N/OL］. 人民日报，（2019–07–01）［2019–09–09］. http://paper.people.com.cn/rmrb/html/2019–07/01/nw.D110000renmrb_20190701_1–01.htm.

54. 犯错误期间也有重要成就［N/OL］.中国网，(2011–05–31)［2019–01–02］.http://www.china.com.cn/cpc/node_7115237.htm.

55. 德公司数据：2017年极端天气造成严重财产损失［N/OL］.新浪网，(2018–01–05)［2019–09–09］.http://www.sohu.com/a/214750709_123753.

56. 国家能源局：中国已成为世界能源生产第一大国［N/OL］.中国网财经，(2019–09–20)［2019–12–02］.http://finance.china.com.cn/news/special/70years/20190920/5084949.shtml.

57. 林伯强.能源改革推进能源生产和消费革命［N/OL］.新浪网，(2018–01–16)［2019–09–03］.http://finance.sina.com.cn/roll/2018–01–16/doc-ifyqrewi4954715.shtml.

58. 安栋平.中国天然气产业处于黄金发展期［N/OL］.中国电力报，(2018–12–15)［2019–09–08］.https://baijiahao.baidu.com/s?id=1620062771430014353&wfr=spider&for=pc.

59. 李永昌.2021年我国天然气运行情况浅析［N/OL］.搜狐网，(2022–02–21)［2022–04–04］.https://www.sohu.com/a/524450451_158724.

60. 人均5937.5度！放眼全球，中国人均全社会用电量是什么水平？［N/OL］.国际电力网，(2022–01–21)［2022–040–4］.https://power.in-en.com/html/power-2402608.shtml.

61. 章建华.加快构建现代能源体系[N].人民日报,2022–04–01(09).

62. 李万.能源变革：大国崛起的战略先导［N/OL］.学习时报，(2017–03–21)［2019–08–09］.http://theory.people.com.cn/n1/2017/0321/c40531–29159188.html.

# 第八章　中国能源基地变革样本研究

> 不要低估老式能源（全球范围内煤炭的重要性仍高于天然气）及已有设备的持久性与适应力，尤其是那些经历了一个多世纪发展的设备，包括蒸汽轮机和内燃机。
>
> ——瓦茨拉夫·斯米尔，《能源神话与现实》

能源变革和能源转型、能源革命都不能忽视的一个问题是时间问题。对于客观存在的历史渐进过程，激进谋求在某一时点标志性地实现所谓革命和跨越，都是不实事求是、不遵循客观规律的观点。改革开放40多年来，山西作为中国能源基地典型样本，其发展过程就是中国能源变革的一个缩影。山西能源转型及当前正在进行的"能源革命"对于中国来讲有着非常重要的意义。2019年5月，国家批准山西开展能源革命综合改革试点，其意味也深长。从20世纪70年代末开始，山西走向了建设国家能源重化工基地的道路，投入巨大，历经起伏，能源系统惯性巨大，路径依赖严重，转型不可谓不艰难。站在全面推进生态文明建设、着力实现"双碳"目标的新起点上，山西能源革命道阻且长，但信念坚定，步伐已然迈开。

## 第一节　能源基地及其发展历程

长久以来我国国民经济快速发展依赖煤炭开发和二次转化提供的能源。作为我国重要的煤炭资源大省，不可否认，曾几何时，作为煤炭外调第一大省，山西煤炭的开采和供给很大程度上左右和关乎着整个国民经济的良性和快速发展。自新中国成立伊始，国家就高度重视乃至直接集中管理与调节山西的煤炭行业，山西煤炭管理体制和机构变迁因此带有浓重的国家能源与煤炭管理体制机构沿革印记。

## 一、山西能源发展现状

自新中国成立以后，山西一直以来都是我国的重要能源基地，为我国经济社会快速发展提供了安全稳定的能源保障。无论是 2008 年的南方雨雪冰冻灾害，还是 2021 年坚决完成能源保供任务，山西在国家应对突发事件和极端恶劣天气过程中发挥着举足轻重的作用，在全国能源格局中具有不可替代的战略地位。以煤炭为基础的能源行业也成为长久以来支撑山西经济社会发展的支柱产业。2014 年，随着我国能源革命拉开帷幕，山西作为传统能源大省，努力争当"能源革命排头兵"，并在"双碳"目标提出后顺应国际国内能源转型大趋势，立足自身优势，加大开放合作，努力寻找新的方向和路径，助力山西能源结构调整和产业升级发展。

（一）从资源赋存看，山西一直是重要的能源基地

山西处于我国中部地区，紧邻政治中心，地理位置优越，能源资源赋存丰富，拥有丰富的煤炭、非常规天然气及可再生能源资源。

1. 山西是全国煤炭资源开发利用大省

山西省 2000 米以浅煤炭预测资源储量为 6552 亿吨，占全国煤炭资源总量的 11.8%。据自然资源部《全国矿产资源储量通报》，2016 年山西省查明资源储量、资源量、基础储量、储量分别为 2708.1 亿吨、1791.9 亿吨、916.2 亿吨和 424.13 亿吨，分别占全国总量的 16.9%、13.3%、36.8% 和 31.5%，分别位列全国第三位、第三位、第一位和第一位（图 8-1）。考虑到煤炭在全国能源系统中占据主导作用和拥有的区位优势，山西煤炭资源在促进我国经济社会发展中起到重大支撑保障作用。

2. 山西是非常规天然气资源富集区

国家和山西省煤层气专项调查表明，山西境内埋深 2000 米以浅的含气面积 3.59 万平方千米，预测煤层气资源量 8.31 万亿立方米，占全国的 27.7%；平均每平方公里赋存煤层气地质资源约 2.31 亿立方米，其资源丰度位居全国之首。山西煤层气累计探明地质储量、技术可采储量、经济可采储量均占全国的

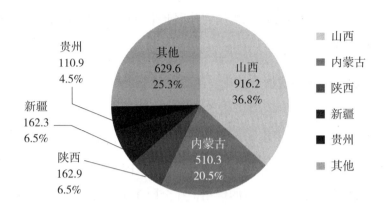

图 8-1    2016 年全国分省煤炭基础储量比重

资料来源：自然资源部 2016 年《全国矿产资源储量通报》。

九成左右。截止到 2017 年底，山西累计探明煤层气地质储量 5540 亿立方米，占全国的 87.3%，其中未开发 4513 亿立方米，占全国未开发总量的 87.1%；累计探明技术可采储量 2792 亿立方米，占全国的 87.5%，其中未开发 2284 亿立方米，占全国未开发总量的 87.4%；累计探明经济可采储量 2233 亿立方米，占全国的 88%，其中未开发 1861 亿立方米，占全国未开发总量的 87.8%。2017 年地面煤层气产量 47 亿立方米，利用量 43 亿立方米，虽然也在全国产量中占比超过 88%，但与巨大的资源储量相比，还没有真正规模化地开发。2019 年山西煤层气地面开发和利用量稳步增长，煤层气产量 71.4 亿立方米，增长 26.4%；利用量 66.1 亿立方米，增长 29.6%。2021 年，山西省煤层气年产 61.27 亿立方米；2022 年，山西省规模以上工业法人单位累计抽采煤层气 96.1 亿立方米，约占全国同期煤层气产量的 83.2%。无论从哪个指标考虑，山西都是我国煤层气资源占绝对优势的省份。

3.山西拥可观的可再生能源资源

山西省虽然不是风能、太阳能资源大省，但与中东部省份相比，也具有一定的资源优势。根据统计结果，全省 70 米高度风能资源（大于 200 瓦／平方米）的技术可开发量为 2814 万千瓦，90 米高度技术可开发量可达到 4700 万千瓦；按照当前接近 140 米轮毂高度的测算，风能资源潜力更大，尤其北部地区属于风能开发较丰富区、丰富区。2018 年底，山西省风电装机仅 1043 万千瓦，仍有很大的开发空间。根据我国太阳能资源区划数据，山西省年辐射量介于5020—6130兆焦每平方米之间。全省约60%的地区年辐射量介于5440—5720兆焦每平方米之间。仅3000平方公里采煤沉陷区面积理论上可安装光伏发电就可达约1.5亿千瓦。山西太阳能资源虽不及西藏、新疆、青海、甘肃等地，但在华北地区仅次于内蒙古，是我国太阳能资源较丰富的地区之一。2018年底，山西省太阳能光伏装机864万千瓦，还处于开发的初期阶段。截至2021年底，山西省新能源总装机3581万千瓦，其中风电装机2123.3万千瓦，同比增加7.6%；太阳能发电装机1457.7万千瓦，同比增加11.4%。新能源装机在全省总装机占比31.6%。

（二）从开发历史及现状看，山西是全国重要的煤炭和煤电基地

从历史沿革来看，山西自改革开放以来就承担起了国家能源重化工基地建设的历史重任。

1. 在国家煤炭基地中有着重要的地位

目前，在全国十四大煤炭基地中山西占其三，且作用越来越突出。"十五"期间，国家根据煤炭资源赋存区域特点，将全国煤炭分为"东北基地、两淮基地、冀中基地、河南基地、鲁西基地、云贵基地、黄陇基地、宁东基地、神东基地、陕北基地、晋北基地、晋东基地、晋中基地"等十三个大型煤炭基地，并将"新疆基地"作为煤炭后备基地；"十一五"期间尤其是"十二五"以来，根据发展需要，新疆基地不再作为后备基地，而正式成为国家煤炭基地，至此全国形成十四大煤炭基地。在这些基地中山西地区有晋北、晋东和晋中煤炭基地，占有三席。经过多年的发展建设至今，我国东中部地区一些煤炭基地资源开始枯竭，未来能够真正起到煤炭基地作用的有两淮基地、云贵基地、东北（含蒙东）基地、神东基地、陕北基地、晋北基地、晋东基地、晋中基地和新疆基地。山西作为国家煤炭基地的作用在未来会更加突出。

2. 全国煤炭产能和产量长期占比高

1978—2017年，山西省共生产煤炭183亿吨，其中本省自用61亿吨，仅占三分之一，剩余三分之二约122亿吨，大部分输出供全国使用（图8-2），少部分出口，有力地支撑了国家改革开放经济社会发展对能源的需要。21世纪以来，山西省煤炭生产量外调比重进一步增加，长期维持在全省的70%左右。截

至 2018 年 6 月底,山西全省各类煤矿共有 605 座,合计年生产能力 9.48 亿吨;山西省生产矿山总数占全国的 15.9%,产能占全国的 27.2%。[①]此外,山西省还有 294 座建设矿井、占全建设矿井总数的 25.8%,合计建设矿产能 2.8 亿吨、占全国建设矿井总产能的 29.1%。因此, 总计山西省煤矿井 899 座、占全国的 18.1%,总产能 12.3 亿吨/年、占全国总产能的 27.6%。

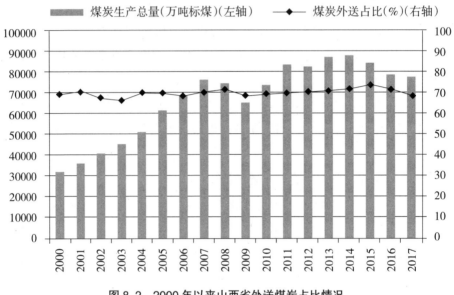

图 8-2    2000 年以来山西省外送煤炭占比情况

数据来源:山西省统计年鉴。

3. 山西已建成我国北方重要的煤电基地

得益于煤炭资源优势,山西省建成了规模较大的煤电基地。山西共有火电公司 385 家,基本上处于三大煤炭基地(晋北、晋中、晋东)内,分布于各大煤田(大同煤田、宁武煤田、河东煤田、西山煤田、霍西煤田、沁水煤田)中。截至 2018 年底, 全省电力装机容量 8758 万千瓦, 其中火电 6628 万千瓦, 占比

---

① 2018 年 6 月底,全国安全生产许可证等证照齐全的生产煤矿 3816 处,产能 34.91 亿吨/年;已核准(审批)、开工建设煤矿 1138 处(含生产煤矿同步改建、改造项目 96 处),产能 9.76 亿吨/年。山西省安全生产煤矿 605 处、占全国 15.85%, 产能 94815 万吨、占全国 27.16%;建设矿 294 处、占全国 25.83%,产能 28410 万吨、占全国 29.11%。

75%,火电中燃气发电约 426 万千瓦。就火电装机而言,在全国仅次于山东、江苏、广东和内蒙古,在北部和西部煤电外送为主的区域电网之中,比蒙西电网的煤电装机高,是华北名副其实的最大煤电基地。山西省电力装机规模已经超过了本省电力需求。2018 年,山西省发电量 3088 亿千瓦时,全社会用电量仅 2161 亿千瓦时,发电量是省内用电需求的 1.42 倍,这一比重与 2017 年及 2016 年的 1.39 倍和 1.40 倍相比,有所提高。山西省 2021 年国民经济和社会发展统计公报,数据显示 2021 年末全省发电装机容量 11337.9 万千瓦,比上年末增长 9.2%。其中,火电装机容量 7532.9 万千瓦,增长 9.5%。2021 年全省全社会发电量 3842.6 亿千瓦时,全省全社会用电量仅为 2607.9 亿千瓦时。从统计数据看,山西省外送电力约占全省电力生产总量的三分之一左右(图 8-3)。

**图 8-3　2001 年以来山西省发电量及外送电占比**

数据来源:山西省统计年鉴及中国电力统计年鉴。

(三)未来山西在国家区域发展中将发挥能源基地及能源枢纽作用

山西是我国北部、西北等能源基地中,最靠近京津冀和华东、华中地区的省份之一,已建成较多的"西电东送"通道,是"西气东输"的必经之地,也是"北煤南运"的重要来源和交通枢纽,山西既可以发挥承接陕甘宁蒙等能源外送的枢纽作用,也可以继续为能源需求集中地区提供优质能源,在国家的京津冀协同发展、长江经济带及长三角一体化区域发展战略中,山西的能源基地及能源枢纽作用也将更加突出。

1. 山西将发挥支撑华北、辐射华东和华中地区的重要能源基地作用

京津冀、两湖一江、长三角地区(7省3市)是我国能源消费密集区,也是我国高度依赖区外能源供应的经济最发达地区。这三个地区能源消费强度高,资源条件差,一次能源供应能力不断缩减,对区外能源供应的依赖不断增加(图8-4)。2017年,这些省份一次能源消费量合计占全国37%,但一次能源生产量仅占全国10%,接近13亿吨标准煤的能源要从区外调入,对区外能源的依赖程度超过78%。在煤炭供应上,这些地区煤炭消费合计接近13亿吨,约占全国煤炭消费总量的1/3,但这些省份煤炭产量却不足3亿吨,每年需要从区外调入10亿吨左右煤炭来满足区内需求。在电力供应上,由于受到环保及土地制约,这些省份继续大规模发展化石能源发电的难度大,可再生能源资源也有限,对区外电力供应的依赖程度较大,目前约14.5%的电力供应依靠外送,且规模和比重呈现快速增长态势。2018年, 这些省份净调入区外电量合计3665亿千瓦时,如按照输电线路5000小时利用率估算,相当于需要7350万千瓦输电能力。相比2010年, 净调入区外电力供应量增加了约2000亿千瓦时,年均增长11.6%。

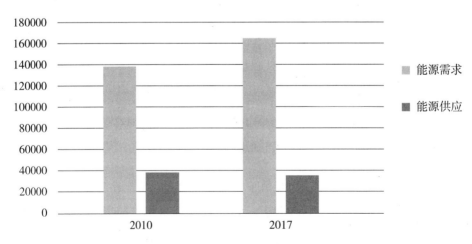

图8-4 京津冀、两湖一江及长三角地区一次能源供需现状(单位:万吨)

数据来源:中国能源统计年鉴。

2. 山西将发挥承接陕甘宁蒙等能源基地与能源负荷区的枢纽作用

山西是我国北部和西部能源资源富集省份中最靠近中东部主要能源消费地区的省份,具有独特的区位优势。目前已建成三条"西煤东运"大通道。其中,第一条通道大秦线,年运量达 4 亿吨煤炭,经秦皇岛港口下水,输运至我国华东、华南等地区,是我国"北煤南运"的主要来源地。第二条通道侯月线,年运煤量超过 1 亿吨,经河南远期将延伸至山东日照港。这两条通道主要发挥晋煤外运作用。第三条通道神黄铁路,由神朔铁路与朔黄铁路组成,西起陕西神木神东煤田,经山西省朔州神池县,东至河北黄骅港,年运煤量达 7000 万吨,远期可达 1 亿吨,事实上已成为山西承接陕西煤炭资源外送的重要通道。

山西也已建成我国北方地区重要的电力外送通道,包括 500 千伏网对网交流及三回 500 千伏送江苏点对网交流通道。其中,500 千伏网对网通道现状送电 885 万千瓦,送电方向主要是华北区域的京津冀地区、华中电网和华东电网的江苏地区。"十三五"期间,山西省加快建设蒙西—晋北—北京西—天津南1000 千伏交流高压工程、榆横—晋中—石家庄—潍坊 1000 千伏交流高压工程、山西(晋北)—江苏(南京)±800 千伏高压直流工程、盂县—河北 500 千伏交流输电工程。此外,规划建设浙江、江苏、山东、湖北等"两直两交"4 条特高压外送通道,合计新增外送电能力约 3600 万千瓦。山西规模庞大的煤电装机及充沛的线路外送能力,在保障自身新能源及火电外送的前提下,还可为陕甘宁蒙的新能源电力及常规火电外送至华北、华中和华东提供保障,山西未来能源枢纽的地位将更加凸显。

此外,山西还是"西气东输"的必经之地,山西境内建成了陕京一线、陕京二线、陕京三线、榆济线、西气东输等过境管线,可有效保障未来省内非常规天然气资源外送及西部地区天然气的中转东输,为京津冀提供可靠的清洁能源。

综上,山西基于能源资源的自然赋存、所处区位以及国家能源输送通道布局等使得其在改革开放之后,立足煤炭、煤电发展,成为重要的能源基地和能源枢纽。

### 二、山西能源转型历程

山西能源转型伴随着全省经济转型,并往往成为全省经济转型的先锋队和主战场,发挥着举足轻重的作用。受亚洲金融危机影响,1998 年后我国能源需求大幅度降低,山西省煤炭销售不畅,传导到上游煤炭生产大幅下降,导致山西经济剧烈波动。煤炭产量从 1996 年的阶段历史高点 3.5 亿吨下降到 1999 年的 2.5 亿吨,全省经济持续低迷。1999 年,山西省城镇居民人均可支配收入更是落到全国倒数第一。同时,长期大规模、高强度煤炭开采和粗放式利用所积累的生态环境破坏效应逐步显现,1999 年全省 13 个城市进入全国 30 个污染最严重城市之列,山西陷入改革开放以来经济社会发展最困难的时期。在这一艰难时期,山西不得不拉开大力调整经济结构的帷幕,大规模实质性转型正式开始。而这其中能源转型成为重中之重,山西开始了争当全国能源革命排头兵的急行军。

(一)着力调整产业结构、推动传统能源发展阶段(1999—2009)

1999—2009 年,山西省能源行业发展历经高落高起,政策调整频繁,有经验有教训。这一时期,山西省煤炭行业很艰难地从改革开放以来第一次萧条期(1998—2000 年)恢复过来,随着中国 2001 年加入世界贸易组织,全面融入全球化贸易体系,国内经济社会高速发展,产业高速发展,对能源需求也高速发展,到 2002 年前后,煤炭行业开始步入“黄金十年”(2002—2012 年)。在全国煤炭行业黄金十年时期,山西省叠加省内经济社会政策,先是 2005 年推动实施煤炭工业可持续发展方案,后又于 2008 年前后推动煤炭资源整合等战略政策措施,后期提出转型跨越发展。这一阶段出现了多重政策叠加,能源改革出现反复。

第一,煤炭工业可持续发展试点效果好,但没有持续深入下去,最终戛然而止。2003 年初,山西省开始关注煤炭工业可持续发展。2005 年初,山西省与相关国家部委联合开展了煤炭工业可持续发展政策探索。2006 年 4 月,国务院常务会议批准在山西省开展煤炭工业可持续发展政策措施试点工作。这是山西开展能源转型的一次绝好机遇。山西抓住这一机遇,提出了总体实施方案和专项实施方案,提出开展山西省煤炭工业可持续发展政策措施试点工作,并开展了三年左右(2007—2009 年)的实践与探索。试点提出了七个方面的主要任务,旨在为煤炭工业探索出一条可持续发展的道路,确保煤炭工业向着更加环保、安全、循环、节能、高效、高端、高效益等转型发展。回顾试点工作,山西在深化煤炭企业改革、提升煤矿安全生产水平、加强煤炭资源管理、完善生态环境恢复补偿机制、加快转型转产、理顺管理体制等方面均取得了显著成效,对山西省煤炭工业的可持续发展改革具有一定的现实意义,但是在政策执行过程中尚有些不完善之处。主要表现在:一方面,试点中一些政策在短期内不可避免地存在对部分利益主体及煤炭市场的冲击和影响;另一方面,改革政策缺乏系统性和持续性,导致许多政策没有得到贯彻,没有达到预期效果。在下一阶段煤炭行业进入新的低谷时期(2014年),山西煤炭工业可持续发展试点工作的最大亮点——煤炭工业可持续发展基金停征使得山西的生态环境补偿机制在进行了短暂探索后再次陷入停滞。

第二,煤炭资源整合快速推进,但遗留问题较多。2006年3月,山西省发布了《山西省煤炭资源整合和有偿使用办法》,囿于该时期正是煤炭价格大幅上涨时期,资源整合难度大,进展极为有限。2008年,全球金融危机后,我国经济社会发展也受到影响,国家出台了相关产业振兴政策。2009年5月,山西省抓住机遇,出台了《山西省煤炭产业调整和振兴规划》,再次启动了煤炭资源整合。明确提出按照"资源整合、关小上大、能力置换、联合改造、淘汰落后、优化结构"的发展思路,全力推进对小煤矿实施资源整合,进行联合改造。这一政策实施效果显著,煤炭资源整合通过兼并重组、关闭小煤矿,山西省煤炭产业集中度得到了大幅度的提高。山西省全力推进煤炭资源整合和企业兼并重组,积极发展大型企业集团,煤炭产业集中度和素质明显提升。到2010年底,全省煤矿数量从2000年的近万个减少到1053座,累计淘汰落后生产能力1亿多吨,30万吨/年以下煤矿全部淘汰,平均单井规模提高到100万吨/年以上,70%的矿井生产规模达到90万吨以上,保留矿井全部实现机械化开采。山西省办矿主体由2200多个减少到130个左右,形成了4个亿吨级、3个5000万吨级、11个1000万吨级的特大型、大型煤炭集团。煤炭资源整合以生产力水平为标准,以关小上大为核心,形成了以股份制为主,国有、民营并存的办矿格局,"多、小、散、乱、差"的格局得到了根本改观,煤炭工业发生了质的变化。

在这十年中,山西能源转型主要围绕煤炭开展了一系列与产能规模素质和能力提升有关的转型,在能源基地建设过程中探索了资源开发利用与生态环境、社会协调发展的实践路径,并取得了显著成效。

（二）山西省综改试验区建设推动能源转型发展阶段（2010—2016）

这一时期，山西省以煤为主的传统能源发展举步维艰，但新能源发展加快，能源转型出现转机。2010 年，山西省国家资源型经济转型综合配套改革试验区批准设立，山西省成为中国唯一一家全省域、全方位、系统性地进行资源型经济转型综合配套改革试验的区域。2012 年《山西省国家资源型经济转型综合配套改革试验总体方案》（以下简称《总体方案》）获得批复，山西开启全面转型。《总体方案》从产业转型、生态修复、城乡统筹、民生改善 4 个领域明确了山西综改区建设的主要任务。这一阶段，山西全方位地推进各项改革，随着一系列稳增长、调结构、增动力的政策发挥作用，山西经济社会发展稳步向好。随着 2011 年全国煤炭产能逐步过剩，煤炭价格大幅下跌，拖累全省国民经济和社会发展。从能源领域来看，这一时期煤炭产能全面过剩，山西省以煤为主的工业经济再一次陷入困局，煤炭企业面临债务沉重、前期投资收不回成本、全行业大面积亏损、企业职工工资拖欠等严峻形势，煤炭行业发展举步维艰。但从新能源发展来看，山西省风电从无到有，2009 年山西省风电装机为 0，2010 年建成投运 37 万千瓦，到 2015 年底发展到 670 万千瓦。太阳能发电装机由 2012 年仅 0.5 万千瓦，到 2015 年底建成 111 万千瓦。这一时期，太原市公共交通电动化大力推进，山西省能源转型发展出现较大的历史机遇。

（三）能源革命及供给侧结构性改革阶段（2016 年至今）

这一时期，山西省围绕能源生产和消费革命，推动煤炭去产能，促进能源转型发展。2016 年初，国家出台了化解煤炭过剩产能相关政策，2016 年底，国家又出台《能源生产和消费革命战略（2016—2030 年）》。山西省围绕相关国家政策，在煤炭去产能、可再生能源和新能源开发利用、余热利用、氢能及电动汽车发展等方面做了大量工作，取得较大成绩。煤炭去产能方面，山西仅用两年时间基本完成过剩产能逐步退出相关任务，截至 2017 年底，煤炭先进产能占全省煤炭生产总能力比提高到 42%。余热利用方面，2016 年 3 月山西古交长距离输热项目建成并于 2016 年冬如期供暖。新能源发展方面，大力发展风能、太阳能，建成光伏领跑者计划，利用采煤沉陷区建成光伏发电项目。2018 年底，全省风电装机增至 1043 万千瓦，太阳能发电装机增至 681 万千瓦。交通能源电气化方面，2016 年太原市实现出租车全部使用电动汽车，2017 年部分公交汽车使用纯电动汽车,到 2018 年底已经实现了第三批公交车电动汽车投入。此外,山西省大同市提出做全省能源革命尖兵,大力发展氢能、储能等新能源新模式。山西省能源转型发展出现不同于以往的新气象、新形势、新势头。

# 第二节　能源基地能源转型评述

20 世纪 70 年代末,随着国家能源战略的转变,开始重点推进建设能源基地。山西赋存有丰富的煤炭资源,由此拉开了山西谋划建设成为国家能源重化工基地的序幕。自此,山西作为国家能源基地的战略地位和角色深深地影响着山西产业经济和社会的发展。在我国经济走过了快速发展期,步入中国特色社会主义发展新常态后,山西能源基地的能源转型也随着国家经济发展阶段和主要矛盾的转变,拉开了转型的大幕。

## 一、围绕能源转型持续发力,基本形成系统性政策体系

国家政策更多侧重顶层设计与整体配套,为山西能源转型提供政策环境,以期通过山西能源转型的实践探索,为其他能源富集地区经济转型提供可复制、可借鉴、可推广的制度性经验。山西省按照国家部署,结合本省煤炭产业特色和地方实践经验,在实践中探索转型经验。据不完全统计,自 2010 年以来,国务院及国家部委围绕山西能源转型,先后出台国家政策累计 16 项,山西省政府围绕能源转型,累计出台 80 多项相关政策,从中央到地方逐步形成了一整套推进山西能源转型的政策体系。

从能源转型的综合性政策看,2010 年国家发改委出台的《国家发展改革委关于设立山西省国家资源型经济转型综合配套改革试验区的通知》、2012年出台的《山西省国家资源型经济转型综合配套改革试验总体方案》至 2017年国务院印发的《国务院关于支持山西省进一步深化改革促进资源型经济转型发展的意见》,支持能源转型的宏观政策综合性不断提升,发文的级别不断升级。同期,我国也做好专项重点工作政策配套,相继出台《矿业权出让制度改革方案》《促进科技成果转移转化行动方案》,力图针对突出问题,加快破解制

约能源转型的深层次体制机制障碍和结构性矛盾,走出一条转型升级、创新驱动发展的新路。

从能源转型的专业性政策看,在国家能源转型行业文件指导下,山西省出台了相应转型举措。国家政策从传统的《能源发展"十二五"规划》《能源发展"十三五"规划》规划体系,拓展到《能源发展战略行动计划(2014—2020年)》,再到《能源生产和消费革命战略(2016—2030)》,推动能源转型发展的政策更加注重战略性和系统性。山西省按照国家要求,结合地方实践经验,相继出台了《关于深化煤炭管理体制改革的意见》《山西省煤炭供给侧结构性改革实施意见》《山西打造全国能源革命排头兵行动方案》《关于落实建设山西转型综改示范区实施方案的若干意见》等系列举措。同时,针对专业领域,山西省相继出台《山西省煤化工产业调整和振兴规划》《关于加快促进光伏产业健康发展的实施意见》《山西省现役燃煤发电机组超低排放改造提速三年推进计划》。特别是围绕国家关键改革任务,山西省也按照国家要求出台《山西省深化煤层气(天然气)体制改革实施方案》《山西省售电侧改革实施方案》等。

### 二、电力转型进展快于能源转型,转型向好苗头初现

过去60年,山西能源消费结构中煤炭占比长期持续超过90%(图8-5),

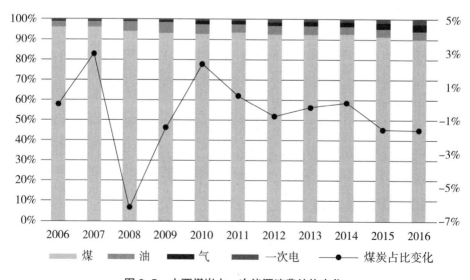

图8-5　山西煤炭占一次能源消费结构变化

能源转型具有高度复杂性和艰巨性,转型历程也是反复曲折,但经过不懈的努力,山西能源转型的向好态势初现,甚至光伏、风电等一些领域,在全国已经处于较为领先的位置。

从一次能源结构看,过去十年山西煤炭占一次能源消费的比重下降,慢于全国平均水平。全国煤炭占一次能源消费的比重从 2006 年的 72%,不断下降到 2016 年的 62%,平均每年下降 1 个百分点。山西煤炭占一次能源消费的比重长期高达 90% 以上,从 2006 年的 95% 下降到 2016 年的 90%,平均每年下降0.5 个百分点。特别是国际金融危机前的 2006 年至 2007 年、2010 年、2014 年三个时段内,煤炭占一次能源消费的比重不降反升,能源结构的调整效果反复波折。

从一次电力结构看,过去十年山西煤电占电力装机的比重下降速度与全国平均水平相当。全国煤电占电力装机的比重从 2006 年的 77%,不断下降到2016 年的 60%,平均每年下降 1.7 个百分点。其中,在 2005 年、2011 年煤电占比略有反弹,但下降趋势比较明显(图 8-6)。山西电力转型遇到很大难度,但从结构上,取得了较为不错的效果。山西煤电占电力装机的比重从 2006 年的97.5%,下降到 2016 年的 80%,平均每年下降 1.7 个百分点,与全国水平相当。特别是自 2011 年之后,山西的风电、光伏的装机快速发展,煤电占比持续下降,2017 年煤电装机占比甚至比上一年下降了 10 个百分点,充分体现了山西

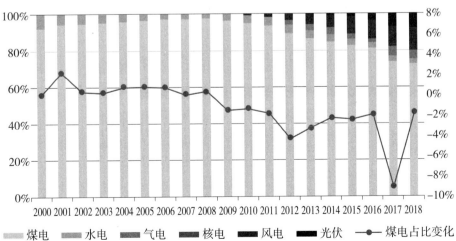

图 8-6　山西煤电占电力结构变化对比

电力转型的决心与魄力。

山西在光伏产业等领域已走在全国前列。山西省拥有较为丰富的风能和太阳能资源,适合建设风电厂的废弃土地众多,具备大规模建设风电和光伏发电的条件,特别是山西靠近电力负荷中心,是向中东部送电的重要地区。近几年,山西在加快风电、光伏发电建设方面已取得较大成绩。截至 2018 年底,全省风电和光伏等可再生能源和新能源装机总规模达到 1724 万千瓦,与煤炭产业增长乏力形成鲜明对比。此外,山西省近年来在光伏发电方面大搞创新,为全国树立了典范。2015 年国家能源局支持建设的山西大同采煤沉陷区先进光伏技术示范基地,通过公开竞争方式选择主体,采用达到领跑者技术的先进产品,形成促进光伏进步的新方式。国家能源局会同国务院扶贫办把山西省作为扶贫试点,编制了完整的实施方案,临汾和大同市开展创新型光伏扶贫工程,已建成上百座光伏电站,山西省在光伏扶贫方面也已走在全国前列。

总的来看,山西的电力转型速度高于全国平均水平,但煤炭转型速度明显滞后于全国平均水平。山西电力转型自 2011 年后,开始明显加速,煤电装机占比从 2011 年的 93.3%,下降到 2018 年的 72.3%,年均下降 2.6 个百分点,降幅远远高于全国平均水平 1.7 个百分点。然而,山西的煤炭占一次能源消费的占比,每年降幅为 0.5 个百分点,不及全国平均水平(每年下降 1 个百分点)的一半。究其原因,山西省煤炭产业链条长、辐射范围广,涉及开采、炼焦、洗选加工等一系列下游行业,船大难掉头。特别是近年来,可再生能源技术进步加速,成本快速下降,使得可再生电力有较强的竞争力。加之,山西省对转型的紧迫性认识不断加深,极大地推动了可再生能源产业的发展。

### 三、受省内外宏观经济形势影响明显,转型依然艰巨

资源型经济转型是个世界性难题。山西作为我国最典型的资源型地区,长期大规模、高强度、单一化的煤炭开发使山西付出了沉重的环境代价、资源代价,影响到山西经济社会的可持续发展。由此,山西开启了资源型经济转型之路。自 20 世纪 90 年代初期,山西开始重视经济结构调整问题至今,山西转型历程呈周期性反复(图 8-7),宏观外部环境变化对山西的转型历程影响很大,未来能源转型艰巨性不容小觑。

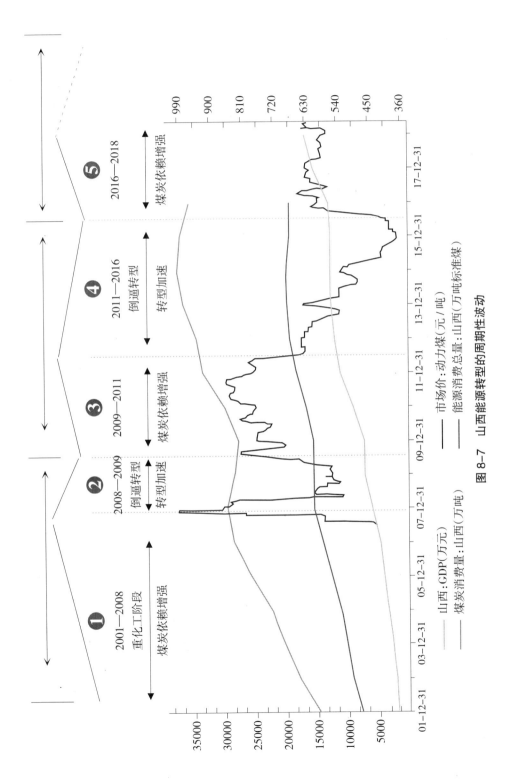

图 8-7 山西能源转型的周期性波动

山西能源转型进程,与省内外经济发展形势,具有高度的关联性和耦合性,导致了山西能源转型的艰巨性和复杂性。山西能源外送总量占全省能源生产总量的 2/3 以上。围绕煤炭采选、炼焦、加工转换等产业形成的工业产业链条,占山西工业增加值 60% 以上。高度外向型的能源消费结构,使山西省内经济对外部宏观经济变化非常敏感。

在省外经济快速发展阶段,如 2000 年到 2007 年、2010 年到 2012 年间,能源需求持续增加,煤炭市场供不应求,煤炭采掘、洗选加工等一系列产业都可以获得较高的投资回报率,企业有较强的投资动力和意愿。这在很大程度上也挤出了非煤产业的发展。例如,2000 年后煤炭发展的黄金 10 年间,山西煤炭产业获得快速发展的同时, 山西装备制造业水平从原来的全国领先水平滑落到二流水平,市场占有率明显萎缩。

当省外经济增速减速换挡,能源需求和煤炭需求大幅回流,煤炭出现了供大于求的局面,煤炭价格走低,企业盈利能力减弱,一些企业经营困难,不得不开始思考转型及转型的路径。如 2008 年到 2009 年、2012 年到 2014 年期间,煤炭价格出现了大幅调整,煤炭的消费占比有所下降,痛苦的转型阶段凝聚了更多企业共识,倒逼着企业和政府开始全面寻求能源转型,探索涅槃式发展的新路。

## 第三节    能源基地能源转型路径研究

能源是社会经济发展的动力源泉,能源的稳定供给是压倒一切的问题,尤其是在我国经济处于赶超和提升阶段, 能源的独立及稳定供给是经济发展强有力的支撑。当我国综合国力得到提升后,当中国特色社会主义完成了历史性的跃进后,我国发展步入了新常态。新常态给了我们国家一个喘息的窗口期,也给了我们的领导决策层一个回头看和深刻思索的时间。在这个极其重要的时期,生态文明这一新的文明形态的理论体系得以初步建立。新的文明要求我们的能源变革需要符合全面生态化的要求。

### 一、发展可再生能源及清洁能源,推动能源供给绿色转型

山西在能源供给转型过程中, 一方面要充分依靠可再生能源资源大力发展可再生能源,降低化石能源消费总量;另一方面要通过对既有化石能源进行绿色开采、清洁高效利用,确保能源供给的绿色转型。

(一)发挥可再生能源的成本优势

山西拥有丰富的太阳能、风能、地热能、生物质能等可再生能源,可再生能源发展潜力较大。"十三五"期间,电力行业逐步向清洁低碳化转型,新能源和可再生能源迎来重要发展期,风电和太阳能发电装机容量实现快速增长。"十三五"期间,山西省风电年均增长率24.2%,光伏年均增长率63.1%,风电、光伏已成为全省第二、第三大电源。截至2020年底,山西省新能源发电装机容量突破1亿千瓦,新能源和可再生能源发电装机3570万千瓦,新能源发电装机容量占比超过30%,较2015年末提升了20.39%。其中,风电装机1974万千瓦,光伏装机1309万千瓦,垃圾和生物质发电装机64万千瓦,水电装机223万千瓦。全省光伏领跑基地装机规模达到400万千瓦,居全国第一。发电量方面,2020年,全省新能源发电量达424.3亿千瓦时,占全社会用电量的18.12%,新能源消纳率达到97.03%,替代煤炭消费1620.19万吨标准煤。其中,风力发电量累计达214.4亿千瓦时,光伏89.16亿千瓦时,水力发电44.2亿千瓦时。未来山西可再生能源的发展还有很大潜力可挖掘, 是山西电力和能源转型的重要方向。

一是要加快风光发电基地建设,推进集中式开发利用。发挥集中开发风电和光伏发电的资源优势、经验优势和成本优势,完善电力系统结构,持续提高消纳能力。到2025年风光发电累计装机至少达到2200万千瓦和3000万千瓦,其中基地开发占新增装机分别达到90%和80%。结合国家对山西可再生能源消纳保障机制的目标要求、山西能源革命任务目标,将风光基地建设、推动风光平价和低价上网作为重要抓手,统筹开发、并网、消纳和外送,发挥规模效益,进一步降低成本。推进建设晋北风电基地,合理有序开发中南部低风速资源。鼓励大型能源基地积极发展风光水火储多能互补,探索可复制、可推广的运行模式和商业模式。结合生态修复和环境治理,利用采煤沉陷区、盐碱地、荒

山荒坡等区域,加快光伏多模式融合开发。有序发展农林生物质发电、生活垃圾焚烧发电及地热能等其他可再生能源。加快"风光水储一体化"示范项目和"源网荷储一体化"试点建设。推动建立新能源和可再生能源开发技术、服务、融资等平台或基金,尽快建立信息共享机制,降低主体融资成本。

二是提升可再生能源应用比例,积极发展新型储能。发挥山西省风光资源及消纳潜力,积极探索建立并应用直接交易的商业模式。采取"集中开发、远距离输送"与"分布式开发、就地消纳"并举的发展模式,建设"风光储输"示范工程,破解新能源和可再生能源发电上网难题和弃风弃光问题。开展"风电＋光伏＋储能""分布式＋微网＋储能""大电网＋储能"等发储用一体化商业模式。与山西电力市场建设相结合,分别确定需求侧、电网侧、供应侧储能应用的时空步骤,推动储能在大规模可再生能源消纳、分布式发电、能源互联网等领域示范应用。大力开展可再生能源跨省跨区交易,扩大消纳范围。重点产业园区、循环经济园区等建设应当发展包括光伏、天然气、生物质热电联产等在内的分布式能源和储能等的融合应用,开展新能源和储能应用示范。新建园区或以部分新建园区进行试点示范,强制要求设计使用多种技术形式的分布式能源系统,或提出园区适用分布式清洁电力或清洁能源的最低指标。鼓励和允许企业在已有工业用地等土地使用权限和年限内建设分布式风光等新能源项目。探索通过土地入股等方式,创新分散式风电用地模式,在农村地区开发利用分散式风电。

(二)推进非常规天然气规模发展

山西非常规天然气资源赋存丰富,是我国煤层气资源大省和抽采利用大省,发展潜力巨大。由于煤层气与煤炭的共伴生特征,加快煤层气的开发和利用,对于山西保障煤矿安全生产、增加清洁能源供应、改善能源消费结构、着力实现"双碳"目标、带动地方经济发展、助力贫困地区脱贫攻坚等都具有重要意义,也具备得天独厚的资源优势和产业基础。从生产端看,沁水盆地和鄂尔多斯盆地东缘两大非常规天然气产业化基地建设初见成效。"十三五"期间,全省非常规天然气产量逐年递增,2016年到2020年分别为45亿立方米、51亿立方米、56.5亿立方米、64.88亿立方米、81.46亿立方米,较"十二五"末的42亿立方米增长了94%。未来要重点推进煤层气开发利用,将煤层气产业尽快建设成为山西省新兴战略产业,是立足山西省情、推动山西转型发展的重大举措。

一是要充分挖掘资源潜力,提升探采储输技术水平。加快增储上产步伐,根据不同区块资源条件和勘探程度,遵循"煤层气开发区稳步上产、致密气开发区快速上产、已探明未动用区加快建产、新出让区块尽早试采见气"的路线图,推动山西省非常规天然气规模化开发,为全省天然气消费提供资源基础。开展"三气"综合开发试点,推进采煤采气一体化。推进晋城市煤层气综合改革试点。加强煤层气和煤炭抽采联动,提高煤层气综合利用水平。加快煤炭采空区(废弃矿井)煤层气资源开发利用。推进沁水盆地和鄂尔多斯盆地东缘两大产业化基地建设。鼓励符合条件的企业投资煤层气勘查开采。促进煤矿瓦斯综合利用。在具备煤矿瓦斯利用条件的煤矿企业开展以发电、供热、压缩液化为主要形式的抽采瓦斯综合利用工作,重点加强煤矿乏风瓦斯利用技术、低浓度瓦斯直燃技术推广应用。

二是建立煤层气交易平台,促进价格市场化。参照上海天然气交易中心的设立及运营模式,依托太原煤炭交易中心、华新集团,探索建立公平规范的煤层气现货市场交易平台,集中发布具体交易价格与气量,反映价格变化,发挥市场对价格的决定作用。全面建立健全煤层气价格形成机制,打破特许经营权制度,鼓励市场竞争,引导和监督市场交易,完善市场运作环境,形成上游资源勘探抽采、中游资源管网运输、下游资源利用消费有序衔接的运行格局,促进交易规范进行、产销大致均衡、利润合理分配,增强全行业自我约束、自我发展的内生动力。

三是拓展煤层气消费市场,拉动上游勘探生产。实施非常规天然气消纳工程,拓展下游利用市场,实现非常规天然气高效利用。多措并举,有效解决工业交通企业用气贵、用气难的问题,使量大、稳定的工业用气对上游勘探生产形成强力拉动作用。鼓励玻璃、陶瓷、建材、机电、轻纺等重点工业领域煤层气替代和利用,提高煤层气在公共交通、货运物流中的比重,鼓励对大工业企业"煤改气"给予政策补贴,提高工业"煤改气"覆盖率。实施大用户用气价格优惠和直接供应,鼓励规模以上工业用户自主选择城市燃气供应和其他干线直供等多种供气模式,合理降低生产型企业用气成本,对于规模以上用气企业拟通过城市燃气供气的,应按照用气规模单独核定配气费。实施调峰用气价格优惠和补贴,推行工业企业峰谷分时气价政策,对错时用气实施适当的价格优惠,对承担季节调峰责任和应急责任的企业给予一定财政补贴。

(三)加大煤炭绿色清洁高效利用

煤炭作为支撑我国国民经济发展的主体能源,今后一个时期其作为能源"压舱石"的主体地位不会改变,是国家能源安全的重要保障。但长期看,随着技术进步与突破,煤炭作为燃料将会逐步被非化石能源所替代,其在能源结构中的占比将逐渐降低,需要从煤炭绿色清洁高效利用入手,推动绿色转型。

一是推进绿色开采,加大资源综合利用,提升附加值。煤炭绿色开采方面,未来要按照高标准、高起点建设现代化矿井,以煤矿的现代化、标准化建设和基建矿井的建设为抓手,严格煤矿准入标准、建设标准和管理标准,进一步提高矿井装备的技术水平,推行以机械化、自动化、信息化和智能化为特征的综合化开采,深化信息技术与煤炭产业的融合,推进煤矿采掘机械化、监控数字化、控制自动化和辅助运输高效化。普及推广绿色开采技术,开展高效机械化充填开采和无人工作面智能化采煤试点,建立煤炭开采与生态环境和谐发展的开采模式,提升矿井现代化水平。提升煤炭作为原料和材料的使用比例,推进煤炭分质分级梯级利用和共伴生资源开发利用,将碳基新材料作为煤炭产业可持续发展的根本出路。推进煤化电热一体化发展,提高煤炭利用效率,增加煤炭附加值。推动煤转煤粉应用,探索纳米级煤粉应用,推广高效改性型煤应用。加大煤矸石(含洗矸、煤泥)固废资源综合利用产业化和多重功能化发展。加强对煤炭共伴生矿产资源的综合勘探和综合评价,推动与煤共伴生资源精深加工和产业化发展。统筹晋能控股集团、中煤科工集团与太原理工大学等产学研资源,加快创建"煤炭绿色低碳清洁利用国家实验室",突破煤炭清洁高效利用的关键技术瓶颈。

二是发展煤焦一体化产业链,优化产业布局,推动焦化产业绿色低碳发展。压减焦化产业过剩产能,积极推进减量置换的现代化大型焦炉项目建设,打造绿色煤焦产业基地;提进焦化企业装备升级,实现全省焦化企业超低排放;大力推进非电用煤清洁利用,实现焦化产业绿色发展。稳步发展煤化工产业链,围绕煤炭清洁转化利用,有序发展现代煤化工,推进高硫煤清洁利用和油化电热一体化应用示范。加快煤制油、煤制气等煤基能源产业发展,支持开展工业尾气生产燃料乙醇试点项目。科学发展碳基新材料产业链,瞄准碳基材料广阔市场,从"煤炭加工"向"加工煤炭"转变,开展碳基固体氧化燃料电池试点示范、高性能电池和超级电容器碳基电极材料示范,加速碳基材料与先进储能材料的融合。

三是加大终端散煤治理力度,大力削减散煤直接利用。积极推广高效绿色清洁煤电技术,大幅度降低煤炭利用产生的污染物排放。燃煤发电发面,大力推进煤电机组超低排放和节能改造,积极发展煤电"近零排放"技术,持续研究和应用推广先进适用技术,推动燃煤发电向高参数、大容量、智能化发展,大幅降低平均发电煤耗,着力提升清洁电力发展水平。加快超低排放技术研发、示范和推广,对共性、关键和前沿减排技术开展科研攻关,实施污染物治理示范工程,促进治理技术产业化。支持煤电企业开展煤电富氧燃烧和燃烧后碳捕集利用项目示范,探索开展煤电碳减排改造。

### 二、以清洁供暖、终端用能电气化推动能源消费转型

基于北方城市冬季取暖能源消耗量大、污染严重的客观实际,需要通过对供暖方式和用能模式进行变革,改善冬季大气污染加重情况。同时,作为综合能源基地,山西需要进一步提升终端用能的电气化水平,推动能源消费转型。

(一)挖掘多种资源、降低供暖能耗,开展清洁供暖

山西终端能源消费和取暖用能中煤炭消费规模较高,不合理煤炭消费方式加剧了环境污染。2016 年,山西终端能源消费中煤炭消费 6840 万吨,其中民用煤炭年消费量在 2500 万吨左右。2017 年,山西城乡建筑取暖总面积 14.5 亿平方米,根据我国北方地区取暖单位面积能耗估算,山西省全年取暖总能源消费约 2400 万吨标准煤,占全省能源消费总量的 12%。取暖使用能源以煤炭为主,燃煤取暖面积约占 88%,年取暖用煤炭消费约 3000 万吨,约占全省煤炭消费的 10% 以上。不合理煤炭消费方式加剧环境污染,导致全社会单位国土面积二氧化硫、氮氧化物和粉尘排放量分别是全国平均水平的 3.7 倍、3.1 倍和 5.3 倍,对全省大气污染防治形成了较大压力。为此,山西省要发掘多种供暖资源,发挥综合效用,提升供热的清洁化。

一是在城市供热中，要积极利用燃煤电厂和工业余热乏汽，提高供热效率，节约资源。目前来看，山西电厂供热能力尚未得到充分发挥，存在清洁取暖占比较低以及清洁能源供热成本普遍较高的问题。我国现有大型热电厂，约有超过其供热量 40% 的低温余热有待挖掘利用，其中乏汽余热占 30% 以上，因温度较低不能直接利用而通过冷却塔直接排放到大气环境中。我国北方地区单机 30 万千瓦以上的火电装机规模 5.8 亿千瓦，供热能力 8 亿千瓦，如将这些火电机组进行供热改造，利用低品位乏汽余热作为热电联产集中供热热源，可以满足 150 亿平方米的供热面积，回收的热量对于北方地区供热的节能减排意义重大。电厂乏气和工业余热回收技术的供热能耗和经济性优势突出。

二是在热电联产覆盖不到的区域，或是具备条件的公共建筑、绿色建筑中，积极推广地热能供热技术应用，有序推进新建建筑地热能分布式供热，逐步提升地热能在建筑供热中的应用比例，加快推动地热能供热系统与城市热网融合。地热能供热是一种绿色低碳、清洁高效的供热方式，与传统热电联供、燃煤、燃气锅炉供热相比，运行费用低、维护简单、无排放，对改善大气环境质量、持续优化能源结构、引领能源转型具有重要意义。

### (二)以公共交通电气化为引领,促进终端能源电气化发展

山西电气化程度较低、电力消费低于全国平均水平，终端能源用电水平还有待提高。山西公交领域电气化发展已开始起步。从新能源汽车的推广应用看，2017 年全省新增和更新城市公交车辆 1589 辆，新能源车辆占比 99.4%，新能源城市公交车达到 7800 余辆，占公交车总量约 60%，临汾、长治、忻州等市城市公交车全部实现纯电动化。全省新能源出租车 9122 辆，占出租车总量 21.1%，太原成为全球首个出租车纯电动化的城市，在交通领域电气化方面已走在全国前列。山西应以公交电气化为引领，塑造能源消费革命新亮点。山西应以公交领域电气化为突破口，发挥在太原等城市公交领域电气化起步早的优势，进一步加快山西整个交通领域的电气化进程，促进 2030 年终端能源领域电气化水平达到全国平均水平。

一是以电动汽车的应用推动交通领域电力替代。在公交、物流和公务用车领域加强电动汽车的推广应用基础上，积极推动私人乘用车插电式及纯电动汽车发展，建设全省联网的电动汽车充电设施网络，通过实施电动汽车有序充

电,促进可再生能源发电的发展,有效减少交通领域对化石能源的依赖和城市大气污染状况,推动节能减排和生态文明社会建设。

二是积极推动工业、建筑和民用领域电能替代。推动钢铁、建材、轻工业等重点领域煤炭和油品消费的电能替代,促进工业领域电气化水平提高。采用热泵、电采暖等先进技术扩大建筑领域电力替代。重点在学校、商场、宾馆、图书馆等公共场所采用热泵、电锅炉、电采暖等先进技术实施电能替代煤炭和油品,促进公共建筑领域电气化水平提高。利用电采暖、电热水器、电炊等设施促进家居电气化水平提升。推进农村电力替代,促进农村现代化建设。

### 三、以新技术新模式新业态为核心推动能源技术转型

科技是第一生产力,在能源转型过程中技术研发也同样发挥着核心推动力,在实现能源基地能源转型过程中发挥着极为重要的作用。

(一)积极推动氢能发展,培育发展新动能

氢能是一种来源丰富、绿色低碳、应用广泛的二次能源,被视为 21 世纪最具发展潜力的清洁能源,对构建清洁低碳安全高效的能源体系、实现碳达峰碳中和目标,具有重要意义。世界强国都将发展氢能提升到国家战略层面,氢能产业同样也是我国重点培育的战略性新兴产业。2022 年初,我国发布了《氢能产业发展中长期规划(2021—2035 年)》,以指导促进氢能产业规范有序高质量发展。山西也正在积极推动氢能产业发展。2018 年 4 月,雄韬氢能产业园和华熵氢能产业园落户山西大同,9 月启动了山西首个氢燃料电池公交示范运营及加氢站建设,年底 40 台氢燃料电池公交车上线运行。同时,大同集中签约燃料电池生产及有轨电车示范线项目、北达新能源甲醇(天然气)发动机及醇电混合增程器生产制造项目、大同燃料电池研究院三个燃料电池相关项目。一系列项目的启动,全面推进了省内氢能产业链发展。2019 年 11 月 11 日,山西省工业和信息化厅、阳煤集团、焦煤集团、潞安集团等七方在山西省太原市共同签署氢能产业战略合作框架协议,各方将发挥优势,积极推动氢能全产业链项目在山西落地。

未来要积极发挥山西省发展氢能产业的低成本优势,尤其焦炉煤气等氢能资源丰富,风光发电成本相对较低,提前谋划和布局氢能的基础设施和应用

场景市场,培育氢能优势产业集群。加快探索推广电解水制氢、焦炉煤气制氢等低成本清洁制氢技术,为中长期大规模应用做好技术和产业储备。健全氢能产业政策体系,强化对氢能产业薄弱环节的政策支持,重点发展制氢、储氢、运氢等环节的基础产业。围绕制氢、储氢、加氢、氢燃料电池等装备产业,形成一定规模和影响力的研发、装备、制造上下游产业链,基本形成氢能装备和核心零部件产业体系,培养一批创新型企业。加快江铃重汽、大运汽车重载汽车"柴转氢"试点,联合研发氢气提纯、储运、氢能源重卡等技术推广应用。推动氢能及燃料电池产业集聚发展,加快发展氢燃料电池及关键材料、关键零部件等制造产业。加快推进转型综改示范区氢燃料电池产业示范基地建设,推动东方电气与潞安集团合作实施的氢燃料电池堆项目在转型综改示范区落地,建设国内较为完整的氢能全产业链集聚区。发挥氢提纯、制备、加注、储运、燃料电池及动力系统和整车制造技术优势,打造氢能、轮毂电机、3D 打印、智能联网等多种先进技术集成的"氢能 +"产业集群。通过与国内外知名高校和研究机构紧密合作,依托现有开展氢能应用的企业,搭建创新平台,强化氢能产业创新人才集聚和培养,加强关键核心技术攻关,强化产学研合作,推进能源技术创新、商业模式创新和产业创新,打造核心装备制造业。

(二)积极推进储能技术发展和应用

山西省火电机组占比较高,水电等调频资源严重不足,随着波动性可再生能源渗透率的不断提高,储能应用市场发展前景广阔。储能是智能电网、可再生能源高占比能源系统的重要组成部分和关键支撑技术,能够为电力系统运行提供调峰、调频、备用、黑启动、需求响应支撑等多种服务,是提升传统电力系统灵活性、经济性和安全性的重要手段,可显著提高风、光等可再生能源的消纳水平,支撑分布式电力及微网发展。储能不仅是推动能源系统低碳转型的关键技术,而且能够促进能源生产消费开放共享和灵活交易,实现多能协同,是促进能源新业态发展的核心基础。加快储能技术与产业发展,对于构建"清洁低碳、安全高效"的现代能源产业体系,推进我国能源行业供给侧改革、推动能源生产和利用方式变革具有重要战略意义。

山西储能发展已走在全国前列,具备开展储能应用的基础。山西出台了鼓励电储能参与调峰调频辅助服务的相关政策文件,2017 年 9 月, 山西省发布

《山西省电力辅助服务市场化建设试点方案》，提出山西电力调频市场将采用集中竞价、边际出清、统一价格的组织方式，调频报价的范围暂定为 12—20元/兆瓦，并视市场运行的实际情况进行调整。2017 年 11 月，山西能监办《关于鼓励电储能参与山西省调峰调频辅助服务有关事项的通知》明确规定，储能运营企业可参与调峰和调频辅助服务，并且电储能设施可作为参与辅助服务提供及费用结算的主体，电储能设施独立并网，根据调度指令独立完成辅助服务任务，并单独计量。目前，山西已经投运 3 家储能火电联合调频试点项目，确定了 2 家储能独立式、9 家储能火电联合式调频调峰试点项目。2021 年 12 月，山西省发改委、山西能源局及国家能源局山西监管办发布《关于印发首批"新能源 + 储能"试点示范项目名单的通知》，公布了 16 个不同类型的储能试点项目，为全省新型储能发展提供了试点示范，积极发挥引领作用。

（三）积极推动综合能源服务业发展

伴随能源技术进步和商业模式创新，以及大数据、云计算、人工智能在能源领域的应用，传统能源开发利用部门、行业界限被打破，能源系统从机械化、自动化向智能化、无人化、能源服务多元化方向转变，传统的能源供需关系将被彻底改变，能源供需一体化趋势明显加快，综合能源服务将是能源发展的新趋势。

一是在需求方面，借助智能家电、联网设备、电网智能化技术和互联网技术等，结合终端用户电、热、冷、气等多种用能需求，以及分布式可再生能源、储能等资源，实现与电网深度互动，在优化负荷曲线的同时降低系统成本，促进能源系统效益的提升。通过挖掘用户侧的各种潜力，优化能源生产、输送、转化、使用等各个环节，促进多种能源共同响应、多能互补和便捷转换利用，实现供应与需求一体化。这种终端能源的智慧化发展已在许多地方应用，山西要做能源消费革命排头兵，也应在智慧能源方面开展相关示范，并在此基础上逐步发展相关产业。

二是积极打造能源大数据平台，培育能源发展新产业。充分发挥山西电力资源充沛、气温较低的比较优势，推动大数据产业发展。整合中国太原煤炭交易中心、焦炭交易中心等已建成的平台数据资源，重点推进山西煤炭监管信息平台、中国太原煤炭交易中心大数据平台、山西"能源云"数据中心等大数据应用工程建设,打造能源大数据平台,深化网源荷产业链数据挖潜,为开展综合能源服务打下良好基础。

三是积极推广综合能源服务。随着传统能源生产者、供应商的角色向上下游、多元化领域不断延伸,不断衍生创新业态和增值服务,市场价值潜力巨大。当前主要国有电力集团及电网公司、油气公司及节能服务公司都在积极开展这方面的业务,煤、油、气、电、热、充电、加氢等能源行业各自为政的局面逐步被打破。山西省也应紧跟这种行业发展新趋势,抓住各个企业在起步发展阶段、机会较多的机遇,鼓励省内能源企业依托能源大数据平台,积极拓展综合规划、工程投资建设、运营管理、维修服务、用户用能等综合能源服务业务。

# 结　语

传统能源基地开展能源转型是一个更为艰难和坎坷的过程。山西作为中国过去 40 多年来的能源基地和资源型地区发展样本,高度浓缩和折射出中国能源领域的各种问题和困难。作为能源基地,作为一个区域,山西在最初谋划建设国家能源重化工基地伊始,就已经有专家学者提出过有关生态环境保护、产业协同发展等方面的意见和建议。不同的时代背景和发展目标影响着能源以及能源转型的路径选择。山西能源转型从供给侧的煤到煤电,再到风光电;从焦炉煤气到煤制天然气,再到非常规天然气;从煤制油到煤制醇醚燃料;从焦化行业副产品氢到打造氢能基地;从需求侧的燃油车到电动汽车;从散煤供暖到电气供暖、集中供暖等,已经发生了诸多改变。能源基地的能源变革道路崎岖,但前行的步伐从未间断,这渐进式的转型过程就是一部生动的能源变革史。山西能源转型将会深刻影响地方经济社会发展,而同时,也只有实现了地方经济的转型升级,山西的能源转型才能最终得以根本实现。

# 参考文献

1. 郝丰慧. 山西企业实施"走出去"战略的问题及对策［J］. 科学之友（B版），2009（07）：78—80.

2. 滕春强. 资本市场为"一带一路"铺路搭桥［J］. 山东国资，2017（5）.

3. 姚婷. 降负债、去杠杆 煤企涅槃重生之路［N］. 山西经济日报，2017–10–01.

4. 韩东，韩光强，李庆满，王述芬."一带一路"背景下传统产业走出去的对策研究——以辽宁省为例［J］. 商场现代化，2018（03）：175—176.

5. 王诗烨."一带一路"背景下我国矿产企业在非洲"走出去"战略分析［J］. 新经济，2018（01）：56—61.

6. 董琴."一带一路"战略下构建大连对外开放新格局路径研究［J］. 辽宁行政学院学报，2017（06）：38—43.

7. 王晓华. 发挥山西能源优势 共享一带一路机遇［N］. 山西经济日报，2017–07–06（001）.

# 第九章　中国能源变革对策建议

对一个国家来说,能源是强盛的动力,也是安全的基石。

——邹才能,《新能源》

　　能源是经济社会发展的基础和动力源泉,对国家繁荣发展、人民生活改善和社会长治久安至关重要。面临百年未有之大变局,新冠疫情全球蔓延,世界经济遭受严重冲击,地缘政治局势紧张,国际格局深刻调整。我们身处世界能源变革大潮中,在步入中国特色社会主义新时代后,在迈向第二个百年奋斗目标的新征程中,在全面推进生态文明建设和实现中华民族伟大复兴的过程中,2021年9月,中国向世界庄严宣布了碳达峰、碳中和的"30·60"目标。在全面推进碳达峰、碳中和过程中,中国努力通过推动能源革命,使传统化石能源向清洁能源转型,构建清洁低碳、安全高效的现代能源系统。当然,这并不会是一个既快又顺利的过程。从国外已有能源系统转型成功的实践以及正在开展的能源转型实践来看,一个国家和地区需要从宏观、中观、微观三个层次,从能源管理、制度设计、能源基础设施建设、技术创新、公众意识和行为等不同层面和不同维度全面推进、协调发展才能最终实现能源转型的目标。

## 第一节　加强制度设计 继续深化改革

　　能源是人类赖以生存和发展的基础。对于这一次的能源转型,中国拿出了"革命"的勇气与气势,实施了一系列与"能源革命"有关的举措。习近平总书记指出,要"推动能源体制革命,打通能源发展快车道"①。这就要求我们立足实际,加强战略和制度的顶层设计,继续深化能源领域体制机制改革,为实现第二个百年奋斗目标,为建设中国式现代化,为建设美丽中国而努力。

## 一、稳定坚持战略目标与方向不动摇

此次能源转型于我国而言,既是机遇、又是挑战,在"双碳"目标背景下,更加需要以战略眼光全面审视,加强顶层设计,着力稳步推进。在制定能源领域相关战略规划及政策过程中,应当努力提高对能源变革客观规律的认识,避免局限于能源战略规划被动适应制造和服务的惯常思维里。同时,也不应仅仅将能源变革理解为生态环境和气候变化制约下的被动变革。能源变革是大势所趋,要引领能源转型就意味着在未来的发展中,我们需要努力掌握主动权,避免在能源领域受钳制,这将会是未来引领世界发展的关键,也是我国迈向能源强国、制造强国、科技创新强国的一次难得的战略机遇。

### (一)坚持能源战略基础和方向不动摇

我国能源变革走到这一阶段,需要立足国情世情进行顶层设计,从国家战略的高度设计科学合理的中国能源战略和目标,稳步推进、着力执行。丹麦为了确保能源转型事业的长期稳定推进,其国内各个政党之间通过协商达成共识,无论哪个政党执政,都要确保政府议会框架下在应对气候变化问题上有连续性。这就从国家层面达成了长远的目标和政策坚持,并自上而下传达出了国家能源转型的坚定决心,由此为全社会在方方面面稳定地开展能源转型增加信心。未来我国也需就此做好长期的、一以贯之的准备。在"双碳"目标背景下,我国能源转型将坚持"安全为本、节约优先、绿色低碳、主动创新"的能源战略不动摇。

一是坚守能源战略基础不动摇。无论能源转型路径怎样,在转型过程中确保国家能源安全是第一位的,"能源的饭碗必须端在自己手里"。习近平总书记提出建设"能源强国"的核心要旨也是能源安全问题。国家能源安全的基石就

① 习近平. 积极推动我国能源生产和消费革命 [N/OL]. 人民网,(2014-06-14)[2019-09-09]. http://cpc.people.com.cn/n/2014/0614/c64094-25147885.html.

是能源的稳定持续供给能力。我国能够在改革开放后 40 多年的时间里实现经济社会的快速发展与腾飞，很大程度上依靠的是以煤为主体能源的能源自给能力。所以，在"双碳"目标引领下的我国这一轮能源转型过程中，能源安全是重中之重，是核心，是关键，是不可被动摇、不能被影响的。对于中国这艘巨轮，未来航行需要能源安全这个压舱石为国家经济社会稳定发展镇舱。国家能源安全有赖于能源生产供给能够稳定满足全社会生产生活用能需求。立足我国能源资源赋存情况和条件，未来相当一段时期内，煤炭依然是确保我国能源安全的战略能源品种，在保障国家能源安全方面将继续发挥"压舱石"的稳定兜底作用。回顾 2008 年我国遭遇的极端冰雪灾害和 2021 年全国多地"拉闸限电"的能源紧张形势，对于煤炭、煤电的替代，必须坚持科学规划、先立后破。煤电的退出一定是在新能源可以实现稳定、有效、安全替代前提下的退出。煤炭的退出也要有科学性和前瞻性，要充分考虑和预判极端条件下经济社会健康稳定发展的能源安全保障问题，做好极端情况下的能源安全压力测试，统筹规划、科学闭矿，以确保在出现极端能源危机情况下能够随时复产达产，要极力避免减排带来发展"失速"和转型"脱轨"。虽然传统化石能源中石油、天然气在未来能源结构中的比例会出现显著变化，如天然气的需求量和消费量已经呈现出快速增长的趋势，但短时期内难以撼动煤炭的作用。未来，我们需要由"大能源政策"向"新独立自主能源政策"转变，有计划、有节奏、有安排地降低能源对外依存度，加大海洋能源的勘探开发力度，努力提高能源自给率，主动由能源国际市场的重大需求方向能源独立自主供给方转变，降低在能源安全领域面临的风险和制约。

二是坚持化石能源清洁低碳高效利用方向不动摇。能源转型是一个历史过程，我们可以通过制度安排和政策制定实施缩短转型过程、提高转型效率。但这终究不是一蹴而就的简单过程，这是一场深刻系统全面的社会变革，涉及整个能源系统的调整与适应，甚至是重构。因而，仅仅是克服旧系统的发展惯性就已经是一个非常艰难的过程了。对化石能源生产和消费总量控制是必须坚持的大战略、大方向，是不容置疑和懈怠的。一方面，这是从应对气候变化角度的考量，也是从我国未来发展要面临的巨大能源压力角度的考量，更是我国经济转型社会发展的必然要求。另一方面，我国已经将资源高效利用提升到了新的高度,在党的十九届四中全会会议上,提出了"全面建立资源高效利用制度",为未来能源高效利用奠定了坚实的制度基础。

三是继续提高新能源和可再生能源的实际利用水平和效率。从世界能源变革的趋势来看,这一轮的能源转型是主体能源从化石能源向可再生能源转变的过程。可再生能源以绿色电力为主要形式,随着应对气候变化的形势越来越严峻,基于其低碳、零碳的特点,各个国家都在大力发展可再生能源。我国可再生能源发展起步较晚,但发展速度非常快,以风能、太阳能光伏为主体的可再生能源的装机容量在能源结构中所占的比例有了大幅度提高。到目前为止,受限于间歇性、成本、技术以及对传统电力系统的冲击等,可再生能源的大规模开发利用仍然存在多种制约,利用可再生能源开展分布式利用则具有广阔的前景,尤其在解决偏远地区用能方面具有良好的适应性。氢能作为最理想的清洁能源,也需要加大科技研发等的支持力度,寻求技术和成本的突破。同时要着力推进建设新型电力系统,满足消纳新能源和可再生能源的需要,以坚强智能电网为枢纽平台,以源网荷储互动与多能互补为支撑,构建具有清洁低碳、安全可控、灵活高效、智能友好、开放互动基本特征的电力系统。

(二)继续深化能源领域体制机制改革

我国能源的发展不仅是煤炭、电力、石油、天然气和可再生能源自身发展的问题,更重要的是能源系统内不同能源品种间的协调发展问题,是整体战略、规划和政策,以及技术进步和对外合作的相互协调问题。从能源革命到能源国家治理现代化之间尚有一段路需要走。能源领域体制机制改革是走向能源国家治理现代化的必由之路。

一要不断提升能源管理能力和水平。就像生态环境是一个整体需要综合施治一样,能源也需要系统性管理,统一协调,综合施策,需要一个综合能源部门对整个能源行业进行宏观统筹管理及协调。2018年最新一次的国家机构改革成立了能源局,在部门设置上已经为"大能源"做好了准备。新时代的能源管理要适应新的要求,不断提高能源管理能力和水平,为能源转型提供支撑。一方面,要深入研究政府开展能源管理的方式方法,加强队伍建设,提高管理水平和质量。针对能源资源的战略属性和商品属性,为避免"政府失灵"或"市场失灵",既不能单纯强调政府管制,也不能单纯依赖市场机制,既要兼顾社会公平,也要注重提高市场效率。要积极利用专业的第三方力量为能源管理和决策提供技术支持与咨询,提高管理和决策的科学性。另一方面,要健全能源绿色低碳转型组织协调机制。国家能源委员会统筹协调能源绿色低碳转型相关战略、发展规划、行动方案和政策体系等。建立跨部门、跨区域的能源安全与发展协调机制,协调开展跨省跨区电力、油气等能源输送通道及储备等基础设施和安全体系建设,加强能源领域规划、重大工程与国土空间规划以及生态环境保护等专项规划衔接,及时研究解决实施中的问题。按年度建立能源绿色低碳转型和安全保障重大政策实施、重大工程建设台账,完善督导协调机制。

二要加强能源领域的监管。能源政策制定和监督执行应适当分离,以减少各利益主体间的利益冲突,形成适当的制衡机制。加强对能源绿色低碳发展相关能源市场交易、清洁低碳能源利用等监管,维护公平公正的能源市场秩序。稳步推进能源领域自然垄断行业改革,加强对有关企业在规划落实、公平开放、运行调度、服务价格、社会责任等方面的监管。健全对电网、油气管网等自然垄断环节企业的考核机制,重点考核有关企业履行能源供应保障、科技创新、生态环保等职责情况。创新对综合能源服务、新型储能、智慧能源等新产业新业态监管方式。建立能源绿色低碳转型监测评价机制,重点监测评价各地区能耗强度、能源消费总量、非化石能源及可再生能源消费比重、能源消费碳排放系数等指标,评估能源绿色低碳转型相关机制、政策的执行情况和实际效果。鼓励各地区通过区域协作或开展可再生能源电力消纳量交易等方式,满足国家规定的可再生能源消纳最低比重等指标要求。

三要继续推进能源领域改革。行业垄断是我国经济发展中的重要障碍,尤以电力和油气领域为甚,需要在未来加大改革力度,推进网运分开,提高资源配置效率,推动电力油气行业的高质量发展,为保障国家能源安全发挥重要作用。电力体制改革方面,要加快建设全国统一电力市场体系,推动各层次电力市场协同运行、融合发展,统筹推进电力中长期、现货和辅助服务交易,完善电力市场规则和办法,培育多元化电力市场主体,深化配售电改革,研究与新型电力系统相适应的体制机制。进一步加强智能电网的研究、测试、建设和改造,积极推动配电网络系统升级、配电站自动化和电力运输、智能电网网络和智能仪表的建设和覆盖,为可再生能源大规模的发展提供公共基础设施方面的支撑。①油气体制改革方面,积极推动管网、勘探开发等方面的改革,增强国内油气资源保障能力,发挥好大企业特别是国有企业保供稳价主力军作用,深化油气管网运营机制改革,推进基础设施高质量公平开放,明确新进入主体保供责任。构建国有资本控股、投资主体多元化的管网公司,支持国家管网公司和各类市场主体按照政府统一规划参与管道等基础设施建设。健全油气行业市场体系建设,不断强化合同化、市场化保供机制。完善管输价格机制,合理核定管输定价成本,科学制定管输价格;健全油气勘探开发区块竞争出让和退出机制;加快管道和储气能力建设,实现基础设施互联互通。统筹能源低碳转型和安全保障机制方面,健全能源储备体系,完善能源预测预警机制,健全清洁能源市场化发展机制,探索能源生产和消费新模式。

(三)加强能源立法及相关制度建设

制度要切合实际、满足需要、解决实际问题,并不是越多越好、越细越好。在推进能源体制改革过程中,应当坚持依法治国,以问题导向和目标导向为指引,不断深化改革,加强能源领域法治建设,为推动我国能源革命提供法律及制度保障。

一是要加强能源法律制度建设。我国的能源法律制度经历了坎坷的发展历程,从无到有,目前已经初步形成了具有中国特色的社会主义能源法律法规体系,为能源发展提供了基础的法制保障。党的十八届四中全会对全面深化改革作了重大部署,全面深化改革就是中国特色社会主义制度的全面自我完善和发展。能源法律制度作为其中重要的组成内容,也需要与时俱进,不断自我完善。能源领域深化改革就是中国特色社会主义能源制度的自我完善和发展。我国能源管理经历了从依靠红头文件、借助行政手段,到法治化、市场化管理的转变。中央及地方也陆续颁布了一系列能源法律法规、规章及规范性文件,在推动我国煤炭、电力、可再生能源和新能源等行业发展方面发挥了重要作用。当前,能源领域体制改革全面启动,改革进入深水区,电力、油气领域改革

---

① 史丹. 推进能源体制机制改革 在重点领域关键环节寻求突破[N/OL]. 中国电力新闻网,(2018-02-12)[2019-02-03]. http://www.cpnn.com.cn/zdyw/201802/t20180211_1056878.html.

渐次落地,在全面依法治国理念的要求下,需要通过立法引领改革方向、推动改革进程、保障改革成果,使全体人民共享能源改革红利。在政策、立法和制度衔接方面,一方面需要在能源综合立法、政策制度协调性方面继续完善,及时调整能源领域总体规划和相关规划,使规划之间、政策之间相互协调,发挥综合治理的效果。2020年,我国《能源法(征求意见稿)》公开发布,面向社会广泛征集意见建议,引发了全社会的广泛关注,将能源立法又向前推进了一步。另一方面,要将分散在各部门的能源战略、能源规划和基础性能源政策的谋划与制定职能进行集中,理顺能源领域的宏观综合管理职能,加强能源领域各类规划的协调,做好能源规划与经济社会发展、土地利用、基础设施建设、环境保护、安全生产、交通运输和科技创新等规划的统筹衔接。

二是能源政策制定要科学系统灵活。伴随着生态环境以及气候变化等方面政策影响和压力传导,我国能源转型在应对生态环境问题,尤其是在应对雾霾等大气污染问题时,需要在政策制定过程中具有系统性、科学性和灵活性。能源政策在维护国家能源安全和应对当前复杂多变国际国内形势方面具有重要作用,因此要加强统筹行政部门、能源企业、科研机构的力量,对政策的制定以及即将颁布的政策开展细致和科学的评估,尽量避免煤改气、煤改电过程中不考虑气源、电力负荷等影响民生问题的出现。

三是健全能源标准体系。推动太阳能发电、风电等领域标准国际化。鼓励各地区和行业协会、企业等依法制定更加严格的地方标准、行业标准和企业标准。制定能源领域绿色低碳产业指导目录,建立和完善能源绿色低碳转型相关技术标准及相应的碳排放量、碳减排量等核算标准。健全清洁低碳能源相关标准体系,加快研究和制修订清洁高效火电、可再生能源发电、核电、储能、氢能、清洁能源供热以及新型电力系统等领域技术标准和安全标准。

### 二、制定出台有效的激励机制和策略

能源转型过程应当针对传统化石能源、可再生能源以及节能分别制定有效的正向和反向激励机制和策略,促进传统化石能源的清洁、高效、低碳(零碳)利用,提高可再生能源的实际利用水平和质量,加强节能监察力度,切实将节能工作落到实处。

（一）化石能源降补贴，减总量

一是逐渐减少低效补贴，构建合理的价格机制。不合理的化石能源补贴不但挤占了对提升能效和可再生能源的投资，还加剧了环境恶化、公众健康以及气候变化的风险。[①] 现阶段，中国是化石能源补贴额最多的国家，我国能源补贴主要是通过价格、财政和税收三条路径实现的。[②] 因此，针对能源补贴需要通过建立综合协调、有效合理的价格机制和财税机制予以调整，这是解决化石能源补贴问题的关键。中国的化石能源补贴改革涉及社会经济多个层面，是一项复杂的系统性工程，应当综合考量我国的能源结构和基础，针对不同的能源品种开展综合施策，兼顾实际效果。我国已于 2016 年开始针对近期、中期和远期的化石能源改革路线图，开展对低效化石能源有计划、有步骤地取消补贴。在能源价格机制方面，需要进一步改革化石能源的市场化定价机制，明晰补贴与税收，尽可能降低交叉补贴或者使之更为透明，通过正向的补贴和负向的征税或限制消费，将补贴和税收工具的作用真正发挥出来。针对煤炭、石油制定合理的资源税、环境税和碳税，使能源价格真实地反映资源、环境、气候等外部成本，运用价格手段抑制不合理消费和过度消费，促进煤炭和石油的减量化、高效清洁利用。

二是对清洁高效低碳利用化石能源进行激励。我国是全球最大的能源生产国和消费大国，煤炭在其中占据重要位置。长期以来，在我国能源的生产和消费结构中，煤炭占比达 70% 左右。经过多年努力，2018 年，我国煤炭占比已下降到 59%[③]，但煤炭的主要能源品种角色短期内无法改变。所以，对化石能源的清洁化利用，在我国尤其是指对于煤炭的清洁高效利用。中国工程院院士谢克昌认为，"如果燃煤发电超低排放水平超过了天然气发电，那么清洁高效利

---

① 我国取消化石能源补贴将设时间表［N/OL］. 新浪财经，（2016-04-24）［2019-09-03］. http://finance.sina.com.cn/roll/2016-0505/doc-ifxryhhi8402300.shtml.

② 各国化石能源补贴知多少？中国世界第一！［N/OL］. 新能源网，（2018-01-17）［2019-03-09］. http://www.china-nengyuan.com/news/119694.html.

③ 我国清洁能源利用数据亮眼 ［N/OL］. 人民网，（2019-05-24）［2019-10-09］. http://energy.people.com.cn/n1/2019/0524/c71661-31101334.html.

用的煤炭也可以算是清洁能源"。而实际上,中国燃煤发电污染物排放水平已领先于世界,超低排放效果十分明显。煤炭造成的问题由来已久,但这不是煤炭本身的问题,而是煤炭开采利用不当造成的问题。所以,在未来应当通过更为有效的政策积极助推煤炭清洁高效利用,积极推动现有燃煤设备的升级改造,提高能效水平;鉴于散煤燃烧污染物排放是燃煤电厂排放的5—10倍,要加大对散煤利用的管控和替代;要积极探索碳捕集和碳封存技术,为高碳能源低碳化利用做好碳减排方面的技术支撑。

三是坚持对化石能源生产与消费实行总量控制。目前,我国对化石能源中的煤炭资源已经采取了"双控",旨在降低我国能源结构中煤炭的占比,降低煤炭消费总量。煤炭生产总量控制在一定程度上是实施"减量化"的初始阶段,即在做到"减量化"之前先做到控制生产总量不再上升,再控制消费总量下降。控制能源消费总量,主体通过博弈会产生两种效果,即在某种(煤炭)能源供给总量受到限制后,为了满足社会用能需求,一种情况是出现新的、符合要求的能源品种(可再生能源)对能源需求缺口进行补充;另一种情况是受到供给不足的影响,社会产生紧张焦虑情绪,导致节约能源的意识得到公众一致认可并在行动上予以落实,同时刺激技术在节约能源、提高既有设备能效方面的创新,提升社会整体的能源效率,使得总量控制下的能源供给依然能够满足能源需求。这就是政策出台的导向机制。虽然,我国当前对煤炭的"双控"并不仅仅只是为了上述目的,还有压减和淘汰落后产能的目的,但不可否认,未来对于化石能源总量控制的机制将会积极有效地推动能源转型。

(二)可再生能源降成本,强技术

基于开发利用传统化石能源的生态环境负外部性以及对气候变化的影响,可再生能源在政策支持下有了长足的发展,已经形成了不断上扬的发展态势。未来中国可再生能源将会在能源结构中占到四分之一的比重,因此,需要更为有效和细致的施策,以助力可再生能源降低成本、实现技术突破,形成稳定的能源供给能力。

一是要通过技术创新和迭代不断降低可再生能源成本。目前,可再生能源的技术成本较高、低碳技术应用市场尚未成熟等因素使政府对低碳技术予以政策支持,在能源低碳转型中具有显著积极作用。可再生能源未来的发展主要被制约在电网消纳、技术成本、储能等环节，需要通过制定合理的机制将真正绿色低碳的可再生能源技术甄选出来，同时需要避免因过分市场化、低成本竞争将真正具有技术优势但成本却不具有竞争优势的好技术提前淘汰出局。

二是要鼓励加大研发，促进技术实现突破。未来的电气化趋势已明显提速，尤其电网将会在能源变革中更加凸显其重要性。可再生能源的利用更多的是在电源侧，目前需要在电网大数据、互联互通、储能等方面实现技术突破，并在此基础上实现电网稳定性、灵活性和可靠性的提升，实现对可再生能源电力的消纳。此外，可再生能源、核能、氢能等领域的技术研发与突破有待持续推进，为能源转型蓄积更多转型动力。

三是在能源转型过程中要兼顾公平与效率。能源转型是一项系统性工程，在对传统能源供给体系和能源消费端进行改造过程中，需要充分考虑社会的承受能力，处理好清洁、经济、稳定的关系，尤其要避免为单纯追求装机容量而进行的规模盲目扩张。同时，在居民生活用能和供暖方面的清洁化改造应当立足客观实际，选择具有可行性和可持续性的改造路径，同时考虑建筑节能的同步改造，防止重新"返煤"，确保改造真正造福于民。

（三）第五种能源深挖潜，降能耗

节约能源已经被国际公认为继煤炭、石油、天然气、核电之后的第五种能源。我国每年仅输配电的线路损耗就超过 2000 亿千瓦时，相当于两个三峡的发电量。所以，节约能源在过去、现在及未来都将会是能源变革关注的重点领域。在发达国家已经完成工业化进程后，积贫积弱的新中国要实现中国特色社会主义现代化，需要面临的环境和境遇已大不同。世界能源变革的历史进程给我们留下的转型时间并不充裕。作为发展中国家的我国需要下大力气、切实有效地不断加强节能管理，提高能效。这是一个需要全社会达成共识并积极参与的过程。基于现有能源体系和基础，未来我们需要下大力气在建筑业、公共节能、工业、交通运输这四大领域开展节能工作，通过节能改造更快、更显著、更高效地在短期内实现目标。

一是长期坚持能源节约优先战略不动摇。能源问题越来越重要，能源安全稳定可持续供给已经成为事关国家安全的大事。在这样的背景下，节能已经在世界范围内被认为是继煤炭、石油、天然气、核电之后的第五种常规能源了。节能可以减少能源资源投入和消耗,也是减少能源负外部性的最为有效的途径。在通过"开源"寻找新的清洁低碳替代能源的过程中,还应当充分重视"节流",即节约能源的重要性。虽然我国人均能源消耗水平不高,但这并不意味着节约能源在我国没有重要作用和意义。我国在工业节能、交通节能、建筑节能、公共节能方面已经做出了非常多的努力,但节能潜力依然很大。这一理念需长期坚持,一以贯之,且要切实落实,方能见实效。这需要继续加强节能综合治理,通过出台并适时调整约束性节能目标、强化监督、严格处罚追责等一系列政策法律,强化全社会节能工作。

二是加强各领域节能工作,使节能效果真正落到实处。节能监测和监督专业技术性较高,需要专业的人员队伍、组织和设备进行监测。建筑节能方面,对新建项目要严格执行建筑能耗标准,严禁不达标的建筑项目投入使用;对城市老旧建筑进行补贴,开展节能改造,减少冬夏两季用能耗能;加强对公共建筑及商用建筑的节能监察,严格执法,从严处罚。工业节能是节能工作推动的重要领域,从节能减排政策实施初期到现在,"百家""千家"重点用能单位的节能工作已经取得了显著成效,但工业节能潜力依然巨大,有待进一步挖潜,尤其是资源型地区,产业结构畸重,高耗能产业集中,节能方面的工作将会显著地产生节能效果。城市交通节能方面,由于未来电力交通工具及附带的充电桩等公共基础设施将会复合城市电网储能及调峰功能,因而全国范围内电动交通工具发展速度较快,市场占有率也在节节攀升,持续推动实现交通领域向电气化转型。

三是针对节能出台有效的激励和引导机制。相对于被动的约束性指标来说,节能更需要有效的和设计合理的激励机制,引导全社会开展自觉节能。有效的激励需要政府设定合理的节能激励规则。作为具有公共物品性质的节能行为,其激励规则需要由政府提供,并应当在政府调控和市场化运行相结合的基础上形成合理的运行机制,使参与节能的主体能够切实从遵守规则中获得实际利益。同时,节能意味着减少能源消耗,降低碳减排,对于生态环境、气候变化来说都是正外部性举措,因此,更加值得激励和引导。节能是一个涉及社会生活方方面面的复杂工程,从公共基础设施采购绿色节能产品,到百姓购置生活电器的能耗级别选择,再到各种电器设备、动力设备的节能改造等,都需要从价格、税收、政府采购等方面建立起全面综合有效的政策激励机制，才能确保节能行动和目标落到实处。

## 第二节　加大技术创新与研发 助力能源转型

能源变革的历史说到底就是一场能源技术创新和迭代的过程。世界发展历史表明，唯有引领能源技术创新，才能实现大国崛起。能源变革与能源领域科技创新和突破有着紧密联系，而这种关系在最近一次的能源转型中显得更为重要和明显。甚至于此次为应对气候变化、降低生态环境影响的能源转型的成功与否都集中在了技术的突破上，无论是能源新技术与现代信息、材料和先进制造技术深度融合，还是太阳能、风能、新能源汽车技术不断成熟，以及绿氢、储能等技术瓶颈的攻克，都需要科技的力量予以支撑。对于我国来说，这也是一次取得新一轮科技革命和产业变革竞争制高点、实现经济转型升级、实现弯道超车的难得的历史机遇。

### 一、强化能源科技创新，聚力攻克瓶颈

"科学技术是第一生产力"，这为我国制定新时期改革开放和经济发展方针政策奠定了思想理论基础。面临新一轮能源变革，科学技术的作用再一次显示出巨大的推动力，并且将会成为影响我国能源转型成功与否的关键因素，需要逐步形成在世界范围内能源产业技术创新的先发优势。能源技术创新主要有两个方向：一是高碳能源低碳(零碳)利用技术创新。为了降低对气候变化的影响，针对煤炭低碳清洁高效利用，围绕高碳能源低碳化利用技术，我国已经形成了较为扎实的科研力量和技术储备。例如，我国已经建立起了全世界最大的超低排放清洁能源煤电系统，煤电清洁排放水平已经走到了世界前列。二是可再生能源及零碳能源关键技术的攻克，主要是指氢能、核聚变、大规模储能、多能互补等关键及核心技术。积极培育一批能源技术企业，通过出台政策促进能源领域的创新，放宽准入、放松管制，强化智能互联网、物联网、能源互联网的联动发展，赋能高质量发展，在能源全产业链上尤其是在光伏产业链形成引

领世界未来的新模式、新业态。

### 二、引进人才,提高能源领域数字化智能化水平

积极引进高端领军人才,努力培养科研骨干团队。科技研发、技术突破归根结底是要依靠人、依靠人才。通过高端人才和专业团队的引进培养为我国能源转型带来最新的研究成果,引导研究向着科学可行的方向推进。未来能源转型过程中,需要掌握和使用的能源数据及模型是我国现在及未来开展能源结构调整、实行能源替代、加强能源管理等工作的基础。尤其在大数据时代,要推进能源与数字技术的深度融合,开展基于区块链技术及 5G 技术的能源系统研究,为决策部门制定和调整政策提供依据和支撑。我国改革开放后经济快速发展的 40 多年里,能源领域的统计和数据分析预测能力从计划经济时代面向市场化转型,存在着诸多能力不足。需进一步加强能源建模及模型分析能力,利用数据模型对能源各个领域进行建模分析和情景预测,同时考虑能效措施、全生命周期成本和对生态环境的影响等多种因素,强化对能源政策制定的经济性分析,辅助决策和政策的制定调整。

## 第三节 加强能源国际合作 构建命运共同体

面对正在进行深刻调整的国际秩序,未来国际局势将充满更多的不确定性。从美国单边主义盛行对世界各国的不利影响,到新冠疫情全球蔓延带来的世界经济持续衰退,以及俄乌冲突引发对能源国际局势的冲击,在纷繁复杂的国际局势和全球经济持续低迷不振的大背景下,中国新一轮的能源转型需要在推动实现"双碳"目标过程中,在建设生态文明的过程中,不断加强能源领域的国际合作,积极推动和构建人类命运共同体。我国已经实现了从相对封闭到全方位开放合作的巨大转变,走上了共商共建共享、深度参与国际能源治理变革的新道路。

## 一、积极开展能源领域的国际交流

能源与气候变化密切相关,已经成为一个世界性的议题,受到广泛关注。基于能源转型的能源领域技术研发与创新越来越需要开展积极广泛的交流。我国已经在能源领域国际技术合作与交流方面开展了很多工作,也取得了不少成绩。一方面,我国积极参与和组织能源领域的国际论坛,通过定期举办论坛,构建起能源"平台",推动实现能源领域先进技术、政策和管理经验的高质量、双向信息交流,并以此及时指导国内能源领域的科学研究工作。还可以通过组织各种形式的国际会议、讲座和研讨会,分析各种研究项目,使之真正为促进和实现能源转型的决策和管理服务。另一方面,通过扩大对外宣传,积极发声,改变国际社会对我国的不客观认识与评价。在"一带一路"倡议指引下,我国需要继续加强与沿线国家在能源领域的合作与交流,为沿线国家在能源领域提供技术和产能合作信息交流机会。要继续积极主动组织并参与能源国际组织及其各项活动,开展多元化、多领域的沟通,发挥积极作用。要继续发挥我国牵头组建的"全球能源互联网发展合作组织"、上合组织能源俱乐部等机构或组织的作用,为全球能源治理贡献中国力量。

## 二、努力加强能源领域的国际合作

应对气候变化是全世界需要共同面对的挑战,而在当前能源变革进程中,减少对化石能源的开发利用、减少温室气体排放已经成为世界共识。在传统化石能源转向新能源和可再生能源的过程中,如何尽快实现既有能源系统清洁低碳、安全高效转型,成为全球面临的共同问题。这不仅需要各个国家立足本国实际,选择具有发展潜力的领域和技术进行重点攻关,尽快突破技术瓶颈;也需要发达国家对发展中国家和落后国家及地区在能源转型方面予以相关技术支持,降低未来全球发展对能源的巨量需求。

我国能源领域的国际合作包括"走出去"和"引进来"两个向度的合作。"引进来"主要是我国在能源管理能力、管理水平、某些能源领域的科技创新能力等方面与国际先进水平仍有差距,许多关键技术和装备仍然依赖国外进口,需要通过积极构建平台加强合作,引进和学习先进的管理经验和研究方法等。能源领域应当积极建立合作平台,共同设立研发机构,加强技术交流与合作,共同致力于人类命运共同体的未来和发展。"走出去"则主要是将我国已经走在世界前列的、较为先进的能源技术和装备,以及能源治理经验等进行"输出",如我国正在利用最清洁的超低排放技术帮助其他国家满足煤电超低排放改造的需求,为落后国家和地区的能源治理提供技术装备、管理能力和人才方面的支持。

能源领域的产能合作主要是加强与传统能源生产国及地区的联系,着力于共同开发利用能源资源的合作。新中国成立初期,我国积贫积弱,面临当时严苛的国际环境,要完成恢复重建和经济实力赶超,能源供给只能依靠"自给自足"。通过开发利用自然赋存较为丰富的煤炭资源,经济发展引擎被点燃并高速运行了近40年。当经济发展步入新常态后,我国经济增速放缓,高碳能源结构在面临诸多压力和挑战下亟须调整。此时,世界能源格局发生了显著变化,能源消费重心东移,东亚各国作为买方市场,可以通过联合成立买方组织构筑买方力量和话语权,以制衡西半球能源生产国的卖方势力。未来我国能源战略也突出了全方位加强能源国际合作,努力实现开放条件下的能源安全。这就要求新时代能源领域需要积极开展能源产能国际合作。开放条件下的能源安全要求构建多元化的现代综合能源体系,通过能源品种的多元化分散和化解风险,同时,提高能源领域抗风险、抗波动能力。

## 第四节　加强宣传教育 推动形成新的消费理念

能源转型是一个系统性的漫长过程,需要凝聚全社会的共同努力,才能最终实现。H. K.科尔巴奇以全球变暖问题为例指出,全球变暖的政策并非政府力所能及,更重要的是取决于"可支配人员"的行为和做法,因而需要培养出"可支配人员"。"可支配人员"即那些受全球变暖和生态环境问题的道德驱使,而愿意改变自己行为的人。所以,能源变革不仅仅是一场技术引发的变革,更重要的是让社会广泛认识到传统化石能源过度消费产生的问题、清洁低碳安全高效能源的重要性,以及需要形成节约能源的社会共识,改变不合理消费观,内构出新的价值观,为加速能源变革营造出社会氛围和持久的动力支持。

## 一、加强宣传教育,培养社会监督力量

对于能源变革和新一轮的能源转型需在全社会形成统一认识和思想合力,推动能源变革加速前行。

一要坚持宣传的长期性。大众对能源的认识、节约能源意识、绿色消费观念和价值观的形成,需要开展形式多样的长期宣传教育,需要久久为功,最终在全社会形成共识,并进而转化成为大众的自觉行动。这将是一个润物无声的过程,且需要构建全面的公众教育计划,确保对公众教育的长期性。对于宣传而言,一方面,要加强对能源领域法律法规、规划政策的宣传力度,通过新闻宣传、政策解读和教育培训,把"清洁低碳""安全高效""节约优先"等理念融入社会主义核心价值观体系加以推广弘扬。另一方面,要加强价值观、消费观的正面宣传与引导,遏制和抵制西方帝国主义式的奢靡消费理念和过度消费的行为模式,深耕中华文化里源远流长的节俭与适度理念,倡导"天人合一、和谐发展",形成和构建起根植于大众的社会主义核心价值观。此外,还要注重舆论引导,对容易引发公众质疑和担心的专业性问题进行科普宣传,答疑解惑,传递有利于加快推进能源转型的正能量思想和观念,积极营造浓厚持久的氛围,推动形成能源转型的社会共识和自觉意识。

二要坚持分领域开展针对性宣传教育及培训。能源转型需要各类主体积极参与,引导不同行业开展节能培训,提升全社会对节约能源的认知水平。政府部门的宣传教育及培训要重点针对能源政策;工业企业要加强工业节能领域的培训,不断提升工业企业节能效率;幼小初阶段应当将有关能源的基础知识融入到阶段性教育中,同时将节约能源的意识和观念融入到社会主义核心价值观中进行宣传,努力将节能意识融入到年轻一代的行为习惯中,并同时影响家庭节能意识和习惯养成,发挥持久的影响作用。公共建筑节能方面,要严格执行公共建筑节能标准,避免和杜绝夏季过冷、冬季过热的高耗能模式。此外,还应当培养和提高公众参与程度,需要在互联网大数据时代建立透明、便捷的能源信息公开、共享系统,让公众理解和了解能源系统转型的内涵及其给予自身和国家在用能渠道、用能成本、用能数量和质量方面的利益,发挥非政

府组织在节能领域的公益宣传和监督力量。

## 二、引导形成新的消费理念

我国目前已经成为世界第一大能源消费国。虽然从人均能源消费量来看，我国仅为美国的五分之一，但这并不能、也不应该成为我们不加控制消耗化石能源的理由。在推动"双碳"目标实现的过程中，高质量发展需要由新的文明理念指引形成新的消费观念。

一是引导形成适度消费理念。所谓适度就是取予有度。生态文明理念植根于中国传统文化，节俭、取予有度、简单生活为我们建设资源节约型、环境友好型社会奠定了价值基础。曾经资本主义工业化呈现的是一个过度生产、过度消费、大量浪费的物质生产过程，是不可持续的发展模式。改革开放初期，国门初开，这种奢靡的消费观念随之涌入我国。传统的节俭文化和西方奢靡消费、过度消费的价值观产生了冲突与碰撞。但时间和实践都证明了，西方资本主义的帝国主义消费观是不值得提倡的，在应对气候变化、应对全球生态环境恶化过程中，是需要被彻底摒弃的、错误的价值观和消费观。

二是引导形成减量消费理念。在人类社会发展过程中，"去物质化"逐渐成为方向和趋势。随着人类社会和人类文明的不断发展演进，人类对于物质生活的追求达到一定阶段后，将会开始重视精神领域的体验和感受。"去物质化"与"十倍因子"理论的减量化思想有着密切的联系。当人类开始追求精神层面的创新和满足时，对于已经达到一定水平的物质生活而言，再多的物质产品并不能带来更多的愉悦和满足，物质产品对于人类而言其本质是提供服务，具有边际效应递减特质，这也迎合了能源变革的内涵，减少化石能源的开发利用，同时可实现碳减排目标。在推进生态文明建设过程中，对于能源可持续、能源减量化使用、节约能源、提高能效等都需要依靠培养正确的消费理念，引导适度消费、绿色消费等助力能源系统转型。

三是引导形成绿色消费理念。习近平总书记在党的十九大报告中明确指出，要建立健全绿色低碳循环发展的经济体系，倡导绿色低碳的合理消费理念。当中国特色社会主义发展到新阶段，社会主要矛盾发生变化，人民群众的绿色消费理念就有了形成与发展的背景和基础。绿色消费又称"可持续消费"，是一种既满足人们生活生产需要,又满足生态环境健康发展需要的消费方式,是对人与自然和谐发展这一理念的有效实践。对于能源变革来说,未来可再生能源与新能源的快速增长,一方面有赖于制度建设和路径选择,另一方面更为重要的则是消费者愿意选择使用可再生能源和新能源,并为之支付相应的价格。在消费过程中,通过节约能源资源、保护生态环境等理念的长期宣传教育,实现对消费者消费行为的影响,在购买产品和服务过程中,有针对性地选择绿色产品和节能产品。通过消费终端和消费者对绿色产品和服务的选择,引导生产生活模式发生重大变革,进而调整经济结构,促进产业生态化发展。

# 结　语

作为正在崛起的发展中国家,拥有 14 亿人口的中国在实现第二个百年奋斗目标的过程中,在推动"双碳"目标实现过程中,必须立足国情,要以确保能源安全为底线,一方面稳步提升能源供给能力和供给质量,满足经济平稳较快发展和人民生活改善对能源的需求;另一方面要在新一轮的能源转型过程中,把握时机,做好弯道超车的准备,争取在可再生能源和新能源领域引领能源变革新趋势的潮头,从硬基础和软实力方面都做好充分的准备。中国的能源转型及能源革命将会对未来全球能源变革起到重要推动作用,也将显著影响世界能源变革进程。中国共产党基于当前及未来发展形势,提出了构建人类命运共同体的倡议,并率先拉开全面建设生态文明的大幕。生态文明建设是关系中华民族永续发展的根本大计,放眼全球,生态文明更是为全人类谋福祉的新的文明形态。能源转型作为生态文明建设过程中的重要内容,将与生态环境保护一道成为推进生态文明建设的重要抓手。能源变革,道阻且长,行则将至;行而不辍,未来可期!

# 参考文献

1. 林伯强. 中国减少化石能源补贴改革成效与补贴设计[M]. 北京：科学出版社, 2018.

2. 能源生产和消费革命战略(2016—2030)[J]. 电器工业, 2017(05):39—47.

3. 陈伟, 郭楷模, 岳芳. 国际能源科技发展动态研判与战略启示[J]. 中国科学院院刊, 2019, 34(04):497—507.

4. 郭楷模, 陈伟, 吴勘, 何涛, 汪其, 李富岭. 国际能源科技发展新动向及其对我国的启示[J]. 世界科技研究与发展, 2018, 40(03):227—238.

5. 刘聪聪. 基于气候变化背景下的能源法变革与制度创新 [J]. 法制与社会, 2017(05):39—40.

6. 南玉泉. 中国古代的生态环保思想与法律规定 [J]. 北京理工大学学报(社会科学版), 2005(02):63—67.

7. 唐钧, 江冰, 刘承丞. 能源政策评估的国际趋势与特征[J]. 管理现代化, 2008(03):48—50+64.

8. 科技日报国际部. 2017 世界科技发展回顾 [N]. 科技日报. 2018-01-04 (002).

9. 习近平. 积极推动我国能源生产和消费革命[N/OL]. 人民网, (2014-06-14)[2019-09-09]. http://cpc. people. com. cn/n/2014/0614/c64094-25147885. html.

10. 我国取消化石能源补贴将设时间表 [N/OL]. 新浪财经, (2016-04-24)[2019-09-03]. http://finance.sina.com.cn/roll/2016-05- 05/doc-ifxryhhi8402300. shtml.

11. 各国化石能源补贴知多少？中国世界第一！[N/OL]. 新能源网, (2018-01-17)[2019-03-09]. http://www.china-nengyuan.com/news/119694.html.

12. 《中国可再生能源发展报告 2018》简报发布[N/OL]. 北极星风力发电

网,(2019–06–27)[2019–09–08]. http://baijiahao.baidu.com/s?id=164044439927 2353356&wfr=spider&for=pc.

13. 国家能源局. 壮大清洁能源产业是"十四五"规划的重要目标和任务 [N/OL]. 搜狐网,(2019–09–23)[2019–10–09]. http://www.sohu.com/a/342810 908_100038373.

14. 杨富强. "十四五"能源发展规划的几个关键问题 [N/OL]. 腾讯网, (2019–11–28)[2019–12–09]. https://new.qq.com/rain/a/20191128A0KODC00.

15. 深度解读:能源补贴——化石能源和非化石能源[N/OL]. 北极星电力 网新闻中心,(2016–05–16)[2019–09–09]. http://news.bjx.com.cn/html/20160 516/733322. shtml.

16. 史丹. 推进能源体制机制改革 在重点领域关键环节寻求突破[N/OL]. 中国电力新闻网,(2018–02–12)[2019–02–03]. http://www.cpnn.com.cn/zdyw/ 201802/t20180211_1056878. html.

17. 我国清洁能源利用数据亮眼 [N/OL]. 人民网,(2019–05–24)[2019– 10–09]. http://energy.people.com.cn/n1/2019/0524/c71661–31101334.html.

# 后　记

　　本书成书几经波折。初稿成稿之时值庚子年正月，新冠疫情突如其来，全国乃至全球都笼罩在疫情阴霾之下。为有效应对疫情蔓延，举国上下迅速进入静止状态，全国上下万众一心、齐心协力，一切行动听指挥，同这场疫情展开了阻击战和正面较量。历经三年，守得云开见月明，我们打赢了新冠疫情防控阻击战，同时也深处国际能源局势风云变幻大势之中。在这三年里，书稿几经修改，成稿时值卯兔年惊蛰。党的十九届四中全会通过的《关于坚持和完善中国特色社会主义制度、推进国家治理体系和治理能力现代化若干重大问题的决定》对体现新时代中国特色社会主义优越性的国家制度和治理体系进行了集中概括。而我国应对这场疫情的过程也充分证明了，"集中力量办大事、统一协调听指挥"正是中国特色社会主义制度优势的突出特征，是我们战胜各种重大风险和挑战的不二法宝，具有无可比拟的优越性。2022 年 10 月 16 日，中国共产党第二十次全国代表大会隆重召开，这是全党全国各族人民迈上全面建设社会主义现代化国家新征程、向第二个百年奋斗目标进军的关键时刻召开的一次十分重要的大会，会议明确提出以中国式现代化全面推进中华民族伟大复兴的使命任务，中国式现代化为人类实现现代化提供了新的选择。而能源则是推动实现中国式现代化的基础和保障。

　　能源之于人类社会发展而言，重要作用不言而喻。能源变革这一客观存在并不断演进的历史过程与人类社会的发展缠绕交织在一起，共同织就了人类社会的过去、现在和未来。从某种意义上来讲，能源变革的历史就是一部人类发展的历史。日渐突出的气候变化问题使得人类开始正视和重视能源问题，"生态危机"之下能源变革出现了多元化发展的新趋势，清洁、低碳、可再生成为能源变革的关键词。百年未有之大变局，新型冠状病毒全球肆虐，俄乌冲突爆发,国际石油天然气价格跌宕起伏,能源问题再一次左右了全球经济局势,能源安全问题凸显,也将对未来能源变革进程产生深远影响。

本书作为丛书中的一册,选取"能源变革论"为题,关注能源的过去、现在与未来,关注变革的趋势与规律,关切人类共同的未来。新自由主义思潮长久以来"误导"全球,异化了消费和生产,异化了人心与自然。能源变革在未来如何能够摆脱逐利和掠夺,如何实现能源的清洁安全可持续供给,需要全人类的共同努力,去探寻新的文明理念、新的发展模式,抛弃浮华与浮夸,探寻人类真实需要。纵然,这将会是一个漫长曲折的过程,但生态文明的萌芽与发展已经为人类命运共同体的未来创造了新的可能。

此书写作期间,本人在职攻读博士研究生也顺利毕业,成书过程曲折且内心煎熬。两个年幼的孩子需教育陪伴,课业及考核需认真对待,家中事务需劳心处理。如此种种,使得写作过程充满了压力和焦虑,但终归坚持了下来。要感谢的人很多,是他们的关心、鼓励和默默支持让此书终得以完成。

首先,感谢山西经济出版社副总编辑、编审李慧平老师为本套丛书得以成书出版而做出的巨大努力。同时,作为本套丛书的执行主编,李慧平老师与晔枫研究员给予笔者诸多帮助,感谢老一辈科研人员对青年科研人员的关爱和提掣。感谢出版社责任编辑侯轶民老师工作态度严谨,对书稿字斟句酌、认真校对,感谢他的敬业付出。感谢单位领导及同事给予的关心和支持,使本书得以顺利完成。感谢本硕博阶段的各位导师及老师们长久以来在生活、工作、学习中的关心与指导;感谢爱人鞭策,感谢双方父母无私付出。本书写作过程中部分资料的搜集和整理得到了山西省发展与改革委员会学术咨询委委员王宏英研究员的支持和帮助,在此一并感谢。

本书由山西省社会科学院(山西省人民政府发展研究中心)能源经济所副所长、副研究员姚婷和吴朝阳副研究员协作完成。吴朝阳副研究员负责本书第八、九章内容的撰写,姚婷博士负责其他章节撰写及统稿修改工作。受学识所限,书中难免会有错误和不足,敬请读者予以批评指正。

姚婷

2022 年 4 月 5 日

**图书在版编目(CIP)数据**

能源变革论 / 姚婷, 吴朝阳著. -- 太原:山西经济出版社,2023.1

(生态文明建设思想文库 / 杨茂林主编. 第二辑)

ISBN 978-7-5577-1091-0

Ⅰ.①能… Ⅱ.①姚… ②吴… Ⅲ.①能源发展—研究 Ⅳ.①F407.2

中国国家版本馆 CIP 数据核字(2023)第 001579 号

**能源变革论**

| | |
|---|---|
| 著　　者: | 姚　婷　吴朝阳 |
| 责任编辑: | 侯轶民 |
| 封面设计: | 阎宏睿 |

出　版　者:山西出版传媒集团·山西经济出版社

社　　址:太原市建设南路 21 号

邮　　编:030012

电　　话:0351-4922133(市场部)
　　　　　0351-4922085(总编室)

E-mail:scb@sxjjcb.com(市场部)
　　　　 zbs@sxjjcb.com(总编室)

经　销　者:山西出版传媒集团·山西经济出版社

承　印　者:山西出版传媒集团·山西人民印刷有限责任公司

开　　本:787mm×1092mm　1/16

印　　张:19.75

字　　数:300 千字

版　　次:2023 年 1 月　第 1 版

印　　次:2023 年 1 月　第 1 次印刷

书　　号:ISBN 978-7-5577-1091-0

定　　价:79.80 元